上册

台前幕后

毛泽东和他的卫士长

邸延生 ○ 著

湖南人民出版社·长沙

序

李银桥
1947—1962 年
历任毛泽东卫士、副卫士长、卫士长
作者邸延生的姨夫

看了延生写的这部长篇传记文学，被书中的诸多情节感动，使我又回想起当年工作、生活在毛主席身边时的许多往事，仿佛毛主席他老人家的音容笑貌又浮现在眼前，读来泪下……

许多年了，延生和他的家人常来看望我们，一家人在一起总要谈论起毛泽东主席生前的一切，追忆和谈论中我们深深感到：毛主席他老人家既是一位叱咤风云的伟大的无产阶级革命家，同时也是一位对子女充满了爱心的父亲；他办事讲究原则、公私分明，但对同志对朋友又十分关怀体贴、很重感情；他是全中国人民的伟大领袖，对祖国、对人民充满了爱，但他自己一生俭朴，始终保持着战争年代的生活作风；他与江青的结合也曾有过欢乐，但到了晚年却很不幸……

毛泽东主席是人，不是神。他有着与常人一样的喜怒哀乐。他感情丰富、精力充沛，对工作、对事业充满了责任感，有着强烈的民族自尊心。为了民族的解放事业，为了祖国的尽快强大，为了使人民尽早富足起来，他夜以继日地工作，废寝忘食，呕心沥血，操劳了一生……如果将他比作太阳，那人民就是群星。正是太阳和群星，才组成了这伟大而深邃的苍穹！

毛主席离开我们已有23年了，但他始终活在我们心中，活在亿万中国人民的心中。他热爱祖国，热爱人民，关心每一个曾在他身边工作过的人。记得1964年初，我和爱人韩桂馨一起到中南海去看望他，当他得知我们的家乡遭了水灾时，又支援了我们1000元钱，用纸包好、分了两袋，亲手递给了我，并说："这是我的稿费，你们家乡被水淹了，受了不小损失，多少帮助你们解决些困难。"还说："银桥啊，听说你在天津工作得不错，我也就放心了。以后你每年回家乡一次，了解下边的情况，给我写汇报材料。"

根据毛主席的指示，我在1964、1965年各回家乡一趟，将所见所闻写成材料，并拍了照片，送中南海交杨尚昆转呈毛主席他老人家。

1966年"文化大革命"后，我受到冲击。1970年11月，毛主席路过天津打听我的情况，得知我被关、被批斗的消息后说："李银桥是好人呢，我了解！"命令立刻放人，解放了我，并很快恢复了我的工作……

1979年1月我被调回北京，先在人民大会堂管理局任副局长，后又调往公安部。每年12月26日毛主席的诞辰和9月9日毛主席的忌辰，无论我和爱人在什么地方，纵使天南地北，也要设法赶回北京，前往毛主席纪念堂去看望他老人家。面对水晶棺中的遗体，见他躺得那样安详，仿佛他太累、正在休息，但我们再也听不见他的声音了！每当这时，我和爱人又总会悲从心头起，痛哭失声……

记得1991年12月间，延生来家中看望我们。当时首都各界组织的纪念毛主席的活动很多，我被请去总参做怀念毛主席的报告，便嘱延生帮我爱人整理12月26日这天将去毛主席纪念堂的讲话稿，稿尾写道："敬爱的毛主席，今天我和桂馨又来看望你老人家了，你老人家的在天之灵看得见、听得到吗？我是银桥呀……"这时延生的泪水止不住夺眶而出，我爱人也禁不住泪流满面……

延生从小是我们看着长大的。延生的妈妈同我爱人既是同学、战友，又是姐妹，他父亲也是一位1938年参加革命的老同志。他们一家人来看望我们时，大家在一起总要回忆过去的战争岁月，又总要谈论起毛主席生前的许多往事。多少年来，我们到过不少地方，所到之处无不充满了亿万人民群众对毛主席的深切怀念，大家都想听一听毛主席他老人家一生为祖国、为人民，一心一意领导中国人民自力更生、艰苦奋斗走社会主义道路的感人事迹，听一听他老人家在日常生活中的俭朴作风和夜以继日地为全国人民谋幸福的工作情况。凡是有关毛主席的一切，全国人民都想听啊！我们深深感到，就连毛主席他老人家生前在日常生活中的一举一动，直到现在，依然牵动着亿万中国人民的心……

我们都是非常想念和敬仰毛主席的，也曾多次鼓励延生将从我们这里了解到的诸多有关毛主席生前的感人事迹认真去写一写，以表达我们对毛主席他老人家的共同的深切怀念。

前些天读了延生写的这部书稿，深感欣慰，字里行间充满了对毛主席的爱，感情丰富，用笔浓重而细腻，情节生动感人，对毛主席的言谈、内心世界的感情流露表述得当，用词严谨，再现了毛主席的真实生活和生活中真实的毛主席，很能表达我们对毛主席他老人家的不尽的怀念……

李银桥

1999年10月于北京家中

目 录

**第一篇　搞独裁蒋介石挑起内战
　　　　　求解放毛泽东从容御敌 / 001**

1. 蒋介石背信弃义　解放军自卫歼敌 / 002
2. 党中央统一部署　毛泽东指挥若定 / 005
3. 延安城领袖荟萃　宝塔山众志成城 / 009
4. 毛泽东临危不惧　彭德怀催促撤离 / 012

**第二篇　转战陕北毛泽东叱咤风云
　　　　　围追堵截国民党损兵折将 / 022**

5. 北撤路上设伏兵　三战三捷成英雄 / 023
6. 豪情逸致嘲司马　指挥若定走刘戡 / 030
7. 杨屹崂湾阻击战　领袖雨夜藐敌兵 / 035
8. 陈赓小河村直谏　毛泽东拍案述情 / 039

001

9. 定方针光明在前　　大出击经略中原 / 046

10. 黄河汊神威退敌　　白龙庙大雨迎宾 / 050

11. 过浮桥领袖落泪　　接任务卫士为难 / 057

12. 坚定跟随毛泽东　　诚恳相待见真情 / 063

13. 夜便村外思大事　　巧设战局网钟松 / 069

14. 梁家岔领袖坐镇　　沙家店将军歼敌 / 076

15. 吃肥肉可以补脑　　篦头发能够提神 / 080

16. 江青徒步梁家岔　　卫士逞能东原村 / 084

17. 彭德怀战场献俘　　朱官寨江青赔情 / 091

第三篇　黄河岸边访民情深入土改
外线作战夺胜利西北告捷 / 098

18. 慈父深深眷子情　　领袖悠悠爱民心 / 099

19. 南河底村忙秋收　　白云山上访寺僧 / 105

20. 白云庙会看大戏　　神泉堡村颁军规 / 114

21. 滔滔黄河华夏水　　铮铮中华民族魂 / 121

22. 李家坪慈父接女　　行军路江青赠衣 / 128

23. 严格要求成习惯　　正人正己是作风 / 137

24. 杨家沟村初落脚　　细微之处见精神 / 146

25. 将军笑谈擒廖昂　　领袖一日四惠书 / 154

26. 工作时童心未泯　　生活中平易近人 / 162

27. 夜送寒衣人心暖　　中央会议指航程 / 169

28. 土改工作多指示　二人协议再续约 / 176

29. 毛泽东夫妻吵架　彭德怀宜川大捷 / 183

30. 抒豪情惜别陕北　毛泽东东渡黄河 / 192

第四篇　东渡黄河毛泽东遇险城南庄
　　　　　统一部署党中央进驻西柏坡 / 198

31. 徒步行军多笑语　双塔村口恋别情 / 199

32. 雁门关谈今论古　五台山雪夜击钟 / 205

33. 粟裕大胆抗"君命"　领袖遇险城南庄 / 212

34. 毛泽东北迁花山　粟将军慷慨陈兵 / 221

35. 徒步登山谈"三国"　因故未能去苏联 / 227

36. 中央进驻西柏坡　领袖村外访民情 / 235

37. 毛岸英风尘仆仆　一家人浓浓亲情 / 243

38. 打谷场上团圆舞　官兵一致乐融融 / 249

39. 送战士发奋读书　教农民插秧育苗 / 257

40. 起争执王明遭斥　慈爱心领袖说媒 / 263

41. 到村外乘凉办公　众子弟集体上学 / 272

第五篇　逐鹿中原民族命运大决战
　　　　　运筹帷幄决胜千里毛泽东 / 279

42. 接贺电粟裕报捷　为婚事岸英被责 / 280

003

43. 小阿姨灯下读书　　周恩来雨夜救人 / 289

44. 辽沈战役揭序幕　　济南战役又报捷 / 295

45. 战略指挥达通宵　　电示林彪攻锦州 / 301

46. 一纸吓退傅作义　　辽沈战役炮声隆 / 308

47. 江青无意出恶语　　淮海战役大鏖兵 / 317

48. 傅作义平津累卵　　江青赴济南奔丧 / 323

49. 西柏坡卫士结婚　　杜聿明战败投降 / 329

50. 各个战场飞捷报　　毛泽东踏雪谈诗 / 335

51. 攻克张家口唱戏　　淮海战役后抒情 / 343

52. 刘邓西柏坡报捷　　蒋介石南京下野 / 351

53. 江青乘兴话语多　　米高扬到西柏坡 / 358

54. 中苏会晤谈国事　　辣椒比酒味更浓 / 365

第六篇　开七届二中全会告诫全党
沐春风踏征途毛泽东进京 / 371

55. 毛泽东关心战士　　小组会议论江青 / 372

56. 热情会见傅作义　　统一待命整行装 / 378

57. 开七届二中全会　　不学李自成进京 / 384

58. 领袖告别西柏坡　　夜宿淑闾村抒怀 / 390

59. 古城保定听汇报　　一路北上笑谈声 / 398

60. 涿州城里谈刘备　　中共中央进北平 / 404

第一篇

搞独裁蒋介石挑起内战　求解放毛泽东从容御敌

◎ 李银桥跟随周恩来，在中央召开的各种会议中进进出出，不仅亲眼见到了心中敬仰已久的毛泽东，还见到了德高望重的人民解放军总司令朱德、叱咤风云的彭德怀、人民解放军副总参谋长叶剑英和刘少奇、董必武、任弼时等中央领导同志。同时结识了中央纵队的参谋长叶子龙和副参谋长汪东兴，认识了毛泽东的夫人江青和熟悉了在中央等领导同志身边工作的秘书们、卫士们。

◎ 毛泽东一侧身，沉着嘴角对身边的周恩来和在场的全体人员说："那么好，就这么办吧！我本来还想看看胡宗南的兵是个么鬼样子，可是彭老总不答应，他让部队代看——我毛泽东惹他不起，那就这样办吧！"

001

1. 蒋介石背信弃义　解放军自卫歼敌

1946年夏，国民党不顾全国人民"和平、民主、团结、统一"的强烈要求，在美帝国主义的支持下，单方面撕毁了《双十协定》，悍然派兵大举进攻共产党领导下的解放区。

当时，蒋介石的嫡系、西北军阀头子胡宗南，纠集了34个旅的23万兵力，分5路进攻陕甘宁边区。在蒋介石的指挥下，胡宗南凭借他的美式装备和摩托化部队、伞兵部队，妄图一举扫平陕北，彻底消灭共产党中央的军事主力。

为保卫延安、保卫党中央，迎击胡宗南的进攻，延安军民在党中央和毛泽东的统一指挥和部署下，团结一心、同仇敌忾，做好了迎击敌人进犯的一切准备……

陕北的冬天很冷，很冷。

19岁的李银桥，此时心中所盼所想的，就是能够有机会去亲眼见一见人民的伟大领袖毛泽东——毛泽东长得什么样子？是不是像照片上看到的那样：宽宽的前额、长长的头发、大大的眼睛，一副慈祥的面孔？

一有空暇，李银桥便站在旅部外面的空地上，远远地眺望延安城。他多想去到宝塔山上看看，数一数宝塔有几层，量一量宝塔有多高……

当时的敌情异常紧张、复杂，各处传来的战事不断。到了1946年的11月,原先派驻重庆八路军办事处的周恩来、叶剑英、董必武等领导同志陆续回到了延安。

1947年1月1日,《解放日报》在头版的显著位置刊发了毛泽东亲自起草的《新年祝词》:"……只要全国人民团结一致,坚持不屈不挠的奋斗,那么,在不久的将来,自由的阳光一定照遍祖国大地,独立、和平、民主的新中国一定要在今后数年内奠定稳固的基础。"

《新年祝词》对延安军民的鼓舞很大。

临近春节的前几天,358旅的政治委员余秋里找到李银桥谈了一次话:

"小李同志,你在黄旅长身边当特务员①的时间不短了,有什么想法吗?"

怎么突然问起了这个?李银桥心想,自从到了陕北,358旅的仗打得好,旅长和政委配合得也很好,自己跟旅长黄新廷也没挨过什么批评,今天政委怎么这么问呢?干脆,实话实说:

"报告政委,没什么想法——就是想见见毛主席,想去摸一摸宝塔山上的宝塔!"

"还有呢?"余秋里问。

"还有……"李银桥喃喃地说,"想上前线!我一准儿多打死几个胡儿子,为保卫党中央、保卫毛主席多出一份力!"

"哈哈哈……"余秋里爽朗地笑了,"你在青年连时,打仗很勇敢嘛!我现在是问你当特务员有没有什么具体想法,难道当特务员就不能保卫党中央、保卫毛主席了?"

"那倒不是……"李银桥也憨厚地笑了,"我知道当特务员的责任,一是负责首长安全,二是照顾好首长的生活,三是绝对保守机密。"

"好嘛!"余秋里高兴地拍了拍李银桥的肩头,"为了保卫党中央、保卫毛主席,组织决定——明天你去中央办公厅

---

①特务员:勤务员。

报到,黄旅长身边的事你交代一下,到了中央首长身边更要好好干!"

李银桥高兴极了——到中央办公厅去,一准儿能见到毛主席!一准儿能去看看宝塔山!

当晚,李银桥很快、很认真地交待了工作,向旅长黄新廷告了别,又和旅部的战友们告了别,第二天便赶往延安城到中共中央办公厅报到了。

到了延安以后,李银桥虽然没能很快见到毛泽东,倒是有时间去延安城东认真看了看宝塔山,数清了宝塔的9层,算上塔顶总共10层,知道了塔高44米,八角形,旁边还有一口明朝崇祯年间铸造的大铁钟,因宝塔建在延河岸边的土山上,所以这山就被人们叫成了宝塔山。1937年1月13日,毛泽东等中央领导随中共中央和中革军委进驻延安,山上的宝塔就成了延安革命圣地的象征。

几天来,李银桥把这一切都认认真真地记在了自己的一个小本子上……

一场大雪过后,春节到了。

这几天,延安城里非常热闹。虽说敌人的飞机时不时地窜到延安上空进行骚扰、侦察,党中央和部队的后方机关也开始了有计划的疏散,但街面上依然一派平和景象。只见部队的人员来来往往,中央各机关的男男女女有说有笑,头裹白羊肚手巾、腰扎红布带的老百姓们乐呵呵地忙着扫雪、置办年货。

有时,不远处的土坡地上,会传来充满陕北乡音的"信天游";虽说就是一句两句的,但那悠扬的歌声总会传得很远、很远……

李银桥到达中央办公厅不久,社会部警卫科的科长刘坚夫同他谈了一次话,明确告诉他新的组织决定:到中央副主席周恩来的身边任卫士。

就这样,李银桥绑起了裹腿、打好背包,来到了延安城西北方向10公里的枣园,给周恩来当卫士去了。

2. 党中央统一部署　毛泽东指挥若定

一见到李银桥，周恩来和邓颖超都很高兴、很热情，这使李银桥心中感到很踏实，也很受鼓舞。

那天，周恩来穿着一身洗得很干净的浅灰色布军装，一边握着李银桥的手，一边笑容满面地说："你来我这里工作，我是欢迎的。过几年，将来有条件了，我送你去学校学习。"

邓颖超也说："小李呀，我们是欢迎你来的。恩来身边的事情很简单，很有规律，主要是生活上的事，你帮着料理料理就行。"

刚刚还低着头不大敢说话的李银桥一听就乐了，他抬起右手一个立正、敬礼："保证完成任务！"

周恩来和邓颖超一起笑起来。

一天深夜，李银桥趴在被窝里，正借着提灯的光亮在窑洞里的土炕上抄写毛泽东1947年2月1日发表在《人民日报》上的一段讲话：

我们好比爬山，已经快攀登山顶。去年的困难已经克服，但对于破坏政协与"停战令"的蒋介石的进攻一定要坚决粉碎，以求得全国和平。

窑洞外响起了轻微的脚步声。李银桥赶紧伸手拧暗了提灯，然后假装睡着了。周恩来进来了，先轻手轻脚地给李银桥掖了掖肩头的被角，然后看了看仍摆在提灯边的那张报纸，看了看李银桥抄报纸用的小本子，没说什么话，又轻轻地走出去了。

第二天，周恩来抓了个机会对李银桥说："你很爱学习嘛！学习是好事，但也要注意休息。只有休息好了，才能更好地学习、更好地工作。"

李银桥深情地望着周恩来那张慈祥的脸，诚恳地一连点了好几下头……

春节过后是元宵节，街面上的雪早已被人们打扫干净了。

这一天从早晨到夜晚，延安城里城外到处载歌载舞、锣鼓喧天。各路人马组织的秧歌队、锣鼓队、花灯、高跷、龙狮会、杂技、戏班、武术队，竞相上街出场亮相，处处红灯高挂，彩旗飘飘。部队和老百姓同欢同乐，显示出深厚的军民鱼水情，也映衬出共产党人在大敌压境的情况下那种泰然自若、成竹在胸的特有气质和英雄本色。

敌人重兵进犯，大战迫在眉睫。

这时的毛泽东、周恩来、朱德、刘少奇、任弼时等中央五大书记天天开会，人民解放军副总司令彭德怀也从前线赶回了延安，参加一系列重要会议。

李银桥跟随周恩来，在中央召开的各种会议中进进出出，不仅亲眼见到了心中敬仰已久的毛泽东，还见到了德高望重的人民解放军总司令朱德、叱咤风云的彭德怀、人民解放军副总参谋长叶剑英和刘少奇、董必武、任弼时等中央领导同志。同时结识了中央纵队的参谋长叶子龙和副参谋长汪东兴，认识了毛泽东的夫人江青和熟悉了在中央等领导同志身边工作的秘书们、卫士们。

见到毛泽东了，终于见到毛泽东了！一连几天，李银桥的心中简直乐开了花——毛泽东是全中国人民的革命领袖啊！和照片中见到的一模一样：高大的个子、魁梧的身材、宽额长发、脸膛红润、眼大有神，只是脸比照片上显得瘦了些，颏上的瘊子很有特点，嘴动瘊子也动，是真真的"吉人天相"呢！

在周恩来身边，李银桥事事经心、样样勤快，很得周恩来的喜欢和邓颖超的称赞。

一天，李银桥侍卫周恩来从杨家岭开会返回枣园驻地，在窑洞里的大窗前，李银桥很快给周恩来准备好了洗脸水。周恩来一边用毛巾擦洗着脸，一边和颜悦色地问李银桥："小李，你说说看，这一次胡宗南会不会来延安？"

李银桥站在周恩来身旁，等着接周恩来手中的毛巾，不假思索地说："这小子以前叫喊过两次了，这次没准儿也是瞎咋呼。"

"你要这样想就危险了。"周恩来将擦过脸的毛巾递给李银桥，"这次他是决定要来的！"然后扬了扬他那两道浓浓的眉毛，望着李银桥认真地说，"国民党在全国打了许多败仗，被我们消灭了65个旅，活捉了100多个将军，损兵折将哟！所以说他们这次是决定要来的，要向我们边区出气……"说到这里，周恩来若有所思地点了点头，继而又神情自若地微微一笑，"蒋介石派胡宗南要来出气，这是他们的反动本质所决定了的；但出不出得了气，可就由不得他喽！"

李银桥跟着笑了："我还想找他们出气呢！"边说边收拾脸盆、毛巾，"抗战8年，蒋介石躲在重庆不出兵，这会儿了跑到解放区来耍威风，来了也没他们的好果子吃！"

"思想水平不低嘛！"周恩来望着李银桥满意地笑了，"战争锻炼人哪，黄新廷和余秋里很会带兵嘛！"

进入3月，春暖花开。地上的冬雪化了，柳枝开始吐绿，大地开始返青，延安城内外土坡坡上的桃李树已经开始抽蕾吐瓣。春天真的来了。

情况正如周恩来所料——1947年3月5日这天，敌人的29军所属48旅佯攻陇东，妄图诱我军主力向西出击，以便乘虚从东南或正南方向偷袭延安。

李银桥当时虽说只有20岁，年龄不大，但毕竟是有着近

10年军龄的"三八式"的"老资格"了，再加上他在首长身边工作的时间长，所以听到胡宗南真的来进攻的消息，也很不以为然，他觉得，蒋介石和胡宗南也不认真想想，一旦真的打起来，他们的如意算盘哪一次不是按着我们共产党、毛主席的意图拨动呀！

延安西线部队根据毛泽东的命令，以迅雷不及掩耳之势，一夜全歼了敌48旅，旅长何奇被击毙，解放军乘胜连夜出击，赶赴南线战场，拉开架势准备痛击一切敢于来犯之敌。

在胜利面前，毛泽东及时向前线指战员拟发了《考虑我军行动应以便利歼敌为标准》的电文：

  不论什么地方，只要能大量歼敌，即是对于敌人之威胁与对于友军之配合，不必顾虑距离远近。

毛泽东的电文于3月6日发出。

3. 延安城领袖荟萃　宝塔山众志成城

　　1947年3月8日，延安一万多军民聚集在宝塔山下的商会大会场，隆重举行保卫延安、保卫党中央和毛主席的动员大会。

　　此次大会毛泽东没有出席。

　　大会一开始，先由朱德总司令和边区政府主席林伯渠讲话。李银桥紧跟周恩来，早早地上了主席台。

　　朱德和林伯渠的讲话一结束，周恩来便健步走到主席台前发言。他首先从政治、军事、经济各方面分析了蒋介石的困难处境，认真向大会说明，也是向全军和整个边区、解放区的老百姓说明，国民党政府已经是奄奄一息，正处在土崩瓦解的边缘。敌人妄图以挑起内战、进攻解放区和进攻延安为赌注，进行最后的挣扎，用以吸引国际视线求得其美国主子的更大更多的财力和军事支援，同时转移蒋管区人民"反饥饿、反独裁、反内战"和"和平、民主、团结、统一"的强烈呼声和要求，企图达到挽救其不得人心的独裁统治的罪恶目的。

　　周恩来接着说，党中央、毛主席充分考虑了当前形势，对各方面的情况都做了详尽的分析和部署。由于当前延安地区的敌我双方力量对比悬殊，党中央决定采取欲擒故纵、诱敌深入的战略方针，主动、暂时地放弃延安，在迂回、运动中寻找最合适的机会歼灭敌人。

周恩来还告诫大家，不要计较一城一地的得失，不要心疼敌人打破我们的坛坛罐罐，大家要把眼光放远一些、再远些，要看到今天的暂时的小的损失，是为了明天的长久的更大的胜利。现在我们主动地暂时地放弃延安，知道大家心里很难受、舍不得、感情上一时接受不了，但大家更要看到我们这样做的目的，正是为了将来永久地解放延安，还要解放西安、解放南京、北平、上海，直到解放全中国！

周恩来的讲话，会场上的人们听得认真极了。最后，周恩来再一次提高了声音，坚毅地抬起他那只受过伤的右臂，满怀激情地号召大家说："同志们！我们有毛主席的直接领导，一定能够打胜仗！大家一条心，黄土变成金！大家动员起来，保卫我们的土地，保卫延安，保卫党中央，保卫毛主席！我们一定能够胜利！"

听着周恩来那铿锵有力的讲话和激励人心的语调，台上台下许多人的眼睛都湿润了，人们直感到胸中的热血在涌动，主席台上首先响起了热烈的掌声，整个会场顷刻沸腾起来——只见红旗飘飘，一排排步枪和一簇簇红缨枪高高地举上了人们的头顶，人们涌动着、呼喊着，口号声惊天动地：

"团结起来打胜仗！"

"保卫延安！"

"用鲜血和生命保卫党中央！保卫毛主席！"

……

人们身旁的初春的延河水哗哗地流淌着，人们眼前的巍巍的宝塔山在明媚春光的沐浴下，更显得雄姿挺拔……

此情此景，证实了共产党领导下的军民早已万众一心、众志成城，同时也揭示了人民必胜的历史规律及伟大前景。

3月10日，延安军民在党中央的统一指挥下，加快了有组织、有步骤的疏散和转移。

3月11日上午，根据《双十协定》派驻延安的美军观察组，在慌乱中急匆匆地全部撤往了国民党统治区。周恩来陪同毛泽东，不失风度地予以送行。周日下午，国民党军飞机轰炸延安。

3月12日这天上午，李银桥跟随周恩来，同毛泽东的警卫人员、秘书和中央纵队的部分干部、战士一起，留守延安。

由于敌机轰炸，下午，人民解放军总部由枣园后沟搬到了延安北侧的王家坪，毛泽东和周恩来以及江青也随即到达了解放军总部。

朱德、刘少奇、任弼时、叶剑英等中央军委首长，连同一部分中央机关和人员则转移到了瓦窑堡。

3月13日，天蒙蒙亮，胡宗南指挥的15个旅14万余人兵分两路，左路集团由刘戡率领，从延安南面的洛川出发，右路集团由董钊率领，从延安东南方向的宜川进逼，以"分进合击"的态势同时向延安发动了猛烈进攻。

人民解放军的部队根据毛泽东和中央军委1月25日的指示，即"打大歼灭战的两个条件：（一）以小部分兵力钳制敌之其他部分，集中绝对优势兵力打一个敌人，决不可同时打两个敌人，也不可将很多兵力使用于钳制方面；（二）以一部打正面，以主力打迂回，决不可以主力打正面，以一部打迂回"。充分利用延安以南地区的地形地况、山林隘口和纵深的防御工事，机智而英勇顽强地抗击着气势汹汹的来犯之敌。

3月13日，敌人还派出了近60架飞机对延安进行了疯狂的机枪扫射和投弹轰炸。整整一天，延安城内外随时可以听到前线传来的大炮的轰鸣声，人们抬头便见敌机，放眼处处可以看到被敌机炸毁的焦土残垣、烟尘片片……

此时此刻的延河水，已被战争的硝烟荡起了层层波浪；此时此刻的黄土坡，也被炮火的喧嚣掀起了簇簇灰尘，唯独延安城东侧延河岸边土山上的那座宝塔，依然巍巍屹立着，一动不动。

4. 毛泽东临危不惧　彭德怀催促撤离

　　李银桥跟着周恩来和毛泽东到达王家坪不久，便得知处事果断的彭德怀已经按照毛泽东的电示紧急派出了新四旅的一个团去保卫延安机场，一是为了保证当时延安仅有的两架飞机能够在紧急情况下随时起飞，二是准备歼灭敌人胆敢偷袭的空降兵。

　　王家坪几处宽敞的窑洞，现在成了人民解放军总部的办公地。

　　李银桥在窑洞里听着、看着周恩来和毛泽东同彭德怀一起议论军情，其他的警卫人员也都守候在一旁看着、听着。

　　由于彭德怀和毛泽东都是湖南人，讲起话来乡音很浓、很重，刚开始接触时，有些人听不大懂他俩的话，后来接触多了，听习惯了，也就都能听明白了。

　　面对敌人的汹汹来势，首长的卫士和首长身边的工作人员都知道，什么样的意外情况随时都可能发生——彭德怀几次扯着喉咙劝说毛泽东撤离延安、越早越快越好，可毛泽东总是泰然自若地表示决不先走，后来被彭德怀逼狠了，毛泽东才坚定而平静地明确说道：

　　"决不先走，我是要最后撤离延安的。"

　　毛泽东说完这句话，从自己衣服下摆的口袋里取出一支纸烟,站在他身后的警卫排长阎长林立刻上前划了根火柴,给他点着烟。毛泽东吸着烟,面对彭德怀和窑洞里的所有人,静静地又说了一句:

"我还要看看胡宗南的兵是个么样子哩!"

大家平时都知道毛泽东一再倡导的"在战略上藐视一切敌人"的大无畏精神和"一切反动派都是纸老虎"的英明论断,但毛泽东此时说出的这两句话,卫士们听了谁也没太当真,只是感到只要有毛泽东在就什么也不怕!

倒是彭德怀急了,只见他瞪了毛泽东一眼,随即转身大步走出窑洞,站在门前的场坪上集合警卫人员,下达了极为严厉的命令:

"主席向来说话算数,向来不顾个人安危,可我们党要顾,你们这些人要顾!不能总由着他的性子来,必要时,你们就是抬也要把他给我抬走!"

听到彭德怀在窑洞外面吼叫着下达命令,周恩来看着毛泽东笑了,依然吸着烟的毛泽东也笑了,跟随首长的卫士们也都跟着笑起来……

情况的变化正如人们所担心的那样——下午,敌人的飞机开始了对王家坪的轰炸。当时,周恩来和彭德怀正同毛泽东一起在窑洞里审看作战地图,李银桥挎枪站在周恩来身后稍远一点的地方。工作人员给毛泽东送上了一杯茶水,毛泽东左手端着茶杯、右手拿着一支粗长的红蓝两色铅笔在地图上画着……

只听"轰"的一声巨响,一颗重磅炸弹在窑洞前的场坪上爆炸了!

李银桥和几名卫士立刻跑出去一看,眼前是一个被炸开来的大深坑,四处散落着许多被炸焦的黑土、黑石头和大大小小的弹片,一棵大槐树被炸削了一大块树皮,白中泛黄的树干裸露着,树上的枝枝杈杈也被弹片削得七零八落。一时间,窑洞前硝烟弥漫,空气中还夹杂着一股刺鼻的辛辣味儿和呛嗓子的火药味儿，不久，硝烟渐散。当李银桥等人返回窑洞内时，几个人正想说什么，却都被见到的情景震呆了：

毛泽东手中的茶杯依然在握，杯里的茶水没有洒出半滴，而他另一只手上拿着的那支红蓝铅笔依然在地图上清晰地画动着，那条红红的调兵粗线没一点儿走样！再看周恩来和彭德怀，两个人依然一左一右地站在毛泽东的身旁，对于刚才那震耳欲聋的一声巨响好像全然不觉，周恩来前倾着身，彭德怀倒背着手，两人的目光依然同时追视着毛泽东的笔锋……

看到这一切，刚刚被敌人的炸弹爆炸着实吓了一跳的李银桥等人，神情立刻全都镇定下来。

察觉到卫士们进来，毛泽东缓缓地喝了一口茶水，随即又吐出来："尘土掉进去了，味道变啰！"

阎长林立刻上前，伸手接过毛泽东手中的茶杯，准备倒掉重沏。这时窑洞的门突然被推开，警卫参谋贺清华冒冒失失地闯了进来，刚要说什么，见了眼前的情景，张开的嘴又立刻闭上了。

毛泽东依然目视地图，头也不抬地问："我们的客人走了吗？"

"什么客人？"这一问倒把贺清华问愣了，"谁，谁来了？"

"飞机呀！"毛泽东微微一笑，将手中的那支铅笔蓝端轻轻向上一指，"喧宾夺主，讨厌得很！"

周恩来附和道："我们的客人搅得主席连杯茶水也没喝好嘛！"

窑洞里的人们立刻笑了起来。

笑声未停，有人拿了块弹片进来给毛泽东看，毛泽东风趣地说："发财发财，可以打两把菜刀啰！"

周恩来也笑着说："打把镢头也不错嘛！"

彭德怀将那块弹片接在手上，掂量了掂量："我看还是打把刺刀好些……"

笑声停止后,毛泽东让阎长林去外边查看老百姓受损失的情况。

吃过晚饭,李银桥在窑洞前遇上了调查情况回来的阎长林。阎长林告诉他说:"南门外炸死了一头毛驴,赶毛驴的老汉被土埋住了大半个身子,被人们扒出来以后大骂蒋介石,还一个劲儿地叫喊着要去找胡宗南,让他赔毛驴……"

"快去汇报吧!"李银桥指指身后的窑洞,一边笑一边对阎长林说,"周副主席和彭老总都在呢!"

阎长林前脚进了窑洞,李银桥后脚跟进来。听完情况汇报,毛泽东很认真地说:"损失一头毛驴,这笔账我们迟早要跟蒋介石讨回来!"

几天下来,敌情越来越紧。

敌人的飞机一批走了一批又来,延安城内外的防空警报频频敲响。面对敌机的狂轰滥炸,彭德怀心急如焚,屡次劝说、催促毛泽东尽快转移,可毛泽东就是不听。

1947年3月16日午后,毛泽东正同周恩来和彭德怀在窑洞里谈话,猛然间人们听得更大的一声巨响,震得人耳朵里直叫唤,顷刻间眼前变得一片昏暗——又有两颗重磅炸弹在窑洞门前爆炸了!

这一次炸弹的威力更大,爆炸发出的冲击波更强、更猛,不仅震掉了窑洞门窗上所有的玻璃,还将窑洞的门冲开了,冲击得窑洞里发出了好一阵"嗡嗡"的共鸣声……

工夫不大,烟尘散尽。窑洞里渐渐恢复了光明,彭德怀又一次对毛泽东说:"早就叫你走,就是不走。这两颗铁砣砣如果再投得准些、风再大些,我怎么向党、向人民交代?"

"不妨事!"毛泽东抬臂抖掉身上的灰尘,笑道,"蒋介石的铁砣砣从来就投不准!他们的风也不行,连我毛泽东一个人也吹不动,更何况你这个大将军!"同时又说,"我们的风起来就不得了,要将他们连根拔哩!"

周恩来哈哈大笑起来，彭德怀也只好咧开大嘴跟着笑了。

下午，李银桥听到彭德怀给前线打电话，晚上新四旅的人就到了王家坪。

新四旅的几位领导同志先向毛泽东汇报了西华池阻击战的详细情况，然后纷纷劝说毛泽东尽快撤离延安。

毛泽东知道这是彭德怀让他们来讲的，便将大手一挥，随即又在桌子上用力一拍："不要讲！我已经有言在先，我是要最后撤离延安的！"

没办法，新四旅的几位领导看看毛泽东和周恩来，又看了看彭德怀。彭德怀毫无表情地一扭脸，新四旅的人只好快快地退出了窑洞……

这几天，周恩来也很为毛泽东的安全担心。每次响警报，周恩来总是先跑进毛泽东的住处，催促毛泽东快些进防空洞。

卫士们都知道谁也劝不动毛泽东，只有彭德怀敢在他面前大声地喊叫，甚至拍桌子——蒋介石的几十万大军吓不倒毛泽东、蒋介石扔下来的无数颗炸弹更是炸不动毛泽东，可不知为什么毛泽东有点"惹不起"彭德怀，每次听到彭德怀的大喊大叫，毛泽东总是不做什么表示，也不反驳，至多是微微一笑，从来不和彭德怀对着吼。

彭德怀不在身边的时候，毛泽东几次对他的卫士们下令："敌机来时，不许打搅我的工作；它扔它的炸弹，我办我的公！"

周恩来认为毛泽东住的窑洞土层薄、不安全，便派李银桥去附近找一孔较为结实的窑洞，最好是用石头砌的。李银桥跑遍了整个王家坪，还真找到了两处。周恩来亲自查看后，选了一处合适的，劝说毛泽东立刻搬过去。

起先毛泽东不肯搬，周恩来知道毛泽东平日里十分呵护身边的工作人员，更疼爱年龄小一些的战士们，便指着李银桥说："为了找这间窑洞，小李同志跑遍了王家坪呢！"

听周恩来这么一说，毛泽东看了看李银桥，嘴上虽然没说什么，但表情上显露出的意思是同意搬了。

周恩来立刻抓住机会，指挥人们给毛泽东搬了住处。

搬进石窑洞以后，新四旅的副旅长程悦长和16团的团长袁学凯来见毛泽东。

毛泽东那天显得很高兴，让工作人员给两人弄来了两大碗冒着热气的红烧肉和七八个白面馍馍："吃吧！"毛泽东把"吃"字说成"掐"，"今日整个延安打牙祭，赶不走的猪统统吃掉，自己喂大的么，不能留给胡宗南！"

程悦长和袁学凯见毛泽东高兴，便一边吃着饭，一边毫无拘束地向毛泽东汇报情况：

"部队兵强马壮，给养充足，士气很旺。指战员们纷纷向旅部、团部请战，一致表示坚决保卫毛主席、保卫党中央！多打胜仗保卫延安……"

饭吃得差不多了，两个人互相看了一眼，又说："主席，部队都非常担心你的安全，我们全旅指战员请求主席早一些转移到黄河东边去。"

毛泽东吸着烟，微笑着对他们说："你们代我谢谢同志们。好多地方来电报，催着我过黄河，彭老总更是急得不得了。中央有个安全的环境，对指挥全国作战的确有好处。不过，我有些想法……"

毛泽东用一只手熄灭了烟，扳着另一只手的一个手指头，接着说："其一，我们在延安住了十来年，一直处在和平环境中，现在一有战争就走，我无颜对陕北乡亲，日后也不好再见面。难道我们还不如刘备？刘备撤退还舍不得丢下新野县的老百姓，我们共产党人总比刘备强嘛！我决心和陕北的乡亲们一起，不打败胡宗南决不过黄河！"

毛泽东又点燃了一支烟，扳下另一个手指头："其二，我们不离开陕北还有一个理由：胡宗南有14多万人马，我们只有两万，陕北的比例是七比一；这样我们其他战场就好得多，敌我力量对比不会这么悬殊。党内分工我负责军事，我不在陕北谁在陕北？现在几个解放区刚刚夺得主动权，我留在陕北，蒋介石就不敢把胡宗南投入别的战场；我在这里拖住他的'西北王'，其他战场就可以减轻不少压力。"

烟烫手了，毛泽东赶紧将手上的烟头一丢，毫不在意地继续说："当年希特勒进攻苏联，也是不可一世嘛！几十万敌军围住了莫斯科，斯大林也没躲到什么地方去，还在红场上大阅兵哩！后来怎么样？还不是粉碎了希特勒的进攻！结果又怎么样？苏联红军大反攻，一直打到柏林，彻底消灭了德国法西斯嘛！"

毛泽东一席话，说得程悦长和袁学凯面面相觑，两人既受感动，又显得有些不安，实在是无可奈何，知道劝不动毛泽东，只好不再说什么，放下碗筷走了——红烧肉和馍馍也全部吃光了。

3月18日，毛泽东接见部分保卫边区的部队领导，大家讲到撤离延安指战员们在感情上还是一时接受不了。毛泽东理解大家的心情，请大家坐下来，语重心长地对大家说：

"蒋介石打仗是为了争地盘，占领延安他好开大会庆祝、好向美国人要钱、要军火，那么我们就给他地盘；我们打仗是要俘虏他的兵员，缴获他的武器装备，消耗他的财力物力，消灭他的有生力量，来壮大自己。这样，他打他的，我打我的好了。等蒋介石算清了这笔账，后悔就迟了。存人失地，人地皆存；存地失人，人地皆失啊！"

见大家听得认真，毛泽东又说："蒋介石一旦占领延安，《双十协定》就被他彻底撕毁了，他将为全国人民所唾弃。我们撤出延安，意味着我们要解放西安、解放南京、解放全中国！这是战争的转折点。同志们，你们回去问一问战士们，用一个延安换一个全中国，他们愿不愿意呀？"

听毛泽东这么一讲，人们的脸上都露出了笑容。一位同志站起来说："那也不能不打就撤……"

毛泽东笑道："你完全可以放几枪么！运输队长蒋介石要来，我们总得放几枪欢迎他嘛！延安就是这么几孔窑洞，还是我们自己动手打的，他也搬不走。要是破坏了，那也好，将来我们好盖大楼么！人民永远是我们的，你们怕什么？"

毛泽东一番话，说得大家信心倍增。最后，毛泽东又嘱咐大家："回去以后，要对战士们认真讲清楚撤离延安的道理，告诉大家，少则一年，多则两年，我们还要回到延安来！"

听完毛泽东的话，人们都热烈地鼓起掌来……

3月19日傍晚，毛泽东和周恩来正同西北野战军第二纵队司令员王震在窑洞里坐着谈话，东南方向突然传来了急促的枪声，随后叶子龙赶来报告，说敌人的先头部队已经到了延安附近的吴家枣园。

形势显然紧得不能再紧了。正议论着，彭德怀大步流星地喘着粗气跑来了，没见毛泽东的面就在窑洞外边吼叫："主席怎么还不走？快走，快走，一分钟也不要待了！"

情况突变，窑洞内外的人都感到了形势严峻。这时，中央警卫科的参谋龙飞虎来不及报告就闯进了窑洞："主席，快走！彭总发火了，请你立刻出发——汽车已经准备好了！"

王震连忙站起身来说："主席，今天就谈到这里吧——你必须马上撤离！"

周恩来也劝："主席，是时候了，该走了。"

毛泽东稳稳地坐在椅子上，听了听窑洞外边已经没有了彭德怀的声音，知道他上前线了，这才转头问道："恩来呀，听说我们的战士敢用机枪打胡宗南的飞机呢！是哪个部队打的呀？"

周恩来说："是新四旅的同志……"

毛泽东笑了说："好么，很勇敢么！"接着又说，"我给他们写一封信，慰问一下……"

周恩来问："拿什么慰问呀？"

毛泽东说:"给他们送去一口猪!"

周恩来也笑了:"很好嘛!"

毛泽东问:"机关都撤离了吗?"

"都撤离了。"周恩来说罢,又有几个人抢着说:"早撤光了!"

毛泽东又问:"事务处的同志们呢?老侯他们都撤了吗?"

周恩来说:"请主席放心,老侯同志和事务处的人们都已经安全撤离了。"

毛泽东再问:"群众呢?"

龙飞虎回答:"全撤离了,一下午全撤了。"

毛泽东满意地点点头:"嗯,好吧——吃饭!"

什么?吃饭——这是什么时候了?还有心思吃饭?

周恩来和周围的工作人员都急了,人们早把饭菜装在饭盒里了,准备带在撤离的路上去吃。眼下敌人近在咫尺,枪声炮声已经响连了天,就连喊杀声和手榴弹的爆炸声也已声声入耳——可是没办法,彭德怀不在场,没人能劝得了毛泽东。

毛泽东说了的话,是一定要办的。

人们只得将菜饭重新拿出来——一碗小米饭、半盒红烧肉和半盒青菜拌辣椒,摆放在毛泽东面前。

平日里毛泽东吃饭,总是不分大口小口连着吃,似嚼非嚼就咽了。可今天吃起来,好像担心有沙子硌牙似的,一口一口吃得慢极了……

周恩来知道毛泽东是要"最后一个撤离延安","还要看看胡宗南的兵是什么样子",便走出窑洞,派人去请彭德怀。

彭德怀一露脸,没站稳脚跟就吼起来:"主席怎么还不走!龟儿子的兵有什么好看的?快走,马上给我走!一分钟也不要待了,部队替你看了,走走走!马上走!"

毛泽东看了看心急火燎的彭德怀,不动声色地继续吃饭。

彭德怀立刻转身,瞪着充满了血丝的眼睛向工作人员吼道:

"还愣着干什么？快把东西搬到车上去！"

卫士们忙着收拾行装，秘书们赶紧撤地图、清理窑洞。毛泽东皱了皱眉，无可奈何地推开碗筷，站起身："把房子打扫干净，文件不要丢。"

停在窑洞外面的那辆深蓝色的美制中吉普车发动了。司机周西林一个劲儿地踩油门，像是催促毛泽东赶紧上路。

依然站在窑洞里的毛泽东一边看着人们收拾，一边幽默地说："带不了的书籍可以留下来，摆摆整齐，让胡宗南的兵读一点马列主义也有好处嘛！"

周恩来轻声催促道："主席，该走了，走吧！"

毛泽东不紧不慢地走出窑洞，迎着枪声、炮声向东南眺望，像是自言自语，又像是问身边的人："你们愿意走吗？"

听到毛泽东的喃喃声，站在周恩来身后的李银桥壮着胆子说了句："为了解放全中国，不走也得走哇！"

毛泽东一侧身，沉着嘴角对身边的周恩来和在场的全体人员说："那么好，就这么办吧！我本来还想看看胡宗南的兵是个么鬼样子，可是彭老总不答应，他让部队代看——我毛泽东惹他不起，那就这样办吧！"

毛泽东总算同意走了，周围的人都舒了一口气。周恩来立刻近前去拉毛泽东上吉普车——登车之际，身穿翻毛皮领棉大衣、头戴翻毛皮棉帽的毛泽东又蓦然回首，向着所有的人、又像是向着延安，发表宣言似的大声说道："同志们，走吧！我们还会回来的！"

| 第二篇 |

转战陕北毛泽东叱咤风云　围追堵截国民党损兵折将

◎ 这时，中央纵队的参谋长叶子龙和副参谋长汪东兴来找李银桥。周恩来说："你们去谈谈吧。"李银桥看看周恩来，知道不好再说什么，便跟叶子龙和汪东兴走了出来。叶子龙开门见山地说："李银桥同志，组织决定给你变动一下工作，调你到李德胜同志身边去当卫士。因为你过去一直干这项工作，有经验了。"

◎ 站在锅台旁的毛泽东顺手抓起了电话听筒："喂，是呀——我是毛泽东！"李银桥同大家一听"毛泽东"三个字，都兴奋得简直要跳起来了！自从撤离延安、转战陕北途中，毛泽东一直化名"李德胜"，今天公开自称毛泽东，像是一记春雷，振奋得人心激动不已；同时也说明了形势的发展已经到了一个伟大的转折点，敌人彻底灭亡的日子已经不远了！

5. 北撤路上设伏兵　三战三捷成英雄

　　汽车离开王家坪，向北驶上大路，速度开始加快。
　　汽车上，毛泽东与周恩来谈笑风生：远至西欧、东欧、北美、日本、东南亚，近至陕北、晋南、冀中、鲁南、大别山；古至秦皇汉武、唐宋元明清、辛亥革命，今至南昌起义、井冈山斗争、瑞金反"围剿"、万里长征、抗日战争；上至天文，下至地理，花鸟鱼虫、风云变幻，事物更迭、时世变迁，简直是包罗万物、阔论天下，时谈物议中，话题最多的还是蒋介石和胡宗南……
　　远处的枪声炮声阵阵传来，像是特意为两位叱咤风云的历史巨人导演的一场大型历史舞剧送上的伴奏曲。
　　汽车驶过拐峁，王震策马跑来辞行。汽车停下以后，毛泽东和周恩来一起下车相送。
　　"我这就回部队去！"跳下马的王震向毛泽东握手告别，"主席还有什么指示吗？"
　　"没了，没了……"毛泽东笑着说，"就按我们研究的去做吧！"
　　"请主席放心！"王震向毛泽东行了一个庄严的军礼，"我们一定按照你的指示，打好撤出延安后的第一仗！"说完又向周恩来行了礼，然后翻身上马，用手一抖缰绳，两腿一磕马肚，飞快地向东跑去了。

汽车继续向北急驶，沿途陆续出现了许多由延安撤出来的老百姓。

司机周西林放慢了车速，毛泽东紧锁着眉头，隔着车窗望着车外的乡亲们，沉默着不说一句话。

大路旁、山道上，数不清的白羊肚手巾和红乎乎的布腰带，只见大人孩子互相拉扯着、男人女人互相帮衬着、老的少的互相搀扶着，有的背着行李，有的扛着粮袋子，有的担着锅碗瓢盆，还有人赶着猪、牵着牛和羊、拽着骡和驴，有的妇女还背着纺车、扛着镢头，有的老大娘抱着鸡，有的拄着拐棍随着人流慢慢走。

人群中，可以清楚地看到持枪警戒的民兵，正因为有他们的维持和保护，撤退的群众队伍才显得不慌乱、不松散……

车速越来越慢，周西林想按喇叭，被细心的周恩来及时制止了："不要按喇叭，不要惊吓群众。"

吉普车渐渐驶离了群众队伍。一向很爱说话的毛泽东，这段时间始终没说一句话。

汽车驶在30里长川的青化砭大道上，毛泽东和周恩来认真地看着车外，互相会意地交换了好几次目光。随车行进的李银桥也向车外张望，周恩来问他："知道这是什么地方吗？"

李银桥回答："青化砭。"

周恩来说："记住它！"

离开王家坪的第5天，毛泽东和周恩来以及江青一行住进了瓦窑堡附近的一个小村子。

在村内查看窑洞时，毛泽东对大家说："就在这里住下吧。过不了几天，就可以听到捷报了！"

李银桥和在场的其他人都感到纳闷儿：毛主席怎么说得这么肯定？

周恩来对大家说："放心住下吧！戏中有句台词，叫作'闭门家中坐，静听好消息'！"

毛泽东望着周恩来点点头："嗯！"

周恩来会心一笑："嗯！"

李银桥等人也随着放心地笑了。

3月25日上午，在子长县任家山，李银桥刚把周恩来的衣服洗净晾晒在一棵枣树杈上，正南方向便传来了异常激烈的枪炮声，就连脚下的黄土地也被这响动震颤了。

许多人跑出窑洞，边听边议论："打起来了！""这是打埋伏战！""不，是打阻击！"还有人说："毛主席布下的口袋，敌人准钻！""这是几纵打的？""准是二纵！"……

渐渐地，炮声没了，枪声也稀落下来，最后一点儿响动也听不见了。

这仗打得也太快了吧？李银桥心想，这可是撤出延安后的第一仗啊，这么快就结束了？

午后，大家得知，我军在青化砭设伏，敌31旅（缺一个团）被歼2900余人，旅长李纪云被俘。

直到这时人们才明白，毛泽东早在王家坪时就做好了充分准备——设伏青化砭，还要看看胡宗南的兵长得什么样子呢！

首战告捷，获得运动防御消灭国民党军有生力量的序战胜利。

3月26日，毛泽东电示彭德怀、习仲勋；望准备打第二仗。

青化砭战役后，毛泽东、周恩来立刻率领中央机关转移到了清涧县绥德城南的枣林沟。

1947年3月29日晚—30日，毛泽东在枣林沟主持召开了中共中央政治局会议，决定成立前敌委员会和工作委员会及中央后委。

中央前委由毛泽东、周恩来、任弼时组成，代表中央，坚持在陕北指挥全国的解放战争，对外称"昆仑纵队"；中央工委由刘少奇、朱德等领导，前往河北平山进行中央委托的工作；中央后委以叶剑英、杨尚昆为首，带领中央机关去晋绥根据地的临县一带，组织后勤保证供应。

五大书记明确分工以后，毛泽东在会上又着重指出："摆在我们党当前的首要任务，是从军事上打败蒋介石！"

3月31日，负责党务和白区工作的刘少奇和负责党的监察工作的朱德率队离开了枣林沟。毛泽东与周恩来以及负责土改工作的任弼时率领中央前委及机关工作人员，轻装简从，先乘车沿公路向北至田庄，而后弃车步行，一直向西走去。前委机关工作人员中，作为协理员的江青也是其中的一名成员。

在青化砭吃了败仗的胡宗南，急电令29军军长刘戡率6个旅的兵力由安塞掉头，沿延（安）榆（林）公路进行反扑；而我军主力部队这时早已转移、去向不明，致使敌人耗时费神地扑了一场空。

恰恰在这时，正当敌人继以10多个旅的兵力沿延榆公路向东北方向盲目地追逐我军主力时，他们做梦也想不到毛泽东竟会逆向迎面而来！一架山梁的两侧，敌军在山北，毛泽东在山南，敌军与毛泽东擦肩而过……

转战途中，毛泽东患了肺炎，连日咳嗽不止，徒步行军显得有些力不从心。警卫员孙振国见了，便将自己背干粮用的一根柳木棍送给毛泽东，毛泽东拄在手上很随心，满意地说："用这东西挺省力呢！"

一次，在一个山沟的小村子里，被敌人的电台测向仪测出了我军的方位，刘戡迅速以5个旅的兵力猛扑过来。我军的骑兵侦察员连连告急：

"敌人距离15公里！"

"敌人的先头部队迫近到10公里！"

"敌人已经进沟了！"

"5公里……4公里……"

毛泽东思考问题的时候最烦被人打搅。面对卫士的连连报告，毛泽东发火了："什么5公里4公里？中国有960万平方公里！你去吧，不要婆婆妈妈！"

卫士感到有些委屈，周恩来上前安慰他，这名卫士的心情才平缓下来。

敌情严峻，毛泽东不是不清楚自己的危险处境——南面的敌人有十几个旅已由安塞至子长、绥德一线摆成了"一字长蛇阵"，西边的敌人已经占领了甘肃东部，正急速向三边（陕西省境内长城由西向东的三处关防要地定边、安边、靖边）进逼，北面的敌人业已据住长城、占领了横山，只有东边是敌人遗出的"网口"——黄河！

说来也怪，已经进了沟的刘戡部队愣是没有发现毛泽东！

当时，人们议论最多的话题就是"要不要过黄河"和"什么时候过黄河"，毛泽东坚决果断地告诉大家："我们不能去那条路，我们要在这里和敌人周旋，牵敌人、磨敌人，来回和敌人兜圈子，直到最后消灭他！"

1947年4月9日，毛泽东向全党全军发出了通知："我党中央和人民解放军总部必须继续留在陕甘宁边区。必须用坚决战斗精神保卫和发展陕甘宁边区和西北解放区。"

经过几天的与敌周旋，周恩来的两只脚上都打出了血泡，李银桥见了直心疼。周恩来一直坚持着徒步行军，反劝李银桥不要声张，不要告诉医护队，更不可以告诉毛泽东。

不几天，毛泽东、周恩来、任弼时率前委机关迁回到了靖边县的王家湾。

4月15日，毛泽东在王家湾致电彭德怀，发出《关于西北战场的作战方针》，指示用"蘑菇战术"，"将敌磨得筋疲力尽，然后消灭之"。

同一天，彭德怀率领西北野战军主力执行这个作战方针，在瓦窑堡西南侧的羊马河一带粉碎了敌人的猖狂追扑，全歼了敌美制装备的第135旅，活捉代旅长麦宗禹，保卫和发展了西北解放区。

两战告捷后，4月22日，毛泽东又向部队发出了重要的作战指示："应完全不被敌之动作所迷惑，选择敌之薄弱部分主动地歼灭之。选击何部那时再定。这即是先打弱的，后打强的，你打你的，我打我的（各打各的）政策，亦即完全主动作战政策。"

在王家湾，江青闲暇时常给一些工作人员讲些历史小故事，或者给大家猜些谜语，有时也给毛泽东抄写文件或电报稿。

疲于奔命的胡宗南部队，在毛泽东的牵制下三进三出瓦窑堡，扑来扑去见不到毛泽东的影子，便气急败坏地集中主力再次迫近瓦窑堡，存着"愚者千疏，或有一得"的侥幸心理寻找我军主力决战。

这时，一直在山坳坳里与敌军兜圈子的毛泽东一连两天不出窑洞，周恩来也很少回自己的窑洞休息，大部分时间都同任弼时一起伴在毛泽东的身旁。

李银桥见到秘书们进进出出地忙碌，一封封电报发出去、一次次电报打进来，心想又有大的战役要开始了。

5月2日傍晚，东南方向隐隐约约地传来了大炮的轰鸣声。披了件补丁棉袄的毛泽东终于走出窑洞，听了一会儿，又满脸笑容地返回去了。

听到炮声，守卫在窑洞外面的人们议论纷纷，周恩来走出窑洞对大家说："蟠龙战役打响了，彭老总已经占了制高点！大家声音小一些，不要影响主席！"

大家兴奋极了，这次战役必胜无疑！因为每个人都认定：只要是毛主席指挥战斗，结果只能是胜利——这已是被无数次实践证明了的客观规律！

蟠龙战役在继续，毛泽东又是两天两夜没有睡好觉，协助毛泽东实施军事指挥的周恩来更是没合几下眼，倒是李银桥被周恩来强行命令着睡了两个多小时。

一觉醒来，李银桥立刻跑去毛泽东的窑洞找周恩来，见到毛泽东正一边查看铺在石板锅台上的地图，一边向作战参谋下达命令："给彭总发电，有一股敌人由拐峁向蟠龙增援，请他们注意！"

这时，不知谁在窑洞外面大声喊了一句："快看哪，敌机冒烟啦！"

李银桥拔腿跑出去一看，蟠龙上空果然有一架敌机被击中，拖着一道细长的黑烟，摇摇摆摆地栽向了茫茫的山坳……

5月4日，东南方向的枪炮声终于止息了。

此次战役，全歼蟠龙守敌6700余人。敌旅长李昆岗在战役开始后的前两天还企图负隅顽抗，战役进行到第三天他就感到败局已定。最后，也是战役的第四天，这个一度自命不凡的家伙，在彭德怀的强有力的进攻面前，只得当了解放军的俘虏。

蟠龙是敌人囤积军备供应的战略重地，一旦被攻克，无数的粮食、弹药、枪械、军衣、车辆等物资立刻装备、补充了解放军——那架被击落的敌机，竟是被解放军用步枪打下来的！

消息传来，人心振奋。毛泽东致电新华社发表评论说：胡军凶焰正在下降，胡宗南指挥无能，使这个下降来得更快，更剧烈，更富有戏剧性。

三战三捷！在王家湾，毛泽东迎着阳光走出了窑洞，抖去披在身上的补丁棉袄，只穿件江青编织的细线毛衣，挥手让人从窑洞里搬出架帆布躺椅，神情振奋地说："来，晒晒太阳，照张相。"

中央纵队参谋长叶子龙举起相机，镜头对着坐在帆布椅上的毛泽东，拍下了一张具有历史性纪念意义的珍贵照片。

6. 豪情逸致嘲司马　指挥若定走刘戡

进入1947年5月，陕北的气候开始转暖，但一早一晚还是有不小的寒意。

撤出延安后的三战三捷，令跟在毛泽东身边的这些人精神较转战开始时振奋多了。

几场大雨过后，山间的小路、土道更不好走了——毛泽东不久前患的肺炎，虽然没有向更严重的程度发展，但也不见多少好转。任弼时同叶子龙和汪东兴商议后，决定依然暂住王家湾，一是等候周恩来和陆定一的平安归来，二是为了照顾一下毛泽东的身体……

蟠龙战役后，部队缴获了不少医疗器具，中央前委的医护队分得了许多药品，每个工作人员还分得了一个战地急救包。

周恩来指示医护队的同志，要尽心照料毛泽东，在力所能及的情况下，想尽一切办法及早治愈毛泽东的咳嗽。

5月12日，晋南战场传来捷报：为配合陕北作战，第四纵队司令员陈赓和太岳军区司令员王新亭，在中央军委的直接指挥下，在"保卫党中央、保卫毛主席"的口号激励下，于4月4日组织部队发起晋南战役，战役中认真贯彻执行毛主席数次发出的作战指示，至5月12日胜利结束整个战役，共计歼敌20000余人，解放晋南25座县城，彻底摧毁了胡宗南和阎锡山的联防体系，使敌在晋南只剩下了运城、临汾两座孤城——目前，四纵正以得胜之军横扫晋西南，锋芒所向直指胡宗南的右后翼，前锋已达风陵渡！

接到陈赓和王新亭发来的电报后，毛泽东和周恩来、任弼时一起离开窑洞，兴致勃勃地招呼了好几个人，一起到不远的一座土山坡上去"透透空气"。

走在山坡上，李银桥紧紧跟在周恩来的身后，听毛泽东又情不自禁地唱出了几句京剧《空城计》的唱段："我正在城楼观山景，耳听得城外乱纷纷。旌旗招展空翻影，原来是司马发来的兵。我也曾差人去打听，打听得司马领兵就往西行……"

听着毛泽东那充满湖南乡音的京剧唱腔，周恩来笑了："主席，我们面前的'司马'现在可不是往西行哟！"

毛泽东止住了唱，风趣地说："刘戡？他不配当司马懿！"

任弼时在一旁说："我们面前的司马懿是胡宗南、蒋介石。"

毛泽东边走边说："蒋介石和胡宗南都不是我们的对手，我们面前没有司马懿，只有司马师哟！"

"哈哈哈……"周恩来大笑，"主席说得对，胡宗南只配当司马师！"

李银桥有些纳闷，悄悄问周恩来："胡宗南什么时候变成'死马尸'了？"

周恩来一时没听明白，沉静片刻才恍然大悟，不禁又笑起来："你说得对，死马一匹——胡宗南就要变成死马尸了！"

毛泽东和任弼时听了周恩来对李银桥的解释，也禁不住一同仰天大笑不止……

5月16日，毛泽东在王家湾又收到了陈毅、粟裕从鲁南发来的电报：

> 泰蒙战役胜利结束。我华东野战军继4月22日至26日全歼敌泰安守军整编第72师师部及两个旅，活捉

敌师长杨文泉后，又按毛主席的指示精心组织调动部队，调整兵力，于5月13日至16日采取"虎口拔牙"的战法，实施反突破，把蒋介石的御林军、五大主力之首的整编第74师从重兵集团中央割裂出来，在沂蒙山区的孟良崮全歼了蒋介石的这支"王牌"军32000余人，击毙中将师长张灵甫。

高兴！这期间，没有什么事情能比得上捷报频传更令毛泽东高兴的了！

当天夜里，毛泽东复电华东野战军司令员兼政委的陈毅和副司令员粟裕、副政委谭震林，要他们休整7天，认真总结经验和寻找战斗中的不足之处，积蓄更大的力量准备打新的战役，夺取更大的胜利。

夜很深了，天上下着不大不小的雨，毛泽东住的窑洞里还亮着马提灯的淡淡的灯光……

黎明时，雨停了。周恩来从毛泽东的窑洞里走出来，抬手揉了揉彻夜未阖的眼睛，又深深地吸了几口凉凉的晨风，对跟在自己身后的李银桥说："你不要总同我一起熬了，快去休息！没人叫你只管睡，需要时我会派人通知你的，快去！"

早已困得两眼睁不开的李银桥被冷风一吹，又听周恩来这么一讲，困劲儿竟然一下子全消了："不困，真的！周副主席，你比我累多了——脑子累，你快去睡一会儿吧！"

周恩来笑了笑："那好，我们都睡一下！"

转战陕北的毛泽东，不仅亲自指挥着陕北的具体军事行动，而且亲自为西北野战军、华东野战军、东北野战军制订了详细具体的作战方案，同时对全国的局势了如指掌。

这期间，鉴于蒋介石重重派兵向各解放区大举进攻，毛泽东向各野战军部队发出了一道道电令。其中，有这样的内容：

敌军密集不好打，忍耐待机，处置甚妥。只要有耐心，总有歼敌机会。你们后方移至胶东、渤海、胶济线以南广大地区均可诱敌深入,让敌占领莱芜、沂水、莒县,陷入极端困境,然后歼击,并不为迟。唯:(一)要有极大忍耐心;(二)要掌握最大兵力;(三)不要过早惊动敌人后方。

第一不要性急;第二不要分兵,只要主力在手,总有歼敌机会。凡行动不可只估计一种可能性,而要估计两种可能性。例如调动敌人,可能被调动,亦可能不被调动;可能大部被调动,亦可能只有小部被调动。凡在局势未定之时,我主力宜位于能应付两种可能性之地点

5月19日,在王家湾,日理万机的毛泽东和朱德复电内蒙古人民代表大会:

我们相信:蒙古民族将与汉族和国内其他民族亲密团结,为着扫除民族压迫与封建压迫,建设新蒙古与新中国而奋斗。

5月下旬,敌人的部队闻风扑向了王家湾。毛泽东便率"昆仑纵队"一直向西,准备进驻长城脚下靖边重镇东南方向的天赐湾。

临近天赐湾的当天深夜,天黑得伸手不见五指。人们一个紧挨着一个往前急行军,大家深一脚浅一脚地只顾赶路,队伍中除了脚步声外没有一点儿别的声音。

就在这时,不远处闪现出许多明亮的手电光和无数支火把——和敌人碰头了!

敌人的火把照出了他们清晰的身影,而毛泽东这边连一点儿星光也没有。敌人长长的队伍在急速行进,毛泽东则命令自己的队伍慢下来……

这时的李银桥,担心队伍中的马会叫——马一叫就糟了,这黑灯瞎火的怎么应付啊!但转念又一想:怕什么,有毛主席在就什么也不怕!

事实正如李银桥所想,队伍中有不少的马,在敌人身边走了很长时间、很长一段路,愣是没有一匹马叫!

敌人走,毛泽东也走。李银桥接到前面传来的低声通知:"安静,把帽子翻过来戴!"

帽子翻着戴能显出一点点白色,只能保证紧跟在后边的一个人看到前边的一个人,隔开一个人就看不到了。夜黑也有夜黑的好处,敌人的大队人马就这样亮着手电、举着火把,在毛泽东身边走过去了!

这可真是有惊无险!这一夜的经历,使李银桥更加坚信:只要有毛主席在,什么样的敌人也不怕!

不几天,毛泽东、周恩来和任弼时率队甩掉敌人之后,又悄悄地返回了王家湾,江青也在随行的人员中。

5月30日,毛泽东在王家湾为新华社写了一篇政治评论《蒋介石政府已处在全民的包围中》,指出中国境内已有了两条战线,蒋介石进犯军和人民解放军的战争是第一条战线,伟大的正义的学生运动和蒋介石反动政府之间的尖锐斗争是第二条战线。毛泽东预言中国事变的发展会加快,号召人民为中国革命在全国夺取胜利迅速地准备好一切必要的条件。

连吃败仗的胡宗南,受到蒋介石从南京来电的斥责,便利用我西北野战军主力继续西进的机会,再次派他的"干将"刘戡,率领4个半旅的兵力向毛泽东扑来。

6月8日,王家湾不能住了,依然害着肺炎的毛泽东又率队开始了艰难的作战行军——手上依然拄着警卫员孙振国送给他的那根柳木棍。

傍晚离开王家湾。队伍一动,惊雷滚滚,山梁上像是走过一阵巨轮天车……

西进途中,"哗哗"的大雨从天上直掉下来,打得人脸生疼。人们脚下踩着泥泞,一步步爬上了西边的山梁。

在毛泽东的统率下,大家跌跌撞撞地向前摸索着行进。天黑云低,每个人的眼睛透过雨水紧盯着各自身前的人影,整整走了一夜,拂晓时队伍来到了距离王家湾20公里的小河村。

7. 杨屹崂湾阻击战　领袖雨夜藐敌兵

跟着毛泽东，大家都习惯了夜行晓宿。

天大亮了，队伍在小河村休息、埋锅造饭。

雨后的黄土高坡弥漫着一层薄薄的云雾，雾中的树木、窑洞、村庄，像是在虚浮缥缈的幻境中游动，行走的人体远远望去像是木偶剧中的一个个小道具，忽隐忽现的，给人以无限的遐想……

临近中午，大雾散去。明媚的阳光普照小河村，村里村外显出一派生机。大树下、土坎旁，有炊烟袅袅；窑洞前、村边上，有人在晒太阳，有人在脱了衣服挤虱子……

忽然，晴朗的上空飞来了好几架敌机，人们立刻熄烟断火，部队也随即警惕起来。

就在这时，后方响起了大炮的轰鸣，紧接着枪声大作——骑兵策马赶来报告，我们的两个步兵连和敌人的四个半旅打上了！

这场阻击战打响在小河村外的杨屹崂湾。

跟随毛泽东的警卫部队只有两个步兵连、一个骑兵连、一个手枪连和一个警卫排。

战斗打响后，两个步兵连迅速抢占了制高点，骑兵连也急速用火力封锁了敌人前进的要道口，手枪连的战士们严密警戒在小河村的四周,警卫排的战士一个个持着枪紧紧地守护在中央首长的身旁。

敌人凭借他们全副的美械装备,以四个半旅的绝对优势兵力疯狂地向杨屹崂湾发起了轮番进攻。毛泽东的部队仅仅一个营、用火力死死封住杨屹崂湾口,连续打退刘戡指挥发动的3次集团冲锋。

战斗进行得异常紧张、激烈。我军指战员打得英勇、顽强,凶猛的敌人无论用火炮轰、机枪扫,还是用手雷炸、卡宾枪打,都未能冲开杨屹崂湾这道防线。

战斗中,骑兵连长命令全连战士隐蔽了马匹,在要道口向发起冲锋的敌人一通猛打;两个步兵连的战士凭借着抢先占据的有利地形,用轻机枪和卡宾枪打得敌人直往后退。

战士们打红了眼,一些同志挂了花,多亏了每个人身上都配备了战地急救包,不用战友帮忙,也不影响别人战斗,伤员自己就包扎了伤口,继续坚守阵地、坚持阻击……

3个半小时过去了,敌人想尽了一切办法,使出了各种招数,却始终未能前行半步。这时,毛泽东早已率中央前委的人们转移出了小河村。任务完成了,接到命令的警卫部队随即结束了阻击战斗,主动撤离了杨屹崂湾。

天又黑了,警卫部队赶上了毛泽东一行人,毛泽东称赞叶子龙等人说:"部队打得好啊!"

叶子龙说:"为了保卫中央首长,战士们打得都很勇敢……"

毛泽东说:"这就是我们的战士啊!大家都晓得是在为人民作战,所以很勇敢……"

谈话中,队伍继续行进——雨又下了起来。

说来也怪,只要队伍一动,雨就下,队伍一停,雨也停;队伍走得慢,雨就下得小,队伍刚刚开始加快脚步,瓢泼大雨顷刻如注……

人们冒雨艰难地走在泥泞的山路上,有人说:"咱们的毛主席是一条真龙呢！只要他老人家一动，风神雨神都得赶来护驾呢！"

也有人说："就是！风动雨动，就是敌人不敢动！"

还有人说："风从虎，雨从龙，这雨都是跟着毛主席来的！"

队伍爬上一道山梁停止了前进——向导迷路了。

也难怪，天黑雨大，既分不清东南西北，也辨不明山沟山道。人们首先把队伍中的马匹控制住，免得马叫暴露了目标。

毛泽东和周恩来站在光秃秃的山梁上，让身边的人打开被子遮着雨，取出地图用手电照着查看行进路线。蓦然间，站在周恩来身后的人们发现左边的山沟里有一片火光！

看清楚了，是敌人。那火光，在雨中依然腾腾泛红。火堆一个接着一个，简直从头看不到尾，而且就在脚下，少说也有两万人马！

毛泽东拄着柳木棍站在冷气逼人的山梁上，先看了看脚下被敌人燃起的火堆映红了的山沟，又看看身旁的人们，继而昂首冒雨仰望深邃无穷的沉沉夜空，好久不再说一句话……

周恩来通知大家："不许吸烟，不许咳嗽，不许大声说话！"

这时，人们的心几乎都快要提到嗓子眼儿上了，一齐把目光投向了肃然屹立着的毛泽东。

毛泽东察觉到人们都在注意他，便习惯性地用上嘴唇吮吮下嘴唇——跟在周恩来身后的李银桥见到长在毛泽东下颏上的那颗痦子动了好几下："这场雨下得好，再过半个月，就该收麦子了！"

毛泽东一句话，说得大家的心立刻都放回到了胸口上——李银桥暗自嘀咕：有毛主席在，你们担哪门子心哪！

泥泞中，任弼时也拄着根木棍走了过来："主席，又找到一位向导，我们走吧！"

山梁下、山沟里，依然火光一片。

"让他们在这里烤火！"毛泽东说，"我们走！"

队伍继续出发了。静悄悄的，天黑黑，人无语，马无声，只有大雨打在泥地上发出的"啪啪"声响。

离小河村向北10公里，队伍再一次走到天赐湾时，身后的敌人也顺着山沟出发了。

毛泽东说："敌人上来，我们就走；敌人顺沟过去，我们就住下。"

队伍中不时传来侦察员的报告：

"敌人正顺沟前进！"

"敌人顺沟过去了！"

"敌人全部过完了！"

毛泽东左手抹一把脸上的雨水，右手将柳木棍往泥地里用力一戳，镇定地说："那好——敌人过去了，我们住下！"

8. 陈赓小河村直谏　毛泽东拍案述情

天赐湾向西距离靖边25公里,那是北部长城的一处重镇,临近内蒙,有敌人的重兵集结。

在天赐湾,毛泽东与周恩来商议认为:中央已撤出延安,晋陕交界的黄河两岸,一时间成了胡宗南和阎锡山的天地,胡宗南派兵从南往北打,阎锡山从西往东挤;陕北虽然有彭德怀率领的西北野战军,但他还得分出很大精力尽全力调动仅有的部队对付从西北方向扑过来的诸路敌军,陕甘宁边区依然处在危急中。

有鉴于此,毛泽东说:"调陈赓率四纵回师陕北,摆在黄河两岸,东扼阎锡山,西挡胡宗南——就做个当阳桥上的猛张飞吧!"

"我看可以。"周恩来说道,"这样既可以保卫党中央的安全,又可以增援彭老总的部队。"

"陈赓的部队已经西进到了风陵渡。"任弼时说,"胡宗南的部队并没有大量回撤,对陕北的进攻也没有缓下来的迹象……"

"我调陈赓又不是'围魏救赵'!"毛泽东说话的口气很重,"我让刘邓大军做挺进大别山的准备,是要大举出击、经略中原!我要陈毅、粟裕兵团留在鲁西南,是要牵制蒋介石的

15个整编师、41个旅！我还要调动三纵的许光达……"

"主席，"周恩来见毛泽东快发火了，急忙劝阻说，"陈赓奉命已到陕北，很快就要来见你了。"

"那好，我们不住这里。"毛泽东一挥手，"回小河村！"

听着中央首长们的谈话，李银桥知道了毛泽东的脾气很大——凡是经过毛泽东认真思考后定下来的事情，一般人休想再改变，也没人敢改变。

就这样，队伍甩掉敌人后，在天赐湾吃了顿晚饭。6月16日又折返回了小河村，在这里停留4、5天。

6月14日，毛泽东在天赐湾给刘少奇、朱德写去了一封长信：

> 我们自四月中旬转移至大理河上游，安静地过了差不多两个月。本月9日至11日，刘戡4个旅到我们驻地及附近王家湾、卧牛城、青阳岔等处游行一次，除民众略受损失外，无损失。现刘军已向延安、保安之间回窜，其目的全在骚扰。总结边区3个月战争：第一个月地方工作有些混乱。第二个月起即已步入正轨，党政军民坚定地向敌人作斗争。敌人内部互相埋怨日见增多，士气日见下降，对前途悲观。我们则信心甚高，士气甚壮。彭习[①]率野战军上月底到陇东，因青马[②]82师顽强，打合水未得手，但歼灭骑2旅一个团及宁马[③]81师一个团于曲子附近。目前正攻环县81师主力，拟先打开西面包围线，然后向关中进击。陈谢[④]纵队本月休整，决于7月1日西调，协同边区兵团[⑤]开辟西北局面。东北方面进展较快，不到一个月歼敌

[①] 彭习，指彭德怀、习仲勋。
[②] 青马，指青海军阀马步芳。
[③] 宁马，指宁夏军阀马鸿逵。
[④] 陈谢，指陈赓、谢富治。
[⑤] 边区兵团，指解放军西北野战军。

6个师（旅）以上，收复30余城，增加500万人口，目前正攻四平。山东自歼74师后局面已稳定，现正计划新的攻势作战。刘邓①本月休整，准备月底出击，并新组4个纵队，今后该区将有8个纵队作战。就全局看，本月当为全面反攻开始月份。你们在今后6个月内如能（一）将晋察冀军事问题解决好，（二）将土地会议开好，（三）将财经办事处建立起来，做好这3件事，就是很大成绩。

小河村来了不少人，就连正在前线打仗的彭德怀也从战场上赶了过来。

同一天，戴着眼镜、身穿一套灰布军服的陈赓骑着一匹高头大马风尘仆仆地也出现在了众人的视线中。

见到毛泽东，陈赓的第一句话就是："主席，你身边的部队太少了，武器又不好，我们实在担心呀！旅长们都要求过黄河来保卫你呢！"

"一路辛苦了！"毛泽东高兴地说，"进窑洞去坐下讲，我们几个人都盼着你来呢！"

陈赓先后又和周恩来、任弼时、彭德怀见了面，便到毛泽东住的窑洞里去了。

那天，李银桥见到陈赓曾问过周恩来一些什么话，周恩来笑着没做什么明确答复，只听陈赓轻轻说了句："看来君命难收啊！"

这么多人来到小河村，是来开会的。

会议的主要内容是研究如何粉碎敌人对山东和陕北的重点进攻。

一连几天，凡是众人见到陈赓的时间里，总见他默默无语地像是在想什么问题，在会议进行当中他也是一直低着头、一言不发。

---

⑥刘邓，指刘伯承、邓小平。

毛泽东曾多次在会上凝视陈赓，陈赓见了总是面无表情地不说一句话。

会议进行期间，难得毛泽东走出窑洞来散散心，竟被叶子龙请去和机要科的人们照了好几张相，令这些年轻人高兴了不少日子。

小河村会议进行到第6天。

傍晚时，周恩来走进了毛泽东住的窑洞。

这时候，窑洞里特意摆放了一张桌子，桌子上摆着几样酒菜。在座的有毛泽东、周恩来，再就是陈赓。

"来，陈赓！"毛泽东首先举杯，直呼其名，"我和恩来请你，一为你洗尘，二为你接风，三为你庆功！"

周恩来也将酒杯举向陈赓："来，干杯！"

陈赓举杯在手，站起身一饮而尽："谢谢主席！谢谢周副主席！"

毛泽东用筷子给陈赓夹菜："恩来你们是同学，今天要多喝几杯。"

饮罢头杯酒，三个人又坐下来连饮了好几杯。陈赓有些激动了，放下酒杯突然冒出了一句话：

"主席，恕我直言——你调我西渡黄河，不够英明！"

一句话，说得毛泽东微微一怔，说得周恩来也吃了一惊。但毛泽东的脸上却不露声色，倒是周恩来替陈赓捏了一把汗，急忙欠身拿了陈赓面前的酒杯："你今天喝多了，不要再喝了。"

李银桥站在一旁也被陈赓的话吓了一跳：这陈赓的胆子也不比彭老总的胆子小啊！

毛泽东取过酒杯重新放回到陈赓面前："说下去，我洗耳恭听。"

被酒涨红了脸的陈赓好像不明白周恩来劝阻的用意，又自斟自饮了一杯后，坐在毛泽东面前打开了话匣子：

"我一向敬重主席、敬重周副主席——请恕我直言！"陈赓面对毛泽东，又一次说了"恕我直言"，直陈己见，"你让刘邓大军挺进大别山，陈粟大军挺进鲁西南，都是英明决定。这两路大军，向南可以直逼武汉，向东可以直压南京，就像两把快刀子直插蒋介石的心窝，这我从心底佩服。可是，全国战场一盘棋，对于我这个小棋子儿，你却摆错了地方……"

周恩来和陈赓曾同在黄埔军校，又曾同在南昌发起"八一"武装起义——周恩来用眼色欲以阻止陈赓的讲话，但被吸着烟的毛泽东察觉了："让他把话讲完、讲透！"

周恩来会意地点了点头。

陈赓继续说："主席，你不该让我西渡黄河，保卫陕甘宁；你应该把我拿出去，南渡黄河、东砍西杀，再给敌人的胸口插上一把刀！至于保卫陕甘宁，可以就近考虑；把我调过来，不谦虚地说，实在是大材小用了……"

"你这个大材，我怎么小用了？"此时的毛泽东已经面带愠色。

陈赓坦陈直言："全国一盘棋，形势越来越好，越来越对我们有利；可是，我认为让四纵回师陕北，不是主动进攻，是消极防御，这是一招险棋……"

"大胆！"毛泽东猛地一拍桌子，"霍"地一下站起来，勃然大怒，"好你个陈赓！这次调你过黄河，可不是为了保护我毛泽东！你们都想在中原辽阔的战场上跃马纵横、杀个痛快，却不想想陕甘宁的兵力是何等空虚。你让我就近调兵，我调哪一个？你最近，我都调不动！我晓得你曾救过蒋介石的命，难道这次想把我毛泽东、把党中央拱手送给蒋介石吗？岂有此理！"

毛泽东越说越激动，止不住又拍了几下桌子，把桌子上的酒菜都震动了——陈赓大吃一惊，浑身的酒劲儿被吓掉了一大半，连忙站起身来说："主席，我这只是一己之见……"话说得有些发颤，只见他脸色发白、嘴也不大听使唤了，"我坚决执行中央的决定……"

站在一旁的李银桥被吓得不得了，心里直替陈赓捏着一把汗——除了彭德怀，还没见谁敢跟毛主席这么说话！

周恩来却神情自若、面无表情地坐在那里不说一句话。

再看看此时此刻的毛泽东，见到陈赓窘迫成这个样子，反倒哈哈大笑起来："陈赓呀陈赓，说了一句笑话，吓了你个半死！"

毛泽东用食指和中指夹着抽了半截子的纸烟，戳着陈赓的鼻子尖说："你怕么子嘛！跟你说句心里话，你同中央想到一起啰！"

周恩来这时才拉陈赓重新坐下："主席就是要你把话全讲出来，告诉你吧——中央已经改变计划了。"

陈赓长长出了一口气，坐下后好半天才回过神来，脸上也渐渐有了血色。

毛泽东丢掉手上的烟头，语气深沉地对陈赓说："告诉你，刘邓挺进大别山，会打得蒋介石鸡飞狗跳；胡宗南又被彭德怀牵制在陕北，腿拔不脱。现在，豫西一带是个空子，你若南渡黄河、乘虚而入，在西至潼关到郑州的八百里战场上，打他个昏天黑地——向东，可以支援刘邓和陈粟的两路大军；向西，可以配合陕北作战，从背后抽胡宗南一鞭子，他的八百里秦川便在风雨飘摇之中啰！陈赓呀陈赓，你没有错！"

毛泽东如此大度的一席话，说得陈赓反倒不安起来。李银桥见他先看看毛泽东、又看看周恩来，然后才拘谨地说："只是……这样一来，主席身边也……"

"你莫管！"毛泽东端起酒杯说，"有惊就有险，有高度就有难度。让我和恩来背水一战，置于死地而后生！你们放开了去打，你们打得越好，中央就越安全！"

周恩来也端起酒杯，站起身将杯中酒伸向陈赓："我陪主席给你敬酒，为你壮行！"

面对中央两位最高首长、全国人民的革命领袖、解放军的最高统帅，陈赓猛地端起酒杯，站起身、语气坚定地说："主席、周副主席，请放心！我陈赓一定不辜负中央的重托，我代表四纵全体将士敬你们一杯！"

三人用力碰杯后，一饮而尽。

第二天，李银桥跟随周恩来，陪着毛泽东去给陈赓送行。

临分手，毛泽东又风趣地问陈赓："有个典故叫作'破釜沉舟'，你可知它的含义呀？"

陈赓心领神会地答道："知道。过河卒一往直前，下决心不要后方！"

"它出自哪里呀？"毛泽东又问。

"项羽击秦！"陈赓答。

"对么！"毛泽东很满意，又补充说，"昨天言语冲突的地方，多有得罪，还望你莫怪！"

陈赓不好意思地说："是我不冷静，不明白主席的意图。"

周恩来笑道："我们的'猛张飞'就要变成'赵子龙'了！"

毛泽东说："赵子龙更好么，一身是胆！"

周恩来走近陈赓，向他再一次强调了陕北的困难，嘱咐说："南渡黄河以后要狠打猛打，认真完成中央交给的任务，放马逐鹿中原！"

毛泽东也再次叮咛说："如果你们不能在两个月内以自己有效的行动调动胡宗南，则陕北将难以支持……"

"请主席放心！"接大任于身的陈赓斩钉截铁地说，"四纵保证如期渡河，配合刘邓、陈粟大军形成'品'字形，展开中原战场！"

陈赓骑马走了，小河村的会议也结束了。

9. 定方针光明在前　大出击经略中原

1947年6月下旬的一天中午，毛泽东正在窑洞里改写文件、电报稿，医护队里一位姓任的女护士悄无声息地走了进来。

在场的周恩来认识这个小姑娘，李银桥也曾在野战医院见过她几次。

"小任同志，有什么事吗？"

"周副主席……"小任红了脸说，"我给主席送咳嗽药来了……"

"叫'李德胜'同志。"周恩来满脸和气地说。

"拿回去！"毛泽东左手一摆，头也不抬地说，"我不吃！"

"我……"小任姑娘鼓起勇气说，"还想请您……"小任看了看周恩来，"还想请您和李德胜同志写几个字。"

"李德胜同志的字写得比我好。"周恩来很客气地说，"请李德胜同志写。"

小任怯怯地望着毛泽东，想说话又没敢再张嘴……

毛泽东见状，另取了一张白纸，放缓了口气说："那好，我给你写几个字。"

只见毛泽东大笔一挥，几个大字顷刻而就：

光明在前

小任高兴得不得了，激动地想立刻伸手去取，走前一步又停住了脚。周恩来取过毛泽东写的字，认真看着说："好呀！方针已定，光明在前！"

周恩来双手捧着毛泽东写的字，随即吹吹干，递给了小任姑娘。

毛泽东这时问小任："是谁让你来向我讨字的呀？"

小任姑娘捧着毛泽东写的字，静了一下心情说："是我自己要来的。"

毛泽东笑了："你很有勇气嘛！"

李银桥当时心想：什么时候我也要请毛主席给写几个字呢！

在小河村的日子里，毛泽东同周恩来日夜商讨军情。商讨中，叶子龙负责整理出了毛泽东连连发出的诸多重要电报和文摘：

> 刘伯承、邓小平军……6月10日前渡河，向冀鲁豫区与豫皖苏区之敌进击，第二步向中原进击。为着在该区长期立脚，全军应有充分的政治动员（使每个人明白政治任务，提倡吃苦耐劳不怕困难）及干部、经费等项的充分准备。

> 陈毅、粟裕军……配合刘邓大军经略中原，决将陈赓、谢富治纵队使用方向改为渡河南进……创建鄂豫陕边区根据地，作为夺取大西北之一翼。

> 刘、邓……下定决心，不要后方，直出大别山，占领以大别山为中心的数十个县，发动群众，建立根据地，吸引敌人向我进攻打运动战。

> 土地革命时期打土豪办法，所得不多，名誉又坏。在我方政权未建立以前，仍应暂时利用国民党下层机构及税收机关（在我党有力人员监督指挥下），以大体上的累进方法征粮，惟免除赤贫人口负担，方能解决大军给养。国民党人员逃跑者除极坏分子外，

均可利用，逐步过渡到人民政权。

用全副精神注意于运动中大批歼灭敌人，一切依靠打胜仗。

鉴于二万五千里长征时期休息太少，疲劳太甚，减员太多，而那种性急有许多是不必要的。此次我军南进，必须减少不必要的性急，力争少走路，多休息。

在目前的几个星期内，必须避免打大仗，专打分散薄弱之敌，不打集中强大之敌，待我军习惯于无后方外线行动，养精蓄锐，又在有利于我之敌情、地形条件下，方可考虑打大仗。

不要希望短期内就能在大别山、豫西、皖西等地建立巩固根据地，这是不可能的，这些都只能是临时立足点。必须估计到我军要有很长时间（至少半年）在江河之间东西南北地区往来机动，宣传群众，发动群众，并在歼灭敌人几十个旅之后，方能建立巩固根据地。

几天来，各地打来的电报不断，李银桥发现周恩来的心情较前段时日开朗了许多。

一天中午，李银桥到一条水汊子去给周恩来洗衣服。周恩来的衣服洗好了，李银桥又把自己穿着的灰布军上衣脱下来顺手洗一洗。正洗着，空中传来敌机爆音，李银桥抓起周恩来的衣服就往回跑……

跑回驻地，敌机的爆音消失了。

李银桥将周恩来的衣服晒在窑洞前，被从窑洞里走出来的周恩来看见说："小李同志，你怎么没穿上衣呀？"

李银桥这才想起自己脱下来洗的衣服还在水汊子里……

周恩来知道了原因，先是批评说："军人，任何时候都要讲究军容风纪，任何时候都不可以慌乱失措！"

见到李银桥低着头接受批评，又宽慰道："你这次情有可原，快去把衣服找回来吧！"

"是！"李银桥心悦诚服地跑去水汊子找衣服，哪知早被水冲得无影无踪了。

李银桥颓唐地回到窑洞前，又被周恩来看到了。见他这副模样，周恩来缓缓地说："意想不到的事情总会发生，关键是思想上每时每刻必须有所警惕、有所准备！"

李银桥一时不知说什么，又听周恩来关切地问："还有军衣吗？"

"有！"李银桥抬头回答，"我这就去穿！"

"你去吧。"周恩来说，"我去李德胜同志那里，你穿好衣服去那里找我。"

"是！"李银桥抬腿去窑洞内穿军上衣，出来后周恩来已经去见毛泽东了。李银桥立刻撒腿往毛泽东住的窑洞跑，没跑几步又见周恩来返了回来："不要去了，李德胜同志在休息。"

丢了军上衣这件事，李银桥心里别扭了好几天——直到骑兵连的同志有一天给他送来了那件丢失的军上衣，他才知道是细心的周恩来事后通知骑兵连的人去找的。通过这件事，李银桥牢牢记住了周恩来对他讲的那两句话：

军人，任何时候都要讲究军容风纪，任何时候都不可以慌乱失措！

意想不到的事情总会发生，关键是思想上每时每刻必须有所警惕、有所准备！

10. 黄河汊神威退敌　白龙庙大雨迎宾

1947年6月30日，毛泽东发出命令：刘邓大军约12万余人开始挺进中原，揭开了人民解放军战略进攻的序幕。

1947年7月间的陕北，天气已经很热了。

这段时间，小河村着实热闹了一阵子。

白天，中央前委各机关的工作人员忙着拟文稿、发电报，赶写各种政治、军事、经济、文化、土地改革等方面的材料。到了傍晚，人们放松下来，还会聚在场坪上拉拉二胡、跳跳舞，活跃一下紧张了一天的气氛，放松一下情绪。

每逢舞场，周恩来总要去看一看，即使不跳，也要站在那里助助兴。李银桥觉得，那哪叫跳舞呀？说好听点是"联欢会"，说不好听点简直就是"瞎蹦跶"——江青不在场，没有女同志出场，大家就抱着凳子在那里转圈，人们的笑声不断，还跳得挺开心呢！

江青陪着毛泽东偶尔也走出窑洞来转一转，人们见到毛泽东，都非常高兴。毛泽东也总是向大家问好，和颜悦色地对大家讲一些事情，有时说几句笑话，逗人们开开心。

在日常接触中，跟随在毛泽东身边的人们都清楚地知道了毛泽东很爱读书，无论走到哪里总让人带着一摞子书，一有空暇就随手拿出来看，有时一看时间就很长。除此之外，大家还知道了毛泽东很能写文章，也很会写，什么电文稿、书信、社论、会议发言稿、评论文章，总是自己动笔……

7月21日至23日，毛泽东在小河村主持召开了中共中央扩大会议，并在会上讲了话。

会议当中，毛泽东首次明确提出了用5年时间打倒国民党反动派的设想。会议还研究并解决了西北和中原两大战略区的配合问题，促进了刘邓大军大举出击、经略中原的战略任务的实现。

自从撤离延安，毛泽东便更名李德胜，取"离得胜"之谐音，也就是"离开以后取得胜利"的意思。刚开始时人们叫不习惯，一时还改不过口来，顺口总爱称"主席"，等到了小河村，人们逐渐习惯了，"李德胜"这个名字也就叫开了。

当时周恩来也起了个化名"胡必成"，取"吾必成"之意。其他中央首长也都起了化名，任弼时化名"史林"，是"司令"的谐音；陆定一化名"郑位"，也就是"政委"……

由于肺炎不见好转，毛泽东开始戒烟了。

转眼进入8月，胡宗南的部队又卷土重来，以7个旅的兵力再次扑向小河村。

毛泽东带领"昆仑纵队"的人们又开始了艰难的转移作战。

开始时队伍一直向东，途经石湾、其林沟、巡检寺、邱家坪，在绥德转弯改向北方行进，穿过米脂县的井儿坪、陈家岔和乌龙铺，于8月16日来到了葭县（今佳县）以西15公里的曹家庄。

这里已是黄河边上了。

连着数夜行军，天天下大雨，人们都累得疲惫不堪。可一到谭家坪，毛泽东却不急于休息，而是带人先后到10多户群众家中访问，了解老百姓的生产生活情况。当他发现群众缺粮时，便亲自派人组织互救互济，并指示共产党葭县县委组织几个调查组，分头去调查群众现状，一户一户地安排好群众生活……

对于毛泽东的队伍，胡宗南派出的兵一路紧追不舍。

1947年8月18日，"草包将军"刘戡率领着7个旅的重兵，从绥德追到米脂、追到佳县，又风风火火地一直追到了黄河边。

毛泽东带领众人来到了黄河汊口、葭芦河的岸边上，敌人已经占据了对面的山顶，呼啸的子弹打过来，直朝人们的头顶上飞。前有河水横阻、敌军拦截，后面的几万敌兵尾随在背、穷追不舍……

要过黄河吗？队伍中议论纷纷：

"要过黄河了！"

"不会吧？李德胜同志还没发话呢！"

"不是说'毛主席还在陕北'吗？怎么能过河呢！"

"毛主席说'不打败胡宗南，决不过黄河'！"

听着大家的议论，毛泽东面对滔滔河水凝思着，不说一句话。

周恩来向毛泽东、向大家解释说："这不是黄河，是葭芦河！大家不要乱议论！"

由于连日大雨，此时的河水正是暴涨期。浑浊的河水泛着白沫、涌着黄涛、卷着泥沙，汇入黄河；河宽浪涌，一个波涛连着一个波涛，喧啸的水流、浪击声轰鸣于耳、欲匿不能……

任弼时开始组织部队过河，羊皮筏子刚刚放下水，立刻就被狂涛击翻，像块破布片似的便被巨浪吞噬而去，就连系在人们手上扯着羊皮筏子的绳子也被挣断。大家都很着急，周恩来也急，任弼时更急，只有毛泽东不急：

"烟！"毛泽东伸手发话了，"给我拿支烟来！"

队伍中一阵传话：

"烟，德胜同志要烟！"

"有烟吗？快！"

"德胜同志要抽烟！"

"快找烟,谁有快拿出来!"

由于毛泽东已经戒烟,他身边的卫士们谁也没为他准备着烟。又因为连日暴雨、行军,人们一个个都像泡在水里似的,伸手之间去哪儿找烟啊?

"烟呢?"站在河岸边的毛泽东有些焦躁了,"给我拿一支烟!"

"我有!"一句喊声顿解了人们心头的急虑,只见马夫侯登科跑过来,从自己怀里掏出一个油布包包,小心地从中取出几支纸烟递给了毛泽东的卫士。

周恩来指挥毛泽东身边的卫士打开背包,用一条薄被子罩在毛泽东的头上,自己和李银桥一起上前扯起被角为毛泽东遮雨、挡风点烟。

毛泽东的一名贴身卫士钻到撑开的被子底下,将一支烟放好在毛泽东的右手食指和中指之间,一连划了两根火柴都被风吹灭了……

划第三根火柴时,毛泽东手上夹着烟,将嘴凑上前去吸,火柴又灭了!

第四根、第五根,一连几次,毛泽东也没能将烟吸着……

毛泽东有些生气,眼看要发火了,吓得点烟卫士的两只手直发抖,越抖越点不着烟。周恩来见状,立刻命令李银桥:"小李,你点!"

李银桥从点烟卫士的手中接过火柴,将剩下的七八根火柴棒捏在一起一划——火大了些,毛泽东嘴上的烟总算吸着了!

毛泽东狠狠吸了一口烟,抬眼看看李银桥,又侧目看了看那个点不着烟的卫士,再狠吸几口烟,咳嗽了几下,用食指向地上弹着烟灰……

周恩来让毛泽东的卫士收了被子、重新打好背包,这时毛泽东突然把烟头朝脚下一扔,用大脚使劲儿踩灭,大声说:

"不过黄河!放心跟我走,老子不信邪!"

说罢，毛泽东独自一人沿着河岸走向黄河汊口，人们跑上前去护卫又都被喝退，几百人的队伍只得拉开距离跟在毛泽东的身后，又担心又敬畏地一步步前进。

面对敌人的机枪扫射、几万追兵的呐喊，毛泽东全然不顾、简直如入无人之境，把系着一根细绳儿的大草帽搭放到自己的后脊背上，昂着头、挺着胸、迎着风雨，阔步而去……

一排排机枪子弹打在毛泽东前进的地面上，打出了一排排鸡蛋大小的弹坑。面对敌人的枪弹，毛泽东不屑一顾、轻蔑地勇往直前。说来也怪，毛泽东越是大步朝前走，敌人机枪打过来的弹着点越是像被一种无形的强大阻力推动似的直往后退……

跟在毛泽东身后的部队急速前进，像是毛泽东的一簇护卫队，又像是毛泽东的一堵坚强后盾，蜂拥向前……

就在这时，敌人的机枪突然哑巴了，几万追兵也停住了脚步——仿佛黄河水也停止了咆哮，整个世界都沉静下来。

毛泽东就是毛泽东！

几百人的队伍，跟在毛泽东高大身躯的背后，大摇大摆地向前走；几万敌军鸦雀无声地观望着，眼睁睁地看着毛泽东率领着他那不太多的人马，从容不迫地走去了……

敌人实在是被毛泽东打怕了！

毛泽东率队神奇地离开黄河岸边，继续向北来到了一座云雾缭绕的高山脚下。

雨停了。毛泽东抬眼望一望山上的云雾，用手中的柳木棍指一指隐约叠翠的峰峦。任弼时在一旁立刻心领神会了毛泽东的意图，马上命令部队："上山！"

毛泽东头一个往山上走，任弼时拉住身边的参谋刘长明，吩咐说："通知后面的部队，把上山的痕迹打扫掉。"

毛泽东听到任弼时的话，几个跨步又返了回来。只见他将手中的木棍朝山坡的草地上一戳，大声说："扫什么？就在这里竖块牌子，写上'毛泽东由此上山'！"

任弼时好言相劝："还是不要竖牌子吧，敌人马上会追来的。"

毛泽东任性地戳着柳木棍："给我竖！我看他敢追？我看他刘戡到底有多大本事！"

任弼时只得命令人们找来一块木牌，用红色粉笔蘸湿了水重重地写上了七个大字：

毛泽东由此上山！

木牌竖好以后，毛泽东站在那里端详片刻，随即转身坦然而去。

周恩来停下来，随手拉住刘长明，小声嘱咐说："李德胜同志的安全事大，关系到全党全军。为防万一，部队过去以后，你们还是照史林同志说的去办，把痕迹打扫掉。"

"是！"刘长明留守在原地，等候后来的人们由此上山。

队伍陆续来到半山腰。毛泽东命令人们停下来歇歇脚、喘喘气，他自己也找了块石头坐下，一边用草帽扇着凉，一边轻松地对大家说："等一等么，我倒要看看刘戡是个么鬼样子！"

"歇一下也好。"周恩来站在毛泽东的身旁，解开了自己上衣的衣扣，抬手擦一擦脸上的汗水，"时间不能长，到了山顶再好好休息嘛！"随即又扣好上衣的风纪扣。

这一次毛泽东听了周恩来的话，歇息片刻，缓步起身带领大家继续上山了。

8月17日中午，毛泽东到达佳县白龙庙村。这里缺水少树，村上的人们为了乞雨，便在山坡上盖了座白龙庙，村子因此而得名。

队伍停止前进原地休息。毛泽东坐在村前的一块大青石上，放眼山光云色，极目远眺黄河，情不自禁地又唱起了京剧《空城计》：

"我本是卧龙岗散淡的人……"

整个队伍进村以后，雨又下了起来。

村里的老百姓听说毛主席来了，一个个奔走相告、一户户竞相传说：毛主席来了！毛主席是真龙天子、真龙下界，龙走行云、风调雨顺，白龙庙的小龙摆雨接驾呢！

天黑了，雨淅淅沥沥地下个不停。

刘戡的7万追兵停在山下安营扎寨，燃起的一堆堆篝火映红了大半个夜空。周恩来派出了流动哨担任警戒值勤，毛泽东在山顶上放心大胆地睡了一整夜……

11. 过浮桥领袖落泪　接任务卫士为难

1947年8月18日，毛泽东一行冒雨抢渡五女河，傍晚到达佳县杨家园侧，为山洪所阻，即在此宿营。

此时，刘戡的7万追兵燃火宿营。不知为什么，敌人没有继续往山上追，也没有往山上打炮，更没有往山上派出侦察哨；是敌人不敢上山呢，还是想不到毛泽东敢住在山上？反正已经连着10多天了，毛泽东住下，敌人也住下，而且距离也不远；毛泽东走，敌人就追，追又追不上罢了。

毛泽东已经找地方睡下了。周恩来从毛泽东身边离开后，在另一间窑洞里，周恩来问李银桥："你说说看，敌人为什么不敢上山？"

李银桥思索着回答："我们走得累，他们更累，走不动了。再说，天这么黑，雨这么大，他们哪有这胆儿呀！万一中了埋伏，还不又是损兵折将！"

周恩来点点头，又对李银桥说："我知道你很爱学习，今天送你一支钢笔，一个笔记本，算是个纪念吧。"

"谢谢周……"李银桥险些说漏了嘴，有些不解地问，"为什么说是个'纪念'呢？"

周恩来解释说："李德胜同志看中你了。昨天在葭芦河边，他心情不好，把身边的卫士打发走了，点名要你去他身边当卫士呢！"

李银桥从心底里敬重毛泽东、佩服毛泽东，10年前刚参军时，就想能有哪一天亲眼见见毛泽东该多幸福啊！直到10年后的今天，李银桥不仅亲眼见到了毛泽东，而且几乎是天天见面、近在咫尺，知道了毛泽东的许多事情，更知道了毛泽东的脾气大、不好伺候……

周恩来见李银桥一时间不表态，又说："你不是很早就想跟在李德胜同志身边吗？"

"我还是愿意在你身边……"李银桥喃喃地说。心想，周恩来的脾气好，邓颖超待人也和气，在周恩来身边工作用不着提心吊胆。真要离开的话，还不如直接到野战部队去！

这时，中央纵队的参谋长叶子龙和副参谋长汪东兴来找李银桥。周恩来说："你们去谈谈吧。"

李银桥看看周恩来，知道不好再说什么，便跟叶子龙和汪东兴走了出来。

叶子龙开门见山地说："李银桥同志，组织决定给你变动一下工作，调你到李德胜同志身边去当卫士。因为你过去一直干这项工作，有经验了。"

汪东兴也郑重其事地说："这是组织上对你的信任，是我们经过慎重考虑后决定的。"

李银桥此时此刻竟不知该如何表态，内心深处的真实想法是想去又怕去。怕到了毛泽东身边干不好……

天黑看不清人脸上的表情，只听叶子龙又追问了一句："怎么样？有什么意见吗？"

李银桥脱口而出："不行啊！我怕干不好，况且我干这种工作的时间也太长了。"天晓得李银桥怎么会这样回答，话说出了口就连他自己也深感不妥，凭直觉感到这下"麻烦"了！

叶子龙和汪东兴大概也没有料到李银桥会说出个"不"字，李银桥也感到了面前这两个人的惊诧和不高兴，便赶忙补充说："当然，我服从组织决定！"

"服从就好，组织相信你会干好的！"叶子龙像是松了一口气，听语气也像是放了心。

可汪东兴却说："今晚上你先回去。"停了一下又说，"最后怎么定，等我们研究以后再正式通知你。"

叶子龙和汪东兴同李银桥分手后，汪东兴和叶子龙去见毛泽东，汇报说李银桥不愿意来，汪东兴建议是否考虑别的人选，没想到毛泽东却说："不要考虑别人了，我就要他！"

再说李银桥回到窑洞，周恩来问清了情况，批评李银桥说："你怎么能这样考虑问题呢？这是组织决定，到主席身边去工作，是我们每一个革命战士的光荣和自豪……"周恩来停了一下又说，"明天你就到主席身边去，就这么定了！"

就这样——1947年8月19日，李银桥来到了毛泽东的身边，当了贴身卫士。

天拂晓，队伍冒雨离开了杨家园则，中午到达佳县梁家岔。

李银桥走在毛泽东和周恩来之间。山路很不好走，人们跟跟跄跄地往下跌着走。李银桥想主动跟毛泽东说几句话，可毛泽东只顾拄着柳木棍往前撞，根本不理睬他，甚至也不正脸看他一眼。

遇到沟沟坎坎，李银桥几次主动上前去搀扶毛泽东，都被毛泽东不客气地甩开了手——这样一来，李银桥的心里可就敲起鼓来了：毛泽东昨天夜里准是听了汪东兴的汇报，生气了……

李银桥怀着忐忑不安的心情，几次向周恩来投去"请求支援"的目光。周恩来见了，总是点头笑笑、鼓励他继续努力。

好不容易来到山下，迎面遇上一条正在发洪水的小河。再加上山上的雨水顺势而下，小河的水流更急、更涌。

队伍只得暂时停止了前进。这时，敌人的追兵已经上了山，后面的警卫部队和敌人交了火。枪声、炮声阵阵传来，引起了小河边的队伍一阵骚动……

周恩来一面控制部队："不要慌！有李德胜同志在这里，敌人不敢来！"一面通知任弼时，"快组织部队，架桥过河！"

这时任弼时已经派出叶子龙、汪东兴指挥着一批水性好的战士过河去借架桥用的绳子和门板了——小河虽说不宽，但水流太急，拽在两岸的绳子拴不住门板，好几块门板一下水就被急流冲走了……

毛泽东见到这一切，淋着雨说："时间还有么，不要慌！"然后吩咐参谋刘长明，"先把电台架起来，我要发封电报。"

"是，马上架！"刘长明立刻指挥他身边的人架起了电台。

随着电台的架设，队伍中的骚动情绪很快稳定下来。

李银桥这时已经打开了自己的背包，几个人一起将棉军被撑开，为毛泽东遮雨。毛泽东坐在棉军被下，同周恩来一起审阅各野战军发来的电报。周恩来指着一封来电示意毛泽东，毛泽东便将那封电报垫在膝盖上，又在电报上面铺了一张纸，用铅笔写了一道命令，交给刘长明立刻发往西北野战军司令部。

这段时间，任弼时指挥架桥的人们正在忙碌着：警卫排排长阎长林带人脱光了衣服往河里垫大石头，石头搬下河以后水流受阻，因而流得更急，浮桥更不好架了；叶子龙和汪东兴便带人在河两岸垫土，然后用绳子拴了门板、再将门板铺放在河里的石头上。为了稳妥起见，几名搬石头的警卫战士干脆站到了湍急、冰冷的激流中，用身体死死护住浮动在石头上面的门板……

人们身后山顶上的枪炮声响得更厉害了。

听声音，警卫部队的阻击战打得很有节奏、很有章法：机关枪打得"哒哒"响，冲锋枪打得"嘎嘎"叫，中间还伴随着手榴弹的一阵阵爆炸声，简直就像一场大戏开始前侧台上打响的开场锣鼓，听了让人感觉既振奋又渴望它赶快结束……

敌人的枪炮声听上去就乱多了，东一轰西一炸，前边响后边也响，山上响了天上还响，简直打乱了套！

雨越下越大，炮声没了。

毛泽东起身走向河边，李银桥赶紧收了棉被，重新打好背包，几个箭步跟了上去。

望着激流中赤身裸体的战士们，毛泽东的眼眶变得发红、湿润了，眼睛里噙着的已经分不清是泪水还是雨水……

周恩来向前对毛泽东说："不要再看了，赶快过吧！"

毛泽东重重地说："同志们先过！"

队伍中不约而同地爆发出同一个声音："请李德胜同志先过！"

泡在激流中的阎长林和他身边的那些用身体共同撑着门板的战士也发出了同一个动人心魄的呼声："请李德胜同志先过！"

毛泽东忍不住转身向后，仰起脸来深深地吸了一口长气。李银桥侧脸看到，两颗豆粒大的泪珠从毛泽东的两个眼角边猝然而出、伴着雨水顺着脸颊滴淌下来！

毛泽东的心很热、很关心战士们呢。这是李银桥第一次见到毛泽东落泪！

"李德胜同志，你不过去同志们是不会过的。"周恩来走到毛泽东身旁，小声说，"快上浮桥吧，时间长了，河里的同志们会冻出病来的。"

毛泽东调头环视四周，目光第一次和李银桥相遇了。这时的李银桥，想起自己昨天夜里说过的话，脸腾地一下子热了起来：自己太不了解毛泽东了，毛泽东的心胸是多么宽广、多么善良啊！他是中国革命的伟大领袖，指挥着千军万马，是人民的大救星呢！都怪自己太无知、不懂事，太愚蠢，简直蠢到家了……

毛泽东迈步走上门板，李银桥也紧跟着上去搀扶毛泽东。

门板在毛泽东的脚下晃了几下，李银桥的心晃得更厉害……

队伍过河时，山上的枪声也开始稀落下来。

这次是日间行军，队伍走得快些。

一路上，毛泽东始终不同李银桥讲一句话，李银桥既愧疚又心急，便"求救"于周恩来给他出个主意。

周恩来向李银桥交了底："放心吧，这是李德胜同志在考验你呢！沉住气，他对你还是很中意的。"

为了把事情办得更好，李银桥又特意征询了叶子龙："叶参谋长，我那句话该怎么挽回呢？"

"别想那么多！"叶子龙快人快语地告诉李银桥，"德胜同志的心胸宽得很呢，我没听他说你什么不好呀！"

李银桥还问了阎长林："阎排长，你看我该怎么办？"

"胆儿小了吧？"阎长林长时间在毛泽东的身边工作，深知毛泽东的脾气和性格，这时候见李银桥一副心神不安的样子问自己，便狡黠地一笑说，"听说你小子心眼儿很多呢，怎么这会子没辙了？好——我尽量帮你！"

在众人的热心鼓励下，李银桥的心开始踏实下来，跟在毛泽东身边走路、办事也不那么拘谨、不那么紧张了。

12. 坚定跟随毛泽东　诚恳相待见真情

天黑下来，雨还在下。

饭后，人们在窑洞里开始架火烤湿衣服。

毛泽东坐在大炕上，炕上铺着地图。毛泽东凑在煤油灯下借着昏暗的灯光，用一个放大镜低头在地图上查看着。李银桥守候在毛泽东的身边，也在等火烧着了准备将湿衣服烘干。

因为雨天，柴草太湿，柴草乍一烧起来只冒烟不起火，烟气弥漫得窑洞里对面不见人。

李银桥放下手中的湿衣服，想搀扶毛泽东走出去透透风，这时只听毛泽东被烟熏呛得大声咳嗽了两下，又听架火烧柴的阎长林叫喊道："小李，你快扶德胜同志到外边去透透气！"

这时李银桥也已被烟熏呛得直咳嗽、流眼泪，听到毛泽东的咳嗽和阎长林的喊叫，便不顾自己一脚炕上、一脚炕下地伸手去搀扶毛泽东："德胜同志，快出去透透气吧……等放了烟，你再回来看地图……"

李银桥伸过去的手被毛泽东用力甩开，烟气中只见毛泽东用一支红蓝铅笔在地图上画了好几处"△"和"○"，便扔下铅笔和放大镜，自己下了大炕，一边咳嗽一边扶着炕沿、伸着大手摸索着走出了窑洞。这时的毛泽东已经拟写好了一份发给刘伯承和邓小平的电报，指出陈粟于15日提出的关于陈唐兵团不宜急返内线作战的报告极为正确。

当毛泽东摸索着离开炕沿时，李银桥手疾眼快地收拾了毛泽东扔在炕上的放大镜和铅笔，随即甩腿下炕，顺手又拿了条毛巾，大跨步地就往门口奔，临出门口还被阎长林善意地拍了一下胳膊："机会来了，快去！"

外面的雨停了，夜空中布满了繁星。

一出门，一股清新凉爽的空气迎面扑来，使李银桥的心胸顿感舒畅了许多。

这时，已经站在院子里的毛泽东正在迎着冷风做深呼吸。李银桥快步上前，这时毛泽东又用力咳嗽了几声，随即吐出了一口浓痰。李银桥立即凑上前说："李德胜同志，你的咳嗽早该好了吧？"

这是没话找话。毛泽东没理睬他，只抬手擦了擦仍挂在脸上的被烟呛出来的眼泪。李银桥连忙把拿在手上的毛巾递了过去，轻声说："给，擦一下吧……"

这一次奏效了。毛泽东不动声色地接过毛巾，擦一擦脸，又递还给李银桥，然后便开始在院子里溜达。李银桥心中暗自高兴。这下好了，毛泽东终于"正式接收"自己了！

地面上，坑坑洼洼的有不少积水，毛泽东借着星光一步一步慢慢地走，脚步时小时大，有时还要大跨一两步。李银桥轻手轻脚地跟在毛泽东的身后，亦步亦趋地跟着走。

毛泽东听到身后的脚步声，知道是李银桥，便在一处干净些的地面上停住脚，昂首仰望着深邃无际的苍穹，不扭脸地轻声问道："你叫什么名字呀？"

毛泽东终于同自己说话了——李银桥不管脚下有水无水，立刻立正了回答："报告，我叫李银桥！"

"李——银——桥——"毛泽东这是明知故问，口气依然慢条斯礼，"嗯，是哪几个字呀？"

"木子李，金银的银，过河的桥……"李银桥回答得很具体。

"金银的银——过河的桥——"毛泽东重复着问，"为什么不叫金桥呀？"

"金子太贵，我叫不起……"李银桥站在原地身子不动，只是脚下的积水浸湿了鞋子，不由得移了移脚的重心。

"哈哈，你很有些自知之明哩！"毛泽东说话变得热情起来，转身见李银桥脚下有水，又说，"别站在那里，快躲一躲么！"

李银桥这才移开了脚，走向干地、走向毛泽东："刚才我没觉出脚下有水……"

"哈哈哈……"毛泽东又是一记爽朗的笑声，"你是哪里人哪？"

"河北安平县。"李银桥不再拘束了。

"父母干么事呀？"毛泽东随口一问。

"我爹拉脚种地，闲下来的时候倒腾点儿粮食买卖。"李银桥认真回答，"我娘平时在院子里操持家务，农忙时也下地干点儿活儿什么的。"

"我们两家很有些像么！"毛泽东显然高兴了，说话的口气也热情多了，"你喜欢父亲还是母亲啊？"

"我喜欢我娘。"李银桥的话也多了起来，"可我爹的脑子好使，多少账他也算不糊涂；就是脾气大，平时还爱喝酒，吃饭他净一个人吃，他吃馒头我和我娘在一边儿啃窝头；心里不痛快他还打人，净把我打到当街去！我娘好，心眼儿善良，待人也好，我喜欢我娘。"

"我们两家越说越像了么！"毛泽东更高兴了，"你母亲一定信佛吧？"

"你怎么知道？"李银桥惊讶地问。

"你说她心善么！"毛泽东笑了，"佛以慈悲为怀，普度众生么！"

"你……你娘也信佛？"李银桥好奇地问。

"嗯，她也信佛。"毛泽东若有所思地感慨道，"我也喜欢母亲哩,她心地善良,我小时候还跟她一起去庙里烧过香哩!"

"我小时候也跟娘去烧过香!"李银桥赶着毛泽东的话说,"有一次烧香的人太多,还差点儿丢了我,回到家还被我爹打了一顿!"

"后来我不信佛了!"毛泽东开始移动脚步,"你磕多少头,穷人还是照样受穷受苦。"

"磕头不如造反!"李银桥已经毫无拘束了,"有一次我爹打我,我跑出去一晚上没回家,后来他再也不敢使劲打我了。"

"是么,磕头不如造反!"毛泽东也说,"我小时候挨父亲的打,也是往外跑呢!还往水塘里跳,跳下去不出来,他也没办法……"

两个人越说越投缘,就这样一前一后地在院子里转圈子。一会儿,毛泽东停住了脚,突然话题一转,问李银桥:"怎么样啊,你愿意到我这里来工作吗?"

李银桥心想——得,还真不好回答呢!怎么说呢?说假话根本不行,也不是自己的性格,说真话大不了挨顿批评,反正毛泽东的心胸宽、度量大。

"不愿意……"李银桥就这样小声嘟囔了一句。

两个人之间刚才那股热忱的谈话没有了,随之而来的是一阵彼此难熬的沉静和寂然……

恰在这时,窑洞里传来了阎长林的喊话:"小李,没烟了,请李德胜同志进来吧!"

"等一下!"李银桥回答一声,再看看毛泽东。毛泽东终于咳嗽了两声,又说话了:"银桥呀,你能讲真话,这很好么!我很喜欢你讲真话,喜欢讲真话的人。那么,我再问你,你能不能告诉我,为么事不愿意到我这里来呀?"

李银桥放开了胆量,实话实说:"我在首长身边干的时间太长了。我从三八年参军，到哪儿都是当通讯员、特务员，只有在青年连时打过几次仗，还是想到野战部队去。"

"噢……"毛泽东的口气很温和，"三八式，可以当团长了。当卫士，是委屈了些。"又问，"就这么一个原因吗？还有没有别的原因啊？比如说，在恩来那里当卫士就愿意，到我这里来就不愿意？"

得，这下可问着了！也把李银桥问急了——急得他大声直嚷嚷："没有，没有那意思！我在358旅的时候就想见到你，不信你去问黄新廷旅长和余政委！"

毛泽东笑了："我哪个也不问，就问你。"

李银桥静了静心境说："我真的一直想到野战军去，我在胡必成同志那里也说过同样的话，不信……我在他那里干了半年多，他了解我的情况。现在形势紧张，我不好说什么。等形势好转了，再提出来去野战军也容易些。如果到了你身边，我不好刚来了就提出要走的要求……"

毛泽东试探性地问："形势几时能好转呀？"

李银桥正正经经地回答："这你早说了，顶多再用5年，就能彻底打败蒋介石！到那时，全国解放了，我还到野战军去干什么呀？"

毛泽东又笑了："你怎么晓得我会不放你走？"

"你……"李银桥喃喃地说，"恋旧。"

"什么，我恋旧？"毛泽东有些认真了，"你听哪一个讲我恋旧呀？"

"谁说的你甭管，反正我知道你恋旧！"李银桥也认真起来，一本正经地说，"就说你骑的那匹白马，都快老掉牙了，有好马你也不肯换；还有你平时穿过的衣服、用过的茶缸、笔砚，一到了你手上就都有了感情，再有了多好的多新的也舍不得换旧的；就连你拄的那根柳木棍，不就是孙振国背行李用的一根木棍吗？再有了好拐棍你肯把它扔了、换了？我要是在你身边待长了，我们有了感情，你还肯放我走吗？到那时我要去得了野战军才怪呢！"

"哈哈哈……"毛泽东爽朗地大笑起来，"小鬼，想不到你还把我研究了一番哩！"毛泽东止住笑，又说，"嗯，可是我好喜欢你呢！点名要你来呢！这怎么办哪，你我之间总得有一个人妥协吧？"

李银桥也开心地笑了："那只好是我妥协了！"

毛泽东真的喜欢上李银桥了，感叹道："你来我这里，也不能委屈你，我们双方都做一些妥协——三八式，当我的卫士，地位够高，职务太低，我给你安个'长'，就做我卫士组的组长吧！"说着又认真看了看李银桥，收敛了笑容说："也还要讲讲大道理——你到我这里来，我们只是分工不同，都是为人民服务，都是人民的勤务员，都是为全中国的劳苦大众谋幸福！这样吧……"毛泽东沉吟了一下，打着手势继续说："你先帮我半年忙，半年——算是借用，你看行不行啊？"

"行！"李银桥答应得很痛快。

"好么！"毛泽东也很痛快地说，"你去找叶子龙谈谈，他对我更了解。"说罢一挥手，"不要去找汪东兴，他说你不愿意来呢！"

"我是说过。"李银桥跟着毛泽东的话说，"为这，胡必成同志还批评我呢……"

"噢！"毛泽东深深地叹了一口气，"当时我就讲，'你们不要再考虑别人了，我就要他！'也还是恩来同志一再夸奖你呢！"

说完，毛泽东摸了摸李银桥的头，嘱咐说："你再去找他们谈谈吧，我去办公！"

毛泽东回窑洞去了。李银桥踏着星光，怀着愉快的心情，一蹦一跳地去找周恩来汇报、找叶子龙谈情况了。

在梁家岔的这一夜，李银桥进一步了解了毛泽东的性格。

13. 夜便村外思大事　巧设战局网钟松

从周恩来和叶子龙处回来，李银桥见到毛泽东还在窑洞里的大炕上查阅地图……

夜很深了。窑洞里，几件湿衣服被阎长林他们烤在大炕的火坑旁，已经快干了。李银桥又去灶坑里熄熄火，回身看到毛泽东不是翻《辞海》就是查《辞源》，一会儿又吸着烟静静地思考什么问题……

这时，周恩来轻手轻脚地走了进来，毛泽东抬头问道："什么事？"

"我想来谈谈钟松，谈谈敌人的36师。"周恩来近前答话。

毛泽东却皱起眉来说："你来得不是时候呀！"

周恩来一怔，还没明白毛泽东的意思，毛泽东又说："我要去解手……"说罢抓起两张纸就大步向外走，走到门口交待李银桥，"你拿把铁锹帮我去挖坑。"

周恩来把自己带来的手电筒递给李银桥："你们去吧，我在这里等。"

李银桥拿着手电筒，在院子里找了把铁锹，紧跟着毛泽东身后出了村，用手电筒照着路，一直走到一块野地里。

院子里有个小厕所，李银桥不知毛泽东为什么要到野外来。

村外的野地又湿又潮，四周静悄悄的，只有夜空的星星在天上眨着眼睛，再有就是村上传来的几声狗叫……

毛泽东找了一处土坡，指一指坡下说："就在这里吧！"

李银桥第一次给毛泽东挖便坑，便试着挖了一个尺把长、半尺多宽、一铁锹深的长方形土坑，再将坑两边垫上些土，用脚踏踏平："主席，你试试吧。"

毛泽东站过去试了试："嗯，好么，很好。"

毛泽东蹲下去解手，可能是大便困难，李银桥听他很费力地直憋气……

李银桥站在一旁小声问："费劲儿吗？"

"不妨事！"毛泽东缓了一大口气说，"用手电照一下，我吸支烟。"

李银桥打亮手电，引得村上的狗又叫了起来。毛泽东说："胡宗南还不如这村上的狗哩！"

毛泽东吸着烟，烟头燃着的红点儿在黑夜中时明时暗地闪现着……

"你不解手？"毛泽东蹲着问。

"我现在不解。"李银桥站着说，"你拉屎我也拉屎，万一有了敌情怎么办？"

毛泽东在暗中笑道："你警惕性很高么！"

李银桥说："我是干这个的，卫士就是卫士！你拉你的屎，我办我的公！"

听到毛泽东还在笑，李银桥又说："意想不到的事情总会发生，关键是思想上每时每刻必须有所警惕、有所准备。"

"讲得好么！"毛泽东在暗中说，"胡必成说你的记性好，没有白夸你呢！"

李银桥一时不知再说什么，毛泽东也就不再说话了。

又过了好长一段时间，毛泽东就那么不声不响地一直蹲着，四周静得出奇，就连风吹草动的声音也能听得清清楚楚……

毛泽东终于站起身来了，李银桥立刻上前打亮手电、用铁锹将土坑填平。

两个人开始往回走，李银桥忍不住问："你为什么不在院子里的厕所大便呢？"

"我嫌它臭！"由于看不清毛泽东的脸，只听他这么说。

李银桥又问："在延安你跟老乡们聊天时用手捏大粪，怎么不嫌臭呀？"

"此一时、彼一时也。"毛泽东边走边说，"银桥呀，你是在什么时候考虑问题呀？"

"躺下睡不着的时候。"李银桥回答。

"那你拉屎的时候想不想事情呀？"毛泽东又问。

"不想。"李银桥回答得很干脆。

"你不想我想。"毛泽东忽然靠拢了李银桥，挤挤眼睛幽默地笑道，"我躺下去了就要困觉，只有拉屎的时候好想问题。"

李银桥忍不住笑了："拉屎也能想问题？"

毛泽东提高了声音认真地说："当然！院子里的厕所那么臭，能想出好主意吗？"

"是不能。"李银桥一边回答，一边笑得险些岔了气……

回到窑洞，毛泽东见周恩来还坐在大炕上，烤干的衣服也被叠好了放在一边，便将自己在解手时刚刚想好的一个歼敌计划告诉了周恩来……

两个人先在一起进一步分析了敌情，8月16日敌人钟松率领的36师已经兵出榆林，到了镇川堡，随即又兵分两路、派出123旅向东直逼乌龙铺，钟松自己统余部直扑沙家店，企图与敌29军刘戡所统的7个旅会合，逼迫我军背水一战。

在绥德会师后的敌军主力，留董钊的第1军军部及其第1师守备绥德、米脂，刘戡所统的7个旅在南尾追不舍、挤压在背；钟松与刘戡南北相距不过50公里路，东向封锁了黄河渡口，西北控制了咸榆公路，把我党中央前委机关挤在佳县、米脂、榆林三县交界的狭小地区——北面是长城，长城外是沙漠，西面是榆林河、无定河，河水正值泛洪期，东面是黄河，南面是敌人的重兵，与四面的敌军形成合围之势！

我晋绥野战军第三纵队在司令员许光达的率领下，已于8月16日撤出榆林外围，火速赶往乌龙铺一带，接应和掩护中央前委安全转移。由于中央机关8月18日没有东渡黄河，而是直线向西、依然留在陕北，彭德怀便又派许光达率三纵队死守乌龙铺，用"就是敌人的炮弹落在身上，也不许后退一步"的死命令以确保毛泽东和党中央的绝对安全！

昨天——8月19日，也就是李银桥跟随毛泽东的这一天，许光达接到毛泽东在雨中发出的电报后，立即率三纵赶到乌龙铺和沙家店之间的当川寺，与刘戡亲自率领的两个半旅接了火。我军将士顽强作战，勇猛冲锋，曾一度打到刘戡的29军军部，捣毁了他的指挥大营。

综合这一切，周恩来认为敌人的表面兵力虽然数倍于我，形势似乎对我军不利，其实不然，敌军虽多，但过于分散，我军虽少，但相对集中，敌援军虽众，但距离尚远，我军正可以抓住此大好时机，在运动中给敌以歼灭！

周恩来说："我们虽有惊，但无险，敌人虽狂妄，但已入绝境！"

毛泽东一拍大腿说："我们想到一起了！我看，在沙家店给他布个网，36师绝逃不掉！"

"好！"周恩来点头赞同，"我马上通知彭德怀！"

"还是写个作战方案送去的好！"毛泽东在周恩来的伴陪下立笔写了具体的作战方案，然后命令警卫员马汉荣和邵长和二人，即刻连夜快马加鞭将画着"AAAA"的作战方案直接送到彭德怀的西北野战军指挥部去了。

歼敌主战场计划设在杨家园子正南方的沙家店,距离毛泽东现在住的地方15公里。为了就近指挥作战,毛泽东率中央前委的部分同志又向南行进了5公里,来到距沙家店仅10公里处的梁家岔。江青和其他的人依然留守在杨家园子村。

梁家岔是个坐落在山顶东面坡地上的小村子,村上仅有20来户人家。毛泽东率众人一到,挤得村上处处是人、简直没有一处落脚的地方。

再挤不能挤乡亲们,几百人的队伍一律宿营在窑洞外面。大树下、土坎旁,甚至牲口棚里,都成了人们落脚栖身的地方。

再挤也得有首长们指挥作战的司令部,叶子龙和汪东兴勉强借到两间窑洞给了毛泽东和周恩来,又在不远处给工作人员借了一间小窑洞。

司令部一定下来,机要科的人们立刻在石板锅台上装了电话,同时跑出去架好了电话线。时间不长,西北野战军指挥部的电话就接通了。

毛泽东立刻命令:"要彭总,我要跟他直接通话!"

很快,电话铃响了……

站在锅台旁的毛泽东顺手抓起了电话听筒:"喂,是呀——我是毛泽东!"

李银桥同大家一听"毛泽东"三个字,都兴奋得简直要跳起来了!自从撤离延安、转战陕北途中,毛泽东一直化名"李德胜",今天公开自称毛泽东,像是一记春雷,振奋得人心激动不已;同时也说明了形势的发展已经到了一个伟大的转折点,敌人彻底灭亡的日子已经不远了!

人们不知彭德怀在电话里讲些什么,只听毛泽东大声说:"向全体指战员讲清楚,这是对整个战局有决定意义的一战,要坚决、彻底、干净、全部地消灭敌人,不让一个敌人跑掉!"

听着彭德怀在电话里讲前线情况,毛泽东边听边大声说:

"要挖战壕！你们侧水侧敌，大意不得……要注意！初战必胜，胜了就争得主动……那不行！没有粮食就杀马吃肉，打完了仗再说！"

放下电话，毛泽东转身问身边的李银桥："银桥，我们还有酒吗？"

李银桥回答："有！要什么酒？白酒行不行？"

"不要白酒。"毛泽东摇摇头，一边想一边说，"这次的敌人够多，有十几万哩！我军是侧水侧敌，仗也没得么好打……可是钟松没有白酒那么辣。"

李银桥自作聪明地问："那就拿葡萄酒？"

"不，葡萄酒又太软……"毛泽东觉得葡萄酒也挂不上敌36师钟松的"号"，便选了一种既不像白酒那么辣、又不像葡萄酒那么软的酒，问："嗯，有白兰地吗？"

李银桥恍然大悟，立刻回答说："有，还是外国货呢！"

"好么，我看就是白兰地吧！"毛泽东一手指头敲在地图上标着敌军的蓝圈圈里，蓝圈圈已被数支粗大的红色箭头包围了。

地图铺在炕上，李银桥拿来白兰地酒放在地图旁，酒瓶旁边再放好一包纸烟、一盒火柴，另一旁摆好油灯和蜡烛、茶杯、暖壶。

毛泽东在转战途中，身边离不开的"三件宝"是柳木棍、帆布躺椅、补丁棉袄。现在柳木棍用不着，补丁棉袄穿不着，只有帆布躺椅可以派上用场了。

李银桥安排好毛泽东身前的诸多小事后，忘不了将帆布躺椅摆放在锅台旁边，石板锅台上放着电话机。

一切准备就绪，一场大战就要开始了！

突然，电话铃"叮铃铃"地叫响了。毛泽东拿起电话听筒，"嗯"了两声，随即下达了战斗命令："好！战役开始，狠狠地打！"

就这样，毛泽东撤离延安半年后的最大一场战役，也是扭转陕北战局、彻底打败胡宗南重点进攻的关键性的一场重要战役——沙家店战役,在毛泽东亲自坐镇和命令下,在彭德怀的具体实施和指挥下,打响了!

14. 梁家岔领袖坐镇　沙家店将军歼敌

沙家店战役打响后，毛泽东一直坐守在梁家岔窑洞里的电话机旁，一边用电话同前线的彭德怀、张宗逊和习仲勋联系，一边与身边的周恩来、任弼时一起查看地图、关切地注视着战役的每一步进展情况和具体事态的发展变化……

战役在进行中，各解放区和战区的电报也不时发送到梁家岔、送到毛泽东的手中。

这时的毛泽东，或看电报，或与周恩来和任弼时交换意见，或回写电文；只要电话铃一响，又马上抛开一切去接电话，或听取沙家店前线战况的汇报，或发出明确指示，或下达各项命令……

烟——自从在葭芦河边开了烟戒，毛泽东又是天天烟不离口。眼下，毛泽东的烟吸得更凶、更勤、更多了，简直是一支接一支，左手的食指和中指都被烟熏得发黄了！

茶——毛泽东喝茶水也喝得更多、更勤了，喝过茶水还要用手把茶叶从杯子里抠出来，放进嘴里嚼烂，嚼过之后再咽到肚里去！

身体困乏了、脑子疲倦了，毛泽东就躺倒在帆布椅上闭一闭眼睛、养养神，也就几分钟，眼皮一动便又重新全神贯注地投入指挥——一连三天两夜，除了吸烟就是喝茶水，再就是用嘴吮一些白兰地酒，刺激一下脑部神经。白天这样，夜间也是如此，不出窑洞、不上炕、不解大便，毛泽东已是全身心地把自己的一切、包括生命投入到全中国人民的解放事业中去了……

周恩来和任弼时关心毛泽东，一直伴在毛泽东的身边，周恩来更是寸步不离，协助毛泽东指挥战斗。

李银桥心疼毛泽东，沏茶、倒水、点烟、洒小便，白天用一把破扇子为毛泽东扇凉，夜里还是用这把破扇子为毛泽东驱蚊子。

这两天，部队缺粮，人们天天吃黑豆，吃得大家天天胀肚、没完没了地放屁。

战役进行到第三天。

天蒙蒙亮，天上下起了大雨。雨大得像是天河决了堤，如浇如注地从天上直泼下来，梁家岔一带山前山后顷刻之间一片水气。

沉沉的雨幕中，雷声隆隆、大地颤动……

这时的毛泽东，突然冒雨走出窑洞，静听片刻之后，回头大声对大家说："你们都到山上去听炮声吧！炮声猛烈时，回来一个人向我报告！"

一些人冒雨跑向窑洞外的土山，尽管个个淋得像从水里捞出来似的，但大家的心情格外激动——刚才听到的隆隆声响，不是雷声，是炮声！这炮声吸引得人们朝山上跑得更快了……

李银桥不能离开毛泽东。

窑洞里，电话上传来捷报：彭德怀指挥第一野战军，在两个半小时的时间里，全歼敌36师一个旅，活捉了顽敌旅长刘子奇！

旗开得胜，实现了毛泽东首战必胜的初步设想！紧接着，捷报再传：许光达率三纵成功地将企图增援钟松的援敌刘戡阻击在佳县一带！

小小的梁家岔，电报频频。小小的窑洞里，电键声声——从敌人的电报中得到消息，钟松已是惊恐万状，像只丧家犬似的急于跑路；刘戡北援受阻，一怕受斥责，二怕被消灭，便在黄河边上打转转，再不敢向钟松靠拢半步。气急败坏的胡宗南一面点名大骂钟松"饭桶""笨蛋"，命令他"不许突围""固守待援"；一面指名道姓地痛骂刘戡，下令要将其"撤职查办""军法从事"……

李银桥心想：沙家店战役的序幕一拉开，敌人就被我军打乱了套数；乱归其乱，每一步倒还都是规规矩矩地按照我们毛主席为他们摆下的章法走的！

整整三天两夜，沙家店战役终于以我军的胜利宣告结束。

这三天两夜，歼灭了钟松的36师主力，俘敌6000余人，缴获军械、马匹等物资无数。

这三天两夜，毛泽东吸掉5包纸烟，喝了几十杯茶水和半瓶白兰地，吃下好几两茶叶，解小便无数。

沙家店战役的胜利，标志着西北野战军内线反攻的开始和蒋介石对陕甘宁解放区"重点进攻"战略的彻底破产！

面对胜利，毛泽东很是兴奋，挥笔以新华社记者的名义写了《新华社记者评西北之捷》的评论文章，随即又挥毫给彭德怀写了12个大字：

　　谁敢横刀立马
　　　惟我彭大将军

写完了，毛泽东把笔一抛，伸手抓起剩下的半瓶白兰地，晃一晃说："拿错了！"

李银桥领悟到：在毛泽东眼里，敌人钟松的36师还配不上白兰地的度数和辣味儿。

临近傍晚，小小的梁家岔热闹非凡。

打了胜仗，人们自然高兴。人多地方小，大家就聚到村外不远处的山坡上，开起了庆祝会。

会上，唱歌的、跳舞的、拉二胡的、吹口琴的，凡是人们能想出又能办得到的娱乐方法，大家都用上了……后来，有人提议跳舞——跳就跳吧，直跳得人们心开肠顺、连连放屁。

这一放屁不要紧，不知谁又出了个馊主意："咱们比赛放屁吧，看谁放得响！"

"好！"还真有人大声附和，"放就放！一律向南，崩死胡宗南！"

这一下，唱歌的不唱了，跳舞的也不跳了，都站到土坡上去比赛放屁，响声不断，笑声比屁声更多、更响……

听到外面的笑声，毛泽东在窑洞里问："他们在笑么事呀？"

"不知道。"李银桥说，"我去看看。"

"一起去。"毛泽东说罢走出窑洞，立刻被土坡上人们的笑声感染了，"银桥，我们也过去看一下！"

到了土坡上，毛泽东知道了情况，也止不住大笑起来，问大家："黑豆好吃吗？"

还没等人回答，不知谁恰在这时放了一个响屁，毛泽东大笑着问："是哪个说'不'呢？"

这一问，问得大家笑得更厉害了，就连毛泽东也笑得整个身子前仰后合，李银桥笑得更是直不起腰……

好不容易止住笑，毛泽东郑重其事地对大家说："吃黑豆是个暂时的困难，陕北就是这么大个地方，老百姓每年打的粮食只够自己吃。如今胡宗南又来了20多万人马，连吃带毁，粮食就更困难了。我们要渡过这一关，再过几个月，就可以不在这里吃粮了——"说到这里，毛泽东习惯性地将大手一挥，"到敌人那里去吃！"

这时，人群中不知谁又放了一屁，响声大得出奇，引得人们又是一通大笑。

有人说："把这屁送给胡宗南！"

笑声中，毛泽东也不无幽默地说："真要能将这些'毒瓦斯'集中起来，我看莫说送给胡宗南，就是送给蒋介石，他也消受不起！"

15. 吃肥肉可以补脑　篦头发能够提神

傍晚，李银桥陪毛泽东回到了窑洞。

看过两三封电报之后，毛泽东在帆布躺椅上坐下来，对李银桥说："银桥呵，你去想想办法，帮我搞碗红烧肉来好不好？我要吃，要肥的。"

李银桥答应说："打了这么大的胜仗，吃碗红烧肉还不应该？我马上去搞！"

躺在帆布椅上的毛泽东疲倦地摇了摇头，用很缓和的语气强调说："不是那个意思。这段时间累了，用脑子太多，你给我搞碗肥些的红烧肉，吃了补补脑子。"

听毛泽东这么一讲，李银桥心里顿时感到难过起来：毛泽东已是三天两夜没合眼了啊！

走出窑洞，李银桥遇上了周恩来，向周恩来讲了毛泽东的想法。周恩来便同李银桥一起，去找了厨师高经文。周恩来叮嘱道："高经文同志，这碗红烧肉一定要做好。以后只要有条件，就要给主席做些肉吃，即使没条件，也要想想办法，要千方百计。"

李银桥感到，周恩来日常够辛苦、够操劳的了，为了毛主席吃碗红烧肉，还要亲自来嘱咐厨师，多么细心周到啊！自己真不该告诉他这件事……

时间不长，一碗肥肥的红烧肉做好了。周恩来又及时赶了过来，用鼻子闻了闻香味儿，很满意地笑了一下："不错嘛，快给主席送去！另外不要忘了炒辣椒！"

李银桥马上将这碗腾着热气的红烧肉连同一盘炒辣椒一起端给了毛泽东。毛泽东一见红烧肉，立刻来了精神，随即起身接碗在手，先用鼻子深深地吸一吸香气，两只眼睛眯成了一条线，连声赞叹说："香！啊，真香！"

李银桥双手递过筷子，毛泽东伸出大手把筷子一抓，不管三七二十一地就是几大口肉，再夹几筷子炒辣椒，顷刻之间就把肉和辣椒都吃了个精光。

毛泽东是湖南人，爱吃辣椒，这人们早知道。可今天，李银桥看着毛泽东那狼吞虎咽吃肉的样子，一时间惊呆了——他是真心疼毛泽东啊！

毛泽东放下碗，看到李银桥目瞪口呆的模样，自己倒不好意思起来，像个孩子似的向李银桥笑了笑，说："有些馋了呢……"然后像是解释又像是征求意见似的问，"打胜仗了，我的要求不高吧？"

"不高，不高！"李银桥红着眼圈连连摇头，"主席的要求太少了，太低了！"

李银桥心想，俘敌6000余人，他只吃一碗红烧肉补脑子，还担心自己的要求是不是高了——天底下去哪儿找这么好的领袖啊！

"不低了。"毛泽东见李银桥快要流泪的样子，又说，"前方的战士们冲锋陷阵，也没有吃上红烧肉，只能杀了马来填肚子，我心里不安哪！"

"主席快别说了……"李银桥的眼泪止不住大滴大滴地淌出了眼眶，"以后只要我有办法，我一定千方百计给你搞红烧肉吃……"

"莫哭，莫哭！"毛泽东开始安慰李银桥，"男儿有泪不轻弹，不要学女娃子么，你是三八式的老资格哩！"

李银桥也只能是破涕为笑了。

沙家店战役后的1947年8月23日，毛泽东来到佳县前东原村，后即转移到佳县朱官寨，并停留1个月。在这里，毛泽东同周恩来、任弼时共同商议，向各解放区的野战军部队下达了一系列的指示和命令。

1947年8月28日，毛泽东在命令中说：

> 在目前情况下，给敌以歼灭与给敌以歼灭性打击，必须同时注重。给敌以歼灭是说将敌整旅整师干净全部地加以歼灭，不使漏网。执行这一方针，必须集中三倍或四倍于敌之兵力，以一部打敌正面，以另一部包围敌之两翼，而以主力或重要一部迂回敌之后方，即是说四面包围敌军，方能奏效。这是我军的基本方针，这是在敌军分散孤立、敌援兵不能迅速到达之条件下必须实行的正确方针。但在敌军分数路向我前进，每路相距不远，或分数路在我军前进方向施行防堵，每路亦相距不远之条件下，我军应当采取给敌以歼灭性打击的方针。这即是说，不要四面包围，只要两面或三面包围，而以我之全力用于敌之正面及其一翼或两翼，不以全部歼灭敌军为目标，而以歼灭其一部、击溃其另一部为目标。这样做，可以减少我军伤亡，其被歼灭之部分可以补充我军，其被击溃之部分可以使其大量逃散，敌能收容者不过一部分，短期内亦难恢复战斗力。

8月29日，毛泽东又发出指示：

> 采取于运动中半歼灭半击溃之作战方针（即对敌一个或两个旅，以歼灭其一部击溃一部为目标而部署战役作战，注意多打小胜仗）……作战时应注意打小规模歼灭战，每次以歼敌一团一旅为目标，不打无把握之仗。

这些天，毛泽东总是不分昼夜地伏在大炕沿上写东西，周恩来和任弼时屡屡劝他注意休息，他总是不以为意地一笑以应之。有时，时间长了，累得趴在炕沿上不知不觉地就睡着了；

工夫不大，只要稍微一有动静，他又会眼皮一掀、烟茶相伴地继续工作。

一天，西北军区司令员贺龙派人从河东给毛泽东捎来一块腊肉，令李银桥高兴得不得了，连忙拿去厨师那里，让高经文给毛泽东做碗红烧肉吃。

"这是腊肉，怎么烧啊？"高经文有些为难。

"那你看着做吧！"李银桥自作主张说，"先炒一小碟，剩下的留着以后再给主席补脑子。"

腊肉炒好后，连同炒辣椒刚一端上炕桌，就被毛泽东挥手让撤走："辣椒放下，把肉撤走！"

"为什么？"李银桥问。

毛泽东说："你们想叫我吃得好一些，可是我怎能吃得下呀！"

李银桥忍不住叫起来："这是为了工作、为了补脑子，多少大仗还靠你用脑子指挥着打呢！"

"脑子是要补的，可是也要讲讲条件。"毛泽东坚持不吃那碟腊肉，李银桥只好让高经文把腊肉撤走了。

毛泽东等高经文走后，又向李银桥嘱咐了那块腊肉的事："那块腊肉不要再动了，这是贺老总送来的，我还要留着派上用场呢！"

"是！"李银桥十分认真地回答，"我让高经文给你留着呢。"

毛泽东这才在那张帆布椅上躺下去，又对李银桥说："银桥呀，你给我篦篦头吧。"

李银桥拿了一把木篦子走过去，站在毛泽东的脑袋后面，开始给毛泽东篦头发。

毛泽东闭着眼睛，又缓缓地对李银桥讲道："补脑子讲条件，条件不同，补的方法也不同。篦头发也可以补脑，可以活动大脑皮层，促进头部的血液循环，把有限的营养首先满足大脑的要求，很可以提神哩！"

听了毛泽东的话，李银桥的眼眶再一次被泪水湿润了……

16. 江青徒步梁家岔　卫士逞能东原村

这天中午刚过,毛泽东正在窑洞里写东西,门外传来了周恩来那熟悉热情的声音:

"主席,我给你带来一位朋友,要不要见见啊?"

周恩来光说话不进窑洞,毛泽东只得停住了手中的笔说:"恩来,是哪一位朋友呀?'有朋自远方来,不亦乐乎',自然是要见的。"说着向站在身边的李银桥挥挥手,"你出去看一下,我马上来。"

李银桥跨出窑洞一看,周恩来正同几名工作人员谈话,身后站着一位高个子女同志,一看就知道是江青。

"主席,周副主席正同人谈话呢!"李银桥进窑洞向毛泽东汇报,"江青同志来了。"

"她来做什么?"毛泽东无所表示地看了李银桥一眼,已经站起来的身子又坐了下去。这时,周恩来和江青一前一后地进了窑洞。

"主席,江青同志来看望你了!"周恩来笑呵呵的话音一落,江青也一脸笑容地对毛泽东说:"老板,我来看看你……"

"你不是在杨家园则么?怎么又赶过来?"毛泽东问。

"是我请过来的。"周恩来解释说,"形势不同了,江青不仅是我们机关工作的协理员，更是你的生活秘书，要对你的生活负责嘛！"

毛泽东再问："你怎么来的呀？"

江青回答："两条腿走来的呀！"

对于江青的到来，毛泽东不再讲什么，便招呼周恩来坐到大炕上说："过几天我们就转移，胡宗南尽管吃了败仗，他还是要来的。"

"请主席放心。"周恩来说，"我已经安排了，今天就转移到朱官寨去。"

李银桥以前虽然多次接触过江青，但真正熟悉、工作在一起，还是在梁家岔、在沙家店战役结束后的日子里。

江青对李银桥很热情："小李呀，我知道老板很喜欢你呢！今后我们要好好地合作，照顾好老板的生活。"

"照顾主席是我分内的事……"李银桥知道江青称毛泽东为"老板"，这是因为撤出延安后，为了保密起见，江青叫着顺口，周围的人也就都习惯了。

这时李银桥只是有些拘谨地说："我听江青同志的安排……"

毛泽东听到后说："银桥要听我的安排！"

江青连忙说："老板，我们都听你的。"

说话间，毛泽东提议去西北野战军彭德怀的司令部看看，周恩来十分赞同。两人又叫上任弼时，带了不多的几名警卫人员，骑上马，匆匆赶到了西北野战军司令部的驻地东原村。

接到电话通知，西北野战军司令员彭德怀、副司令员张宗逊、副政委习仲勋和西北野战军的其他首长一起，远远地迎出了村。长着庄稼的田野上，立刻响起了热烈的喧笑声和战士们的欢呼声。

"同志们打得好！"毛泽东挥着手，兴高采烈地夸赞着部队，"同志们辛苦了！"

西北野战军的将士们都抢上前来争着同毛泽东握手："毛

主席好！毛主席辛苦了！"

周恩来、任弼时也纷纷同将士们问候、打招呼。

二纵司令员王震紧紧握着毛泽东的手说："主席，你可是瘦多了！"

"瘦些好么，走起路来方便。"毛泽东大笑着说，"胖了，担心我那匹老马驮不动哩！"

笑声中，彭德怀吩咐自己的卫士："给主席牵马去！"随后握了毛泽东的手，又握了周恩来和任弼时的手，请大家一起到司令部去。

李银桥跟在毛泽东身后，听彭德怀对毛泽东说："主席，听说你们遇了几次危险，我可是真担心哩！"

毛泽东边走边说："我也替你们担心哩！面对10倍以上的敌人打歼灭战，又是侧水侧敌，如果吃不掉，他援兵一到，就有大麻烦了！"

"有主席亲自指挥调度，我才不担这份心哩！"彭德怀咧嘴笑道，"我料他刘戡也没那个胆量！"话说到这里，摇了一下头又说，"就是便宜了钟松那龟儿子，本来是抓住了，他龟儿子装扮成马夫，趁天黑下雨，又逃掉了……"

毛泽东不屑一顾地说："逃得了今日逃不过明日，我看他刘戡的日子也不多了。"

彭德怀正脸看着毛泽东说："请主席放心，下次我一定把刘戡的脑壳拿来献给主席！"

毛泽东昂然一笑："我不要刘戡的脑壳，我要他的7个旅。"

走进司令部——也就是比一般窑洞稍大一些的一间土窑洞，墙上挂着两张军用地图。

有人拿来几个马扎子，周恩来和任弼时在靠锅台的位置坐下来，张宗逊、习仲勋和王震等人也各自找地方坐下，其他人都靠墙、靠炕沿站着。

毛泽东迈步走到炕前，将身子随随便便地往大炕上一歪，侧脸躺下来，望着挂在墙上的地图说："请彭老总讲讲吧！"

彭德怀从卫士手中拿过一个小布袋，大手攥着往锅台上一倒，倒出许多炒黄豆，先抓起一把放到毛泽东张开来的掌中，自己也捏了几粒豆丢进嘴里"咯嘣咯嘣"地嚼着。有几粒豆子掉在地上，被周恩来捡起来吃了。

工作人员送来了茶水，大家喝着茶水，听彭德怀汇报。

彭德怀咽下口中的黄豆，走到地图前，一边用手直接指点着图上标出的敌我双方的战斗方位、各自防守和进攻的具体地点、兵力部署和火力配备，一边讲述我军的地形选择、主攻方向、阻击位置、部队的分配调动和战斗经过。

彭德怀讲话快得很，就像一挺机关枪在扫射，简直不容人喘气听。毛泽东在炕上举起一只手摆了摆，打断了彭德怀的"机关枪"："慢些慢些，难怪钟松很快就完蛋了，就是我们几个也都吃不消哩！"

周恩来也风趣地说："一枪一枪来，别连射。"

任弼时也说："不用打机枪，还是打手枪吧！"

彭德怀对大家歉意的一笑，然后放慢了速度一句一句地重新讲，可没讲上两句话，又将伸向地图的大手往自己的怀里一攥，嘿嘿一笑说："算啰，这样讲我非出汗不可！窑洞里太热，干脆，我带你们到战场上去看看。"

窑洞里所有的人都被彭德怀说笑了。

来到村口，路过几孔低矮的窑洞时，彭德怀对任弼时说："你不是要打手枪吗？我这次缴了不少的好枪，试一试？"

"可以试一试嘛！"周恩来显得很兴奋，"挑好枪，请主席先试。"

毛泽东一摆手："让我的卫士组长试吧！"

"要得！"彭德怀快人快语，"同我的卫士一起试！"

李银桥一听有些急了——他知道，彭德怀身边的卫士个个都是出了名的神枪手呢！

见到李银桥有些犹豫的样子，毛泽东鼓动说："银桥，你要听彭老总的命令么！"

周恩来也鼓励李银桥："黄新廷说你的枪打得很不错嘛！"

试就试——李银桥见毛泽东和周恩来都在支持、鼓励自己，立刻来了精神，也提升了信心和勇气。

大家一起走到一块宽敞的空地上，迎面不远处是一堵厚厚的土坎。张宗逊让人去土坎前摆了一溜半截子土坯，土坯摆放的高度恰好与人体的高度相齐——王震和习仲勋让人拿来几把短枪，递两把给李银桥验枪。

李银桥接枪在手，一看是两把崭新的20响驳壳枪，枪体还泛着烧蓝，便拎了一把开始往枪梭里压子弹……

彭德怀的一名卫士也拿了一把枪，正要装子弹，被彭德怀喝住了手："每人九发子弹分三次打，一次三发！"

"我来验枪、验子弹！"周恩来上前说，"大家都当裁判。"

王震也上前说："请小李同志先打。"

毛泽东站在一旁却说："强宾不压主——哪有客人先打的道理！"

"好，西北野战军的同志先打！"周恩来一锤定音。

"啪——啪——啪——"彭德怀的卫士甩枪打出了三发子弹，摆在远处土坎前的三块土坯应声而碎。

李银桥操枪在手，先看了毛泽东一眼，然后侧身甩头抬臂"啪——啪——啪——"也是三枪，远处的另三块半截子土坯也随即被击得粉碎。

"好，打得好！"在场的人们齐声喝彩。

"后退10步！"彭德怀又一声指令。

人们闪开身体，让试枪的两个年轻人各自后退了10步。

"啪——啪——啪——"

"啪——啪——啪——"

再一次摆放好的六块半截子土坯又都被准确无误地击

碎了!

彭德怀最后出了一个难点子:"把两块土坯竖着垒起来,只许打上面的侧面,不许打下面的正面!"

有人跑去摆土坯了,毛泽东在一旁大声说:"老彭啊,你这是要我们的好看哩!"

"试试么!"彭德怀咧嘴笑道,"主席身边的卫士,还能试不过我身边的人?"

"输赢如何讲?"毛泽东追问一句。

"有输就有赢,输了再练么!"彭德怀满不在意地笑着说。

"好好给我打!"毛泽东大声对李银桥说,"你前面就是蒋介石、胡宗南和刘戡的脑壳,统统给我消灭掉!"

话音落地,彭德怀卫士的三枪打响了——摞着的三块土坯应声而碎,下面的三块土坯却没有一块倒下。

李银桥定定神,深吸一口气又轻轻呼出来,再吸一口气,随即举枪瞄准扣动了扳机——另外三块摞着的土坯也支离破碎,下面的三块半截子土坯依然戳在原地,纹丝未动!

"好枪法!"人群中有人喝彩道,"这下蒋介石和胡宗南还有刘戡的脑袋全玩儿完了!"

彭德怀也高兴地说:"好么!主席,这下我就更放心了!"

毛泽东看看彭德怀,又远远地看了看正朝他走来的李银桥,满意地笑了……

通过这件事,李银桥知道彭德怀是为了毛泽东的安全着想,更知道了毛泽东无论在什么事情上都存有一种争强好胜的心理,而且是一位最终不想输的人。

试过枪,人们一起到了广袤的战场。彭德怀将望远镜递给毛泽东,一边指指点点,一边介绍情况。毛泽东边看边点头:"选得好,选得准……不错,好……"

这时有人提议:"请主席照张相吧!"

彭德怀问:"带相机了吗?"

有人应声回答:"带了!"

"那就照一张。"毛泽东满面春风地说,"请彭大将军先照,再请恩来和弼时、仲勋和宗逊还有我们的王震将军都来照!"

凡是毛泽东叫了名字的人都去照相了,这时的李银桥心里也正高兴——彭德怀刚刚送了他一把崭新的驳壳枪!

17. 彭德怀战场献俘　朱官寨江青赔情

在前东原村时，毛泽东和周恩来等人又同去看望了西北野战军的伤员和指战员，所到之处无不充满了激动的欢呼和热烈的掌声。

最后，彭德怀请毛泽东、周恩来、任弼时一同"检阅"了被集中起来的6000余名俘虏。黑压压的人群排列着不太整齐的队伍，一眼望不到尾……

返回司令部休息时，窑洞内外早已挤满了人，就连窑洞里的大炕上也被人们挤坐得严严实实。

彭德怀请示毛泽东："请主席给同志们讲话！"

毛泽东先是在窑洞中间站着，后来被人们让到炕沿上坐了下来。毛泽东吸着一支烟，对大家说："同志们这一仗打得好！搅乱了蒋介石的一场春梦啊！"又说，"胡宗南是个没有本事的人，虽然阴险毒恶，可惜志大才疏。他那么多军队，拿我们没得一点办法！我们打了这么多次，就是没吃过败仗……"

习仲勋插话说："他也有本事呢！"

"噢，胡宗南的本事在哪里呀？"毛泽东笑着问道，"说说看么！"

习仲勋说："他的本事就是一切按着毛主席的计划行动，

还不敢走样子呢！"

一句话把大家都说笑了。毛泽东用他那又浓又重的湖南口音接着说："同志们，陕北战争已经'翻过了山坳坳'，最吃力最困难的时期已经过去了，一去不复返了。战争的主动权又掌握在了我们手里，掌握在了人民手中。"说到这儿，毛泽东将右手伸一伸，然后又一攥，随即将张开的左手扳着右手的手指头，笑着数说道，"青化砭、羊马河、蟠龙、沙家店，这几仗打下来被我们吃掉他六七个旅，两万多人马！我们打垮了胡宗南自命的常胜将军，俘获了他的四大金刚中的三个，他的四座'金缸'被我们搬掉三座——何奇、刘子奇、李昆岗，现在只剩下一口'缸'，叫啥子……"

"叫李日基！"周恩来提醒说。

湖南话将"日"说成"二"，毛泽东幽默地说："对了，叫李二吉——这次没捉到他，算他一吉；下次可能还捉他不到，再算一吉；第三次可就无吉可言，逃不脱啰！"

毛泽东富有表情的讲话，引得人们哄堂大笑，西北野战军的首长们带头拍响了热烈的掌声。

笑声和掌声响过，毛泽东乘兴又继续说："照我看，国民党里那些有名的人物，像蒋介石、胡宗南、阎锡山之流，也可能有个一吉两吉的，但终究是很不吉。不管他们逃到哪里，总是要缉拿归案、依法惩办的。同志们，有信心没有？"

"有！"

窑洞内外同时响起了一记洪亮的回答声。

接下来，毛泽东又向大家详细分析了全国的形势和西北的战局，同西北野战军的将士们讨论了下一步转入外线作战的诸多问题……

回到梁家岔，前委机关已经转移去了朱官寨，刚刚到来的江青也随队伍一同转移了。

毛泽东带领着等候他归来的人们，一起顺河沟徒步月向北偏东方向走了5公里路，再向东走了约5公里路，于1947年8月23

日来到了朱官寨。

连日辛劳的毛泽东实在是走累了，太疲乏了，实在是想找个地方躺一躺，先睡一觉——可人们说毛泽东住的地方被安排在二里路以外的后沟，那里的环境好、清静，是江青选中的。

毛泽东无可奈何地淡淡一笑："我现在不需要清静，只需要困觉哩！"

人们立刻腾了一孔窑洞，请毛泽东暂时先进去躺一躺、睡一觉。毛泽东走进窑洞，没多大一会儿又走了出来——李银桥进去一看，见窑洞里破烂不堪，常年烟熏火燎的导致四壁乌黑，就连窑顶也是黑的，光线暗得很，根本不能看书写字。

李银桥转身走出了窑洞，毛泽东已经搬了个凳子在窑洞前坐了下来，挥手吩咐李银桥去请周恩来和任弼时来"开会"。

李银桥抱怨毛泽东是个"不会休息的人"，可毛泽东却说："现在辛苦些是应该的，是值得的。我们将要创造崭新的历史哩！"

1947年9月1日——就在这一天，就在这个乌黑的窑洞里，毛泽东起草了《解放战争第二年的战略方案》的党内指示，向解放军提出了以主力打到国民党统治区的战略任务。

从这一天起，在毛泽东的方针指引下，解放军随即转入了全国规模的进攻，使解放战争达到了一个历史的转折点。

沙家店战役后，胡宗南被打伤了元气，不得不收缩了他的部队，刘戡也不敢在毛泽东的身后追着跑了。

进入9月，陕北的形势更加好转。毛泽东分出一部分精力，开始在黄河西岸搞农村调查。

所到之处，毛泽东经常帮乡亲们推碾子、打场、担柴，和乡亲们一起唠家常。

前两天，西北军区司令员贺龙让人给毛泽东送来一匹极其雄健的战马，毛泽东执意不肯留给自己骑乘，硬要叶子龙派人送到前线部队去："这么好的马，应该让前方的同志骑；前方的同志要打仗，既辛苦，又危险，很需要好马哩！"

叶子龙无奈，只得照毛泽东说的去办。

这几天，江青在朱官寨后沟，将身上穿的一件灰布军装脱下来洗了，换了件列宁装式的上衣，头上盘了一个发髻，经常搬个马扎子靠在窑洞前的墙壁上坐着，有时还给身边的同志讲几段历史故事或出几个谜语，在人们眼里很像一个大姐的样子。

这天，卫士张天义来找李银桥，神秘兮兮地说："李组长，我给你说个谜语，你猜猜？"

"说吧，看我能不能猜出来。"李银桥知道，这准是江青给他们出的谜，他来套谜底了。

毛泽东在一旁也说："讲出来猜一猜么！"

"那我可说了——"张天义先看看毛泽东，然后煞有介事地说，"日行千里不出房，有文有武有君王；亲生儿子不同姓，恩爱夫妻不同床——打一件事！"

"老掉牙啰！"毛泽东笑道，"这是'唱戏'么！"

张天义先是一怔，想想之后才茅塞顿开似的笑眯眯地转身走了。

这天晚上，李银桥在朱官寨后沟毛泽东住的窑洞外边，听江青正在窑洞里哭闹，还听到毛泽东对江青大声呵斥："对你讲过多少遍了么，你不要搞特殊……贺老总送的马，是我让送去前线的，你为啥子又要回来？你不晓得前线更需要么……我的话你也不听，岂有此理……"

李银桥未敢走进去，只悄悄站远了距离，静静地守候在窑洞前。一会儿，见江青哭哭啼啼地跑了出来，朝周恩来住的窑洞方向跑去了。

李银桥从日常生活的接触中了解到，每当毛泽东与江青"夫妻吵架"闹得不可开交时，江青总是去找周恩来诉"委屈"，又总是在周恩来的劝说下心绪安然地返回来向毛泽东承认"错误"。

这一次，还没见江青返回来，毛泽东便走出了窑洞，看到李银桥远远地站在那里，便大声说："银桥！走，随我到前面去！"

每当毛泽东生气的时候，总爱叫上李银桥陪他到僻静的地方散散步。这次也是如此。

夜光下，毛泽东默默地走在前面，李银桥静悄悄地跟在后边，两个人一前一后走了好长一段路，毛泽东终于说话了："我和江青吵架的事，你莫对外人讲。'家丑不外传'么，你在我身边，不是外人，对外要考虑影响……"

"我知道……"李银桥小心翼翼地答应着，"小时候见我娘挨了我爹的打，我娘也嘱咐我不许对外人说……"

"哦……"毛泽东一边慢慢走路，一边又自言自语道，"转烛飘蓬一梦归，欲寻陈迹怅人非，天教心愿与身违……"

李银桥不懂毛泽东吟的什么诗，更不明白诗的意思，他无言以对，只静静地跟着毛泽东慢慢地走；但他心里感觉到，毛泽东也有难办的事啊！

李银桥的脑子很好使，凡是毛泽东说过的话，他认为有必要的，总是先默记下来，然后再写在自己的小本子上。这次毛泽东吟的三句诗，他也记住了，回到窑洞后悄悄地默写在了周恩来送给他的那个小本子上。

第二天中午，李银桥见江青又满脸悦色地来见毛泽东了。

李银桥当时心想：昨天夜里刚刚吵了架，今天白天又没事人似的笑着来见毛泽东，准是周恩来做了她的思想工作，换了别人江青的工作还真的不好做呢！况且，毛泽东的度量大、不会同她一般见识，二人终究是夫妻，夫妻没有隔夜仇……

江青一见毛泽东就很高兴地说："老板，岸英来信了！是汪东兴派人送过来的，还有李讷从河东画来的画！"

"哦，快拿来我看！"正在窑洞里写文章的毛泽东立刻放下了手中的毛笔，伸手接过江青手中的信，先看了小女儿李讷画的画，兴奋之情溢于言表，"画得不错么！真不错哩！"然

1961年，毛泽东在庐山

后又端详了一下毛岸英写在信封上面的字"转交——爸爸——毛岸英"，这才满脸堆笑地动手撕开了信封，轻轻取出里面的信纸，走出窑洞到阳光下去看信了。

这时，江青在窑洞里对李银桥说："小李，老板昨天夜里生气了吗？"

"没有哇！"李银桥很认真地回答，"我一直跟着主席，没见主席生谁的气呀！"

"没生气就好。"江青说，"老板要过问的事情太多了，想的事情也多，肩上的担子重啊！我们要尽量照顾好他的生活，照顾好他的身体。他有时发脾气也难免，凡是老板生气了，你要及时告诉我。"

"是！"李银桥规规矩矩地答应着。

江青又说："老板不仅是我们党的领袖，是我们军队的最高统帅，也是全国人民的领袖。我们的具体工作是为老板服务，为老板服务就是为人民服务，就是为军队、为党服务，这些道理你懂吗？"

"懂！"李银桥又是认认真真地回答。

第三篇

黄河岸边访民情深入土改　外线作战夺胜利西北告捷

◎ 毛泽东一家三人团聚了。"爸爸——"小李讷叫喊着，张开两只小胳膊像只小蝴蝶似的扑向毛泽东，"爸爸——"毛泽东高兴地笑着，将手中的柳木棍扔给了李银桥，随即一把抱起女儿高高地举过自己的头顶，然后在女儿的小脸蛋上亲着，用大手轻轻地拍打着女儿的后背，口中亲昵地连声叫着："我的娃娃，好娃娃，大娃娃，爸爸真想你哟！"

◎ 木船终于划离了河心，毛泽东长长地呼了一口气，摇摇头对大家说："你们可以藐视一切，但是不能藐视黄河！藐视黄河，就是藐视我们这个民族……"

18. 慈父深深眷子情　领袖悠悠爱民心

　　1947年9月12日下午，当朱官寨的窑洞里只有毛泽东和李银桥两个人的时候，毛泽东让李银桥用木棍支起了活动窗户，自己坐在窗前开始给儿子毛岸英写信。

　　李银桥知道毛岸英是毛泽东的大儿子。自己在周恩来身边当卫士的时候，就听说毛泽东曾有六个儿子和四个女儿，前三个儿子是毛泽东的第一个妻子杨开慧生的，后三个儿子是毛泽东的第二个妻子贺子珍生的，还生了三个女儿；江青是毛泽东的第三个妻子，1938年在延安结的婚，1940年夏天生了一个女儿，取名叫李讷，是个挺讨人喜欢的小姑娘，今年已经7岁了，也是毛泽东所有孩子当中最小的一个。中央机关撤离延安时，李讷和中央首长的孩子们一起提前转移去了河东。

　　李银桥还知道，贺子珍在10年前，因不听毛泽东的劝阻，执意到苏联治伤去了。她生的三个儿子，第一个在红军撤离瑞金时留给了老乡，后来一直没能找回来；第二个儿子10个月便夭折在了瑞金；第三个儿子是在贺子珍怀着身孕去苏联治伤后生的，出生后不久，因病治疗不及时，也死了。贺子珍生的三个女儿，一个丢在了龙岩，一个丢在了长征路上，最小的一个女儿娇娇出生在陕北，1940年因贺子珍想孩子，也被送去了莫斯科。

在毛泽东所有的孩子当中,毛岸英是长子,一直是毛泽东寄予厚望的孩子。大革命失败后,毛泽东带领秋收起义的队伍上了井冈山,毛岸英和弟弟岸青、岸龙则跟随妈妈杨开慧留在湖南长沙东乡板仓的外婆家。杨开慧带着她的三个儿子,以走亲戚、串门的方式,秘密开展革命工作。1930年,刚刚8岁的岸英和妈妈一起被敌人抓了去,小小年纪就尝到了敌人铁窗的滋味。不久,杨开慧被敌人残酷地杀害了,岸英和他的两个弟弟被党组织营救到了上海,三个孩子靠卖报纸、讨饭为生,又过了一段颠沛流离的日子。小弟弟岸龙因病被送进了外国人开的教会医院,下落不明了;岸英当时和二弟岸青相依为命,后来被党组织送到苏联去学习。

在苏联,毛岸英刻苦学习。在第二次世界大战中,他积极投身于反对德国法西斯的苏联卫国战争,并参加过解放波兰等东欧国家的战斗。

1946年1月,毛岸英终于回到了革命圣地延安。那时他已经和毛泽东分别18年了,父子重逢都非常激动,但毛泽东没有让儿子留在自己身边,不久就让儿子自己背着小米和一些菜种子及行李,徒步几十里山路,去到吴家枣园劳动锻炼了。毛泽东说,岸英虽然去苏联留过学、喝过"洋"墨水,也打过德国鬼子,算是见过"大世面",但他毕竟是毛泽东的儿子、是中国劳动人民的儿子,需要再上一上中国人民的"劳动大学"。

胡宗南进犯延安时,毛岸英随中央土改工作团,东渡黄河到晋绥解放区参加土地改革,又和毛泽东分开了……现在接到毛岸英的来信,毛泽东怎能不欣喜、不激动啊!

毛泽东用毛笔给岸英写着信,写好一篇纸就放到一旁晾晾墨迹。李银桥在一旁想看看信的内容,体会一下毛泽东和儿子之间的父子感情,可又不敢看,只能是悄悄地观望着毛泽东那笔走龙蛇的动作和他那张写信时充满了爱子深情的脸……

毛泽东察觉了李银桥的神色,便停住笔微微一笑说:"我给岸英写的信,你可以看,不要那副想看又不敢看的样子,你和岸英年龄差不多么！"

"他比我大5岁呢！"李银桥笑一笑说。

"但他是我的儿子。"毛泽东也笑一笑说，"岸英如果见到你，还要向你叫叔叔哩！"

"那我可不敢应！"李银桥腼腆地说，"我们是同志。"

"在我们三人之间，你同我是同志，他同我既是同志，又是儿子与老子么！应该向你叫叔叔的。"毛泽东活动了一下右手的手腕子，左手伸去拿了写好的信，递给李银桥，"你可以看。"

李银桥双手接过信真的看了：

> 看你的信，你在进步中，甚为喜慰。永寿这孩子有很大进步，他的信写得很好。复他一信，请你译成外国语，连同原文，托便带去……

李银桥问："主席，'永寿'是谁呀？"

毛泽东说："就是岸青，是我的二儿子，现在还在苏联学习，你迟早会见到他的。"

李银桥接着看第二张纸上的内容：

> 我们在此很好，我的身体比在延安要好得多，主要是脑子休息了……我们这里打了胜仗，打得敌人很怕我们。

李银桥又问："主席，你怎么能说身体比在延安时好得多呢？你比在延安时可瘦多了……"

毛泽东深情地一笑："我不想让儿子担心呢。"

李银桥认真看：

> 你要看历史小说，明清两朝人写的笔记（明以前笔记不必多看），可托周扬同志设法，或能找到一些……

看着毛泽东写给儿子的信，李银桥心中感受到了毛泽东那深深的眷子之情和切切的爱子之心……

在朱官寨住了一个月后,毛泽东带领着中央前委机关的人东向黄河、再一次转移到了神泉堡。

在神泉堡,毛泽东有时夜里开始睡觉了,白天则到附近村子的农户中去做社会调查。

有一次,毛泽东在田地里见到乡亲们正在施肥,就蹲在粪堆旁,用两只手捏开粪肥来看,边看边问老乡:"你们经常向地里施的都是什么肥啊?"

"多半是上大粪,"老乡乐呵呵地回答说,"有时候也上牲口粪,上猪圈粪和草木灰、锅底灰。"

毛泽东放下手中的粪肥,回身指一指村上的窑洞说:"我住过好多个窑洞,墙上和墙顶的土都熏黑了,这是很好的肥料哇,你们为什么不用呢?"

老乡不置可否地憨笑着说:"你说窑洞里的黑土是壮肥,可我们这里没人用过,不习惯、不敢用呢!"

毛泽东鼓励说:"你们找块田试试么。乡亲们是重实际的,亲眼见过才会信;你们试过以后,看一看黑土能多打多少粮,再向乡亲们宣传推广一下,好不好?"

老乡认真听着,不再憨笑了,想想之后点点头,用眼望着毛泽东说:"行啊,就照你说的法子办办。"

毛泽东听后高兴了:"将来打败了国民党,老百姓要过好日子,就要生产更多的粮食,需要更多的粪肥用到田里。一个窑洞清理出的黑土,我看够上一亩田的,这样既利于生产又讲了卫生,你们看是不是这么个道理呀?"

"对着呢!"老乡们纷纷点头说,"是这么个理!"

还有一次,李银桥跟随毛泽东搞农村调查走在返回神泉堡的路上,因为天热,一名警卫人员见到毛泽东脸上淌着许多汗,便将自己的上衣脱下来请毛泽东擦汗。毛泽东不但没用他的衣服,反而批评说:"你们是解放军哩!走在路上要讲讲军容风纪,不能学国民党军队的样子,几个兵走在路上,天热一些就穿不住军装了。"

这名警卫人员很委屈地说:"我不是怕天热,我是看主席热得满头大汗,心里难受……"

毛泽东先让他穿好衣服,然后笑着对他和身边的人说:"你们为什么对我这么好啊?这个问题,我想了很久才想通了。你们这些同志,都只能为官,不能为人。"

走在毛泽东身边的警卫人员们都感到很吃惊,一个个你看看我、我看看你,觉得毛泽东讲的这句话分量太重了,是在批评他们、让他们受委屈……

其中一名警卫人员大着胆子说:"主席,我们全心全意照顾你,是我们的工作。我们为你服务,也是为人民服务。"

毛泽东又笑着说:"难道我讲的不对么?"

几个人又是你看看我、我看看你,无人回答。毛泽东见大家的神情都有些紧张,便依然笑着解释道:"说你们只能为官,这就是说你们都对我好,不是都为了我这个当官的吗?说你们不能为人,是说你们不能为你们个人考虑考虑嘛!我常见你们这么多人在我身边站岗放哨,一待就是好几年,要是你们在前方,早就是什么'长'了!"说罢又问李银桥:"银桥啊,我讲的对不对呀?"

李银桥回答说:"主席不是官,是人民的领袖。"

警卫人员们这才恍然大悟。

那名被毛泽东批评不该脱军衣的警卫笑着说:"主席,只要工作需要,为你站一辈子岗、放一辈子哨,我们也情愿哪!"

毛泽东高兴地回答说:"那我就非常感谢你们了。"

9月7—9日,华东野战军在陈毅、粟裕、谭震林等人的具体部署和指挥下打了沙土集战役,全歼了国民党整编第57师,俘虏中将师长段霖茂……9月中旬,毛泽东复电陈毅、粟裕:乘胜扩大战果,率外线兵团跨越陇海路开辟豫苏皖地区。

在神泉堡的日子里,毛泽东几乎天天深入农村去搞社会调查,回到村上不是同周恩来、任弼时一起研究、分析当时农村的各种情况，就是坐在窑洞里写文章，而且一写就是好长时间，有时夜里还接着写。

这段时间，江青也经常陪伴在毛泽东的身边，协助毛泽东的日常工作，帮助毛泽东翻《辞海》、查《辞源》，坐下来为毛泽东抄写各种文件和材料。在李银桥看来，江青写的字很工整、很隽秀，比许多人写的字强多了。

10月中旬的一天，毛泽东特意用大字为共产党葭县县委写了题词：

   站在最大多数劳动人民的一面

9月28日，毛泽东还修改并向整个解放军部队批转了东北联军第三纵队关于诉苦教育经验的报告。

随后，各解放区部队和各野战军利用作战间隙，普遍开展了以"诉苦"和"三查"[①]为主要内容的新式整军运动。

[①] "三查"，查阶级、查工作、查斗志。

19. 南河底村忙秋收　白云山上访寺僧

进入1947年10月,神泉堡的天气一早一晚已有了凉意。这里地处陕北,东临黄河,大田里的庄稼渐渐熟了,农户们也进入了秋收季节。

这时,西北野战军转入内线反攻。第三纵队司令员许光达与兄弟纵队协同作战,投入了攻打延川、延长、清涧的战役。

虽然胡宗南迫于自己的军事失败暂时收缩了他的进攻部队,但进入10月的毛泽东工作更忙。

1947年5月底,朱德、刘少奇从河北平山来信、来电报,反映了土改工作中存在的一系列问题。在得到毛泽东、周恩来、任弼时的答复后,7月到9月,刘少奇在平山西柏坡主持召开了全国土地会议,通过了《中国土地法大纲》。10月10日,中共中央公布经毛泽东修改的《中国土地法大纲》。

这天,李银桥跟随毛泽东搞农村调查,来到紧靠黄河的葭县的南河底村。这里离神泉堡不算远,地处白云山下。

曾任陕甘宁边区参议会副会长的谢觉哉和中共中央法律委员会主任委员王明,来到南河底村,向毛泽东汇报土改工作和几个法律草案的情况。

为了制定正确的土地政策,毛泽东一个多月以来,几乎走遍了黄河以西葭县与米脂县之间的每一个村庄,在调查中对农村的地主、富农、中农、贫农各占人口的比例，农村各阶级各阶层的土地分配和占有率，农村封建势力的存在形式和封建剥削的各种方式及剥削程度，以及各阶级各阶层对土改的态度，都做了非常科学的研究和认真的分析。

李银桥深深感到，毛泽东真是中国劳动人民的好领袖啊！

1947年的秋天，是解放区土改后的第一个秋收季节。

与谢觉哉和王明分手后，毛泽东带着李银桥和一些警卫人员，兴致勃勃地来到了南河底村的农户田地里，帮助老乡刨土豆，到谷场用连枷帮老乡打谷子。

第一次分得了土地的农民收获着自己的劳动果实，心里的高兴劲儿充分体现到了秋收的大忙当中。

农民们高兴，毛泽东也高兴，干起活来不知道停手。李银桥担心毛泽东过于劳累，便劝他休息，可闲不住的毛泽东又跑到打谷场去同农娃们一起搓玉米了。

在打谷场上，毛泽东一边用双手搓着玉米，一边蹲下身子问孩子们："你们都叫什么名字啊？"

孩子们天真又好奇地望着毛泽东，都只是笑而没有一个人张口回答。

毛泽东又假意严肃地问："你们谁是地主呀？"

这下孩子们更没人回答了。一会儿，一个年龄稍大一些的男孩子终于说道："地主都被我们斗倒了，我们这儿谁也不是地主。"

毛泽东依然煞有介事地盯着孩子们问："你们不是地主，怎么会有这么多粮食呢？"

另一个女孩子说："土改了，我们都分到了地，当然有粮食了！"

又一个女孩子抢口说："这是我们好几家的粮食呢！"

毛泽东终于笑了："哈哈，原来是大家的粮食啊！"

孩子们立刻也都笑起来，纷纷又叫又跳地围拢了毛泽东："你逗我们，你逗我们玩儿呢……"

这时的李银桥又感到,毛泽东也真是中国劳动人民的好儿子啊!

这天晚上,毛泽东再次拟写了几份电报给在外线作战的指挥员,然后开始吸烟。侍卫在一旁的李银桥开始为毛泽东换沏茶水。劳累了一天的毛泽东突然问李银桥:"银桥,你进过大庙吗?"

李银桥回答:"没进过大庙,进过小庙。"

"我是进过大庙的。"毛泽东垂下眼皮,回忆了他年轻时的一段往事,"在长沙读书时,我同一个同学在暑期做社会调查,徒步走了5个县,后来身上没钱了,一文不名,就到沩山寺去讨得一顿斋饭。那沩山寺的庙好大哟,方丈是个很有学问的人,那次我是许了愿的……"

李银桥说:"和尚有什么学问?不是念经化缘,就是化缘念经!"

"片面,片面!"毛泽东纠正说,"庙里的学问大哩!那是文化,是佛教,是名胜古迹,是我国的历史文化遗产。"

李银桥轻声嘟囔:"那都是迷信……"

"我不同你讲了!"毛泽东苦笑了一下,然后以不可更改的口气说,"这样吧,你明天跟我去看庙!"

"上哪儿去看?"李银桥问,"这地方哪儿有庙啊?"

"你这个人哪……"毛泽东扬一扬下颌说,"白云山上有座好大的庙哩!"

第二天的天气很好,简直可以说是天高气爽、万里无云。

早晨,毛泽东拿上他那根丢不开的柳木棍,由李银桥等十几个人陪着,乘着轻风爽气走向白云山。

佳县县长听说了,也从县城赶来陪着毛泽东一起上山。

盘山的林荫道上,长着许多高大挺拔的松柏,其他乔木树虽未落叶,但葱郁中已挂上了开始泛黄的叶片。

来到山顶,万绿丛中呈现出一座很大的寺庙,映衬在湛蓝的天空下，显得格外雄伟。毛泽东站在山与天之间，极目眺望远方，脸上露出很感慨的神情。他极有兴致地做了几个深呼吸，伸开双臂左右摆动了几下，然后神采飞扬地说道："可惜今天没有云，否则我们就成了腾云驾雾的神仙了！"

"没云为什么叫白云山？"一名警卫说，"干脆叫'无云山'好了！"

"平常是有云的！"毛泽东风趣地说，"今天的白云被我们吓跑了！"

"主席——"李银桥指着东面说，"这里可以看到黄河呢！"

"改天我们去看黄河！"毛泽东说，"今天看庙。"

步入大庙，这是李银桥第一次见到这么大的寺庙呢！气势磅礴的大雄宝殿前后，松柏森森，交相衬映，亭阁楼台，措置有方，庙内的石雕塑像精妙异常，一百多块石碑挺立在庭院里，殿宇前的额匾醒目，字迹浑然。

正当毛泽东情趣盎然之际，从厚厚的柏树丛中走出一位老和尚。只见他首先看了毛泽东一眼，又见到毛泽东身边陪着葭县县长，连忙合掌施礼："阿弥陀佛！"

毛泽东抬手表示了一下礼貌与诚敬，然后同他握手说："老师父，我们来看一下你这个大庙。"

老和尚躬身再施一礼："欢迎，欢迎！首长请。"

毛泽东笑道："你怎么晓得我是首长？"

老和尚也报以一笑："有县长陪同，焉非首长？"

毛泽东又笑道："你们过去称'施主'么，不要破坏了规矩。"

听此一言，老和尚像是受到什么触动，神情立刻变得肃然起来。然后重新看了看毛泽东，随即在前引路，走过几间殿宇，请毛泽东进了他的方丈室。

李银桥跟在毛泽东的身后，也进了方丈室。

只见这里清静雅致，桌椅整洁。老和尚先请毛泽东在客位上坐稳后,又坚持给毛泽东奉上了一杯香茗,然后才在自己的位子上坐了下来。

毛泽东问他:"你们现如今的生活好吗?"

老和尚抬眼看一看站在一旁的县长,含含糊糊地说:"好!好得很哩!"

"出家人不打诳语。"毛泽东微微一笑,态度诚恳地说,"老师傅是超凡脱俗之人,更应该讲实话。"

老和尚受到了感动,便实话实说:"不瞒施主,以前信神的人多,出家人也多,布施的人多,和尚们收入也多,生活很好。后来信神的人少了,出家的人也少了,布施的人就更少了,我们和尚的生活,一时确有一些难处。"

毛泽东听了点点头:"你能讲实话,这就好。有什么具体困难,你都可以讲一下。"

老和尚抬眼又看一看县长,然后对毛泽东说:"布施的人少了,逢庙会也收不到几个钱,吃穿都有些困难,庙里的和尚散去了不少人。"

毛泽东关切地说:"俗话说'走得了和尚走不了庙',庙总需有人管,佛总是有人拜的。老师傅,留下来的人日常生活靠什么?"

老和尚抬眼再看一看县长,语气平静地说:"后来人民政府叫我们自力更生,政府说这是毛主席提倡的。我们也响应毛主席的号召,自力更生,种点地,搞些农业生产。"

"还能行吗?"毛泽东问。

"行啊!"老和尚答,"开头不习惯,现在手脚灵便了,倒也能劳动。"

"不错么,这是一大改变哩!"毛泽东又问,"现在生活究竟如何呀?"

老和尚正要再看看县长,县长被他看烦了:"老方丈,你就别再看我了!实话对你讲,你面前坐着的这位首长,就是我们的毛主席!毛主席亲自来同你谈,有什么话你就直说吧!"

老和尚听是毛主席,立刻起身躬腰合掌施礼:"阿弥陀佛!善哉,善哉!贫僧不知毛主席亲自光临寒寺,多有怠慢,还望毛主席海涵!"

毛泽东欠身还以一礼,笑道:"我来只是看一看。老方丈是方外之人,'跳出三界外,不在五行中'么!但和尚也要吃饭,也要生活,有什么困难只管讲,人民政府是要管的。"

老和尚对毛泽东充满了敬意地说:"现如今打的粮食够吃,庙里的其他开销一概由政府包下来了,穿衣、治病、修理寺院,人民政府都管。再加上收些香火布施,生活倒也蛮好的了。感谢毛主席,出家人不打诳语,确实是好的。"

毛泽东脸上洋溢着欣慰的神情,笑着又问:"老师傅,你觉得政府这样安排还妥当吗?"

老和尚诚挚地说:"托毛主席的福,安排很周到。从前和尚不生产,现在出家人也要随着社会进步哩!"

"讲得好!社会变了,人也要变么。"毛泽东放缓了语气说,"过去,和尚一不生产人口,二不生产粮食。现在要变呢,人口不可以生产是佛规,劳动不可以不参加,佛规上没讲和尚不劳动么。边区政府是保护宗教信仰的,但是不劳动不行。和尚参加劳动后,身体好了,也没有了剥削,就对了。老师傅,今日我在你这里'取经'了!"

老和尚满脸笑容地连连点头说:"不敢,不敢!"

毛泽东饮一口香茗,又询问了寺里有多少亩地,和尚们自己能种多少、打多少粮食,白云山庙始建于何时、扩建于何时、历经哪几个朝代、鼎盛时期有多少僧人。

老和尚一一作答之后,李银桥在一旁才知道了白云山庙始建于明朝万历三十三年,清朝雍正二年重修并增建,庙内有108块功德碑,多为修庙的布施者所立。

话说到这里,老和尚躬身又施一礼:"在主席面前,有句话不知当讲不当讲?"

毛泽东微微一笑:"老师傅,但讲无妨。"

老和尚平心静气地说:"贫僧一生阅人多矣,尚未曾见有处于主席之上者;但也深知共产党人反对迷信,诚恐一言既出,白白招惹耻笑……"

毛泽东以诚相待:"我既来宝刹,哪有笑话老师傅的道理呀!"

"既如此,请恕老衲直言。"老和尚一本正经地说,"主席乃我中华一龙,虽能腾云驾雾,但以五行推之,终归属土。古有'东土大唐'之说,'东'亦即'土'也,得水而泽;土乃万物生长之根本,龙属土而腾云,必得水持,实需东方之大泽而湿润之……"

毛泽东坦然一笑:"许多人知道我叫毛润之么!"

"善哉!"老和尚又说,"龙之习水,主席一定是很爱游泳之人。"

毛泽东又是爽朗地一笑:"游泳可以锻炼人的身体,可以磨炼人的意志,还可以增强人们战胜困难的勇气么!"

老和尚闭了眼睛说:"恕贫僧不恭,中国的江河湖海,主席尽可去游,唯独黄河游不得。"

毛泽东正色问道:"为什么不能游黄河?"

老和尚睁开眼说:"黄河乃我中华民族之根本,别人皆能游,唯独主席不能游——黄河在五行中属土,土土相叠为'圭',以音论之为'归',恐有不测。"

"领教了!"毛泽东起身向老和尚点了一下头,"我们共产党人提倡保护宗教,尊重人们的信仰自由,但不迷信!老师傅的龙水之说,世界上哪有龙啊?"

老和尚也随即起身:"龙,乃世之人杰也!"又说,"黄河之不能游,还在于它水浑浪浊,水面多漩,水下多暗流,实不可畅游啊!"

话说到此,老和尚见毛泽东不置可否,便在前领路引毛泽东一行人去参观庙宇。

李银桥第一次进入如此规模宏大的寺庙——大小53座各种不同形式的建筑，殿、庑、亭、堂、阁、楼、台等，重重叠叠，形态各具特色，松柏相映。庙内千姿百态的佛像、菩萨、力士、金刚塑体，尊尊神采奕奕，个个栩栩如生。殿堂墙上有1590余幅彩色壁画，画中有佛教经变故事，也有山水人物等，构图匀称，笔画挺秀，实为民间之佳作。

李银桥越看越爱看，毛泽东看得更认真。

李银桥注意到，毛泽东除了对那些石雕塑像和壁画感兴趣外，对那些石碑上刻的铭文和牌匾上的字体更感兴趣，看得格外认真、格外仔细。毛泽东总是驻足在一座座石碑前，逐行逐行地读那上面的刻文，或停步某一处大殿的匾额下，一字一字地看那上面写的字，有时还用右手指在左手掌上比画几下。读看之中，李银桥总见毛泽东表情肃穆，总听毛泽东感叹不已。

毛泽东对老和尚说："这些都是祖国的历史文化遗产，是我们中华民族的宝贵财富，一定要保护好，不要毁坏了。这些东西，将来都很有认真研究的必要哩！"

老和尚在一旁频频点头称道："是是是！毛主席说得对，毛主席说得对！"

毛泽东边移动脚步边谈，又向老和尚讲了他年轻时和同学在湖南农村搞社会调查，身上一文不名去沩山寺讨斋饭吃的往事。老和尚听后，唏嘘不已……

毛泽东忽然转身对跟在身后的县长说："请县里拨一些经费，把庙修一修。"

县长近前几步回答："我回去马上办理。"

老和尚再一次合掌施礼："善哉，善哉！感谢政府，感谢毛主席！"

李银桥跟随毛泽东走向庙门时，看到毛泽东的脚步似乎轻松了许多……

临离大庙，老和尚依恋地对毛泽东说："明天这里有庙会，还有大戏，很热闹，请主席也来看看吧！"

毛泽东神情愉悦地说："谢谢老师傅，明天我们就来看看戏。"

走在下山的路上，毛泽东依然显得神采飞扬……

回到南河底村，毛泽东收到了周恩来从神泉堡派人转来的毛岸英的一封来信。

吃晚饭时，厨师给毛泽东端上来一碗红烧肉和一盘炒红辣椒，毛泽东奇怪地问："肉是从哪里来的呀？"

厨师说："周副主席派人从神泉堡送来的。"

"送了多少呀？"毛泽东又问。

"不少，"厨师说，"有小半斤呢！"

毛泽东不再说什么。厨师走后，毛泽东感慨地对李银桥说："这么半斤肉，恩来也舍不得吃，还派人专程送来给我，我怎能吃得下呀……"

"送来了你就吃呗！"李银桥说，"你还给周副主席送过馒头呢！"

"没有的事，"毛泽东有些奇怪地问，"我怎么不晓得？"

李银桥对毛泽东讲：在转战路上时，一次周恩来送了两个馒头给毛泽东，毛泽东没吃，派人送给了比自己年岁小的任弼时；任弼时也没吃，又派人送给了比自己年龄大的周恩来……

毛泽东听罢，淡淡地一笑，说："患难见真情呵！"

20. 白云庙会看大戏　神泉堡村颁军规

第二天早上,南河底村外的大路上人多了起来。老乡们从四面八方赶来,三五成群地说笑着,边走边唠地到白云山去赶庙会了。

毛泽东还记着昨天答应了老和尚去庙会看戏的事,便叫李银桥招呼警卫人员,准备一起去看庙会。

李银桥担心庙会上人多、不安全,便说:"庙会上乱糟糟的,除了人多就是土多,有什么好去的……"

毛泽东却说:"看庙会么,就是看热闹,人少了还有么意思?"边说边拿起了他那根丢不下的柳木棍,"走么,不要怕不安全。和乡亲们在一起,哪有不安全的道理?今天只留两个人看门,大家都去!"

李银桥只好通知警卫人员,随毛泽东一起上白云山看庙会。

走在路上,毛泽东又对大家说:"看庙看文化,看戏看民情;不懂文化,不了解民情,革命是搞不好的。乡亲们赶庙会是去行善、做买卖,我们看庙会可以学到很多知识,了解这一带的民情和风俗习惯,这对我们接近群众大有帮助哩!"

来到白云山庙会,只见人山人海,涌动异常。大庙里烟气缭绕,四下里摆着许多食物担子,有栲栳栳、荞麦饸饹、蘸糖稀、糖棒棒、烤山药蛋、糖人吹等，各类吃食不一而足。放在供桌上的香炉里插满了香火，供桌上摆满了老乡们布施的各类物品……

所到之处，乡亲们挤肩挨背，蜂拥不堪。李银桥和警卫人员紧紧围护着毛泽东，走一步停两步地向前挤着，慢慢走向白云山顶最高一层的庙院里。

这里早已搭好了戏台，此时正值锣鼓家什敲得震天响，陕西"迷糊"恰恰开戏了。

乡亲们吵着嚷着、挤着搡着、说着笑着，男男女女、老老少少，一起伸着脖子瞪着眼地把目光投向了戏台。李银桥等人护着毛泽东站在看戏的人群后边，也一起兴致勃勃地朝戏台上观望……

忽然，会场骚动起来，乡亲们争先恐后地调转身子一起向后看。

"毛主席，毛主席来了！"有人认出了毛泽东。

"毛主席来了！"的消息顷刻间传遍了整个庙会戏场，老乡们兴奋得连他们自己最爱看、最喜欢听的"迷糊"戏也不看、也不听了，一起你拥我挤地争着要看毛泽东……

李银桥和警卫人员们都有些着急，担心毛泽东在混乱中可能发生不安全的事。毛泽东却高兴地同乡亲们挥手打招呼，并连连大声说："乡亲们，看戏吧！我也是来看戏的！"

老乡们的吵嚷声早已压过了毛泽东的喊话声，群众的激动情绪也深深感染了毛泽东。有人给毛泽东搬来了一条长板凳，几次请毛泽东坐下，毛泽东连连摆手说："要不得，要不得。乡亲们都站着，我一个人坐着，那不是太孤立了么？"

毛泽东一边说一边往人群里挤，急得李银桥和警卫人员也一起跟着往人群中挤。这时，戏台上的演员也不演戏了，锣鼓家什也不响了，前台后台的人都跑出来看毛泽东。

毛泽东只得反复对老乡们说："看戏吧！乡亲们，咱们都是来看戏的……"又大声对台上的演员们说："你们快演吧！我是来看你们演戏的，大家都是来看戏的，不是来看我的……"

好一阵子过去，拥挤吵嚷的人群才渐渐平静下来，"迷糊"戏也继续敲响了锣鼓，板胡、二胡拉得更响了……

毛泽东这才停止了同乡亲们的说话，静静地挺直了身子站在人群中，聚精会神地欣赏着戏台上的演出……

晚上回到南河底村，在窑洞里，毛泽东顾不得一天的倦累，又连夜开始批阅从神泉堡送来的诸多文件和电报。

秋收季节，乡亲们各家各户都忙着推碾子磨面。村上的碾子少，石磨也少，都是好几户人家聚到一处轮换着使用一台碾子、一盘磨。

恰巧，毛泽东住的窑洞前有一台碾子。大晚上了，前来排队推碾子的人仍然很多。

院子里，大娘大嫂们的说笑声、吆喝毛驴的"呵呵"声、"咣咣咣"的箩面声和石碾滚动发出的"吱吱"声混合在一起，简直就像一台小杂烩戏……

李银桥感到，毛泽东在这嘈杂的情况下是没办法工作的，更不要说休息了，便和警卫排长阎长林商量，想请老乡们暂时到远一些的地方去另找碾子。

这事被毛泽东知道了，坚决不同意。他先批评了阎长林："你们只要负责我的安全就行了，别的事情不要管。"

阎长林离去后，毛泽东又对李银桥说："要尊重乡亲们的生活习惯，我们在这里是借住，乡亲们都是村上的主人，我们不可以扰民么！"

李银桥只得乖乖地接受了毛泽东的教诲。

夜深了，院子里的声音显得更响、更刺耳了。

毛泽东停下手中笔，吸着烟想休息一下。李银桥这时心中一动，悄悄问毛泽东："主席，你下巴上的那颗痦子是吉祥痣吧？"

毛泽东笑了笑，用没有夹烟的手摸一摸自己下颔上的那颗红痣，轻声问道："你听谁说这是吉祥痣呢？"

"我娘说的！"李银桥神秘地说，"我参军前我娘就告诉我了！"

"你母亲是怎么对你讲的呀？"毛泽东很感兴趣地问。

"我娘在村上见到过你的大像，说你下巴上的这颗痦子是颗神痦子。"李银桥煞有介事地说，"她还说你'命大福大造化大'，无论遇到什么困难都能逢凶化吉、遇难呈祥，将来一准儿能够当'皇上'，都是你这颗痦子保着你呢！"

毛泽东禁不住哈哈大笑起来："你母亲也好迷信哩！"

李银桥反问道："你早先还说我娘信佛是心善呢，怎么又说是迷信呢？"

"你母亲信佛心善好么！"毛泽东依然笑意不减地说，"托你母亲的福，我们都会逢凶化吉、遇难呈祥的，但是要奋斗呢！"

李银桥高兴了："我娘说得没错吧！"

毛泽东渐渐收敛了笑容，说："不要提做'皇上'的事，我们是为人民服务的，共产党人和人民政府，哪有做'皇上'的道理呀！"

李银桥依然坚持说："反正是我娘说的……"

毛泽东不得不对李银桥说："做领导人可以，做皇帝不行。中国的皇帝早被人民推翻了、打倒了，我们就是为了推翻封建主义、资本主义和帝国主义才起来革命的么，这些道理你李银桥应该懂得的！"

"这我懂！"李银桥点头说，"革命队伍里没有皇上，但你是全国人民的领袖呢！"

"领袖和皇帝可大不相同哟！"毛泽东语重心长地说，"领袖也是人民当中的一员，是劳动人民一分子，是为大多数劳动人民服务的，我毛泽东是劳动人民的儿子，永远不会做皇帝！我是一个'舍得一身剐，敢把皇帝拉下马'的人哩！"

"主席，你别生气呀！"李银桥有些紧张了，"我只是想问问你那疮子……"

"我没有生气。"毛泽东又微微一笑，"今天我们不谈这些了，谈远了……"

两个人这才又一起笑起来。

第二天，李银桥跟随毛泽东一同回到了神泉堡。

10月，西北野战军司令员彭德怀下达了攻占清涧县城的命令，一纵和三纵同时出击。

10月9日，第三纵队在许光达的指挥下，基本完成了打扫清涧外围战场的任务。

10月10日，毛泽东为中国人民解放军总部起草了《中国人民解放军总部关于重行颁布三大纪律八项注意的训令》，这对进一步加强人民军队的建设、增进军民团结、正确执行俘虏政策，将起到十分重要的作用。

同一天，也就是10月10日，毛泽东为中国人民解放军总部起草的政治宣言予以公布。

宣言宣布人民解放军的也是共产党的基本政策，提出"打倒蒋介石，解放全中国"等口号，并具体阐明了成立民主联合政府、惩办战争罪犯等8项基本政策，概括了中国共产党在新民主主义历史阶段的基本任务。

宣言中指出：

> 我全军将士必须时刻牢记，我们是伟大的人民解放军，是伟大的中国共产党领导的队伍。只要我们时刻遵守党的指示，我们就一定胜利。

也是在10月10日，21时，彭德怀下令对延长、延川、清涧守敌发起全线总攻击。

10月11日，毛泽东又将他亲自起草的《西北战场作战经验》向各解放区和各野战军的部队做了通报：

对于若干干部似乎认为一定要有定期大休整，要有两三千人一个团的充实的大部队，要有大批民夫、大车随军使用，要有充分的后方粮弹供给，才能打大胜仗，稍有疲劳减员即叫苦连天的思想，转变为一切取给于敌，不靠后方接济，大大减少民夫、大车，节省粮弹，提倡不怕伤亡，连续战斗，善于利用两个战役或战斗之间的空隙进行短时休整（7天、10天或半月），善于捕捉战机，经常保持旺盛士气，多打胜仗，每战确保胜利，一切从打胜仗中解决问题的思想。

同一天，彭德怀来电，报告了清涧战役大捷。

也是在同一天，华北野战军聂荣臻来电报告，在上月向大清河以北的霸县、雄县地区展开的攻势中，歼敌5000余人，并于10月11日发动了清风店战役。

10月12日晚上，日理万机的毛泽东为了帮助李银桥提高文化水平，让李银桥把自己的笔记本拿出来帮他修改病句和错别字。

李银桥知道自己的字写得很差，语句也不大通顺，早就想请毛泽东给认真看一看、改一改。毛泽东看了第一眼就笑了，抓笔将李银桥写的"旅行集"改成"旅行记"。

当逐页逐句地看到笔记中有一首诗时，毛泽东先是愣了一下，随后又大笑起来："银桥呀，你把南唐冯延巳的《浣溪沙》词写错了！"

李银桥拿过本子一看，说："没错，这是主席在朱官寨时念出来的呀！"

毛泽东止住笑，将李银桥默写错的"转注飘朋一梦归，于旬陈机唱人飞，天叫心愿与身为"的词句改写为正确的原句：

转烛飘蓬一梦归，欲寻陈迹怅人非。天教心愿与身违。

李银桥再一看，自己也禁不住窘迫地红了脸："我文化水平低，主席要常教教我……"

"让江青教你吧！"毛泽东说，"只要你用心学，总会有进步的。"

毛泽东认认真真地将李银桥写的笔记修改了一遍，还特别给李银桥讲了一番"的、地、得"的区别和用法。最后，他大笔一挥，在李银桥的本子上批道：

　　写得很好，大有希望。

并且署上了自己的姓名"毛泽东"。

最后，毛泽东对李银桥说："银桥，把你写的这个《旅行记》寄回家去，叫你父母看一看，让他们知道你参加革命后的进步，你父母也会高兴的，更放心你在我这里工作。"

不久，李银桥还真就按照毛泽东的意思，把他那本由毛泽东亲笔改写过又亲笔题了词、签了名的《旅行记》寄回了老家——河北省安平县的父母手中。

21. 滔滔黄河华夏水　铮铮中华民族魂

　　自从发布了《中国人民解放军宣言》和重新制定并颁布了中国人民解放军军规《三大纪律八项注意》，毛泽东一连几天心潮起伏、难以平静。

　　这一天中午，江青趁着毛泽东的心情好，也趁着周恩来和任弼时在场，对毛泽东说："老板，现在形势好了，我想到河东的临县去接李讷过来，你不是也很想她了吗？"

　　周恩来也说："我看可以嘛！主席，我可以派人陪江青同志一起去，就在临县的三角镇双塔村，很近嘛。李讷来我们这里，大家都会很高兴的。"

　　任弼时也附和道："早该把孩子接过河来了！主席，让江青同志快去接吧！"

　　"这件事迟两日再定。"毛泽东对周恩来和任弼时说，"我想去县城看看黄河呢！"

　　周恩来笑着说："好的！我通知一下葭县县长，请他们有个思想准备。"

　　"不要通知他们了吧！"毛泽东说，"我带几个人只是去看看么，不要兴师动众，不要打扰地方政府的人为好。"

　　"人家县长是'父母官'哩！"周恩来很有策略地坚持说，"总应该通知一下，这也是我们尊重地方政府的表现嘛!"

"那就这么办!"毛泽东同意了,"下午就去!"

下午临行前,周恩来又特意嘱咐李银桥说:"小李同志,你跟主席去看黄河,要特别留意看一下去黄河渡口的道路。"

"是!"李银桥点头答应着,"请周副主席放心,我一定看准道儿!"

经过一段时间的徒步赶路,毛泽东带领着他的随从人员,终于精神焕发地走在了葭县县城的街道上。

李银桥和五六位警卫人员簇拥着毛泽东,一路行来,只见街道两旁的店铺、门脸都在开着张做买卖,街道上来来往往的老乡很多,呈现着一派小城闹市的平和景象。

李银桥担心有人认出毛泽东,会影响了他们去看黄河的时间,便招呼警卫人员紧紧围护着毛泽东,大家一起加快了脚步。还好,已经走过大半条街了,遇上了前来迎接的葭县县长一行四五个人。

两拨人汇在一起,由县长带来的人走在前面,毛泽东和他的随行人员走在后面,径直向县城的高大城楼走去。

不料,临近城楼之际,最终还是没能避过老乡们的眼睛,被人认出了身材高大、魁伟的毛泽东!

"毛主席来了!毛主席来了!"

一句喊出,百句齐呼:"毛主席来了!毛主席万岁!"

这还是李银桥第一次听到这么多人一齐喊毛泽东"万岁"呢!

李银桥的心情很激动,简直可以说是兴奋不已——他抬眼看一看毛泽东,见毛泽东的脸上容光焕发、微笑着向老乡们招手示意……

李银桥等人紧紧地护卫在毛泽东的身旁,生怕人多了挤着毛泽东。这时,葭县县城里的人们已经像是开了锅的水,沸沸腾腾地拥向了李银桥他们、拥向了毛泽东!

人们欢呼跳跃着,有人刚刚踮起了脚尖伸着脖子向毛泽东张望，还没站稳身子便被拥过来的人们挤得险些跌倒在地；人群中的老汉们被年轻人推挤得直喘气，依然擦拭着挂上了脸的激动的泪水往前拥；娃娃们吵着叫着跑在人群的最前头，紧紧围拢了毛泽东一行人，"毛主席！毛主席！"地一个劲儿地喊个不停；婆姨们挤不上前，便三三两两地站在高处向这边看，一张张脸上洋溢着渴望、喜悦的神情……

此时此刻的毛泽东也很激动，脸上充满了笑容，连连挥动着大手向欢呼的人们致意："乡亲们好！同志们好！……"

人越挤越多，人群越挤越紧，李银桥他们身前身后已被围了个水泄不通。县长急了，无论怎么招呼、喊叫也无济于事，只得急中生智地带领着毛泽东一行人闯进了临街的一户小院，然后穿过院子来到县政府的大院里，再绕小胡同才终于来到了东门古老的城楼下。

县城城楼高高地矗立在直陡陡的山顶上。登上城楼，毛泽东放眼环视四周，面前的一切尽收眼底，禁不住心潮澎湃，激动起来。他伸手解开上衣的钮扣，敞开衣襟，然后双手叉在腰际，迎着徐徐吹来的微风，肃然而立，俯瞰脚下流经城边的滚滚黄河……

滔滔的黄河水在夕阳下泛着金色的波光，浩浩荡荡、一泻千里地向南流淌着；宽宽的河面上，层层金波涌动、打着回漩翻滚向前，像是在向城楼上的毛泽东致以深深的敬意，恋恋不舍地不肯荡然随波逝去……

长长的河岸上，一簇簇榆树上的叶子黄了，河滩上一蓬蓬的蒿草也黄了；而那一片片柿子林红得像是一团团燃着的火焰，一片片枣树也开始红得诱人。这一切在金色的阳光、黄色的河水映衬下，显得格外醒目、格外美丽……

夕阳西下，落日的余晖用它那特有的万道金光装点着滔滔黄河，装点着人们眼前看到的一切，令毛泽东心旷神怡。他陶醉了，不禁感慨万千地吟道："啊，'黄河远上白云间'……哦，'君不见黄河之水天上来，奔流到海不复回'……"

李银桥没有忘记临出发时周恩来嘱咐他的话，两只眼睛细细查看着城下通往黄河岸边的路径。这时，站在毛泽东身旁的县长指着山下一条弯弯曲曲的小路说："从黄河上葭县县城，只有这一条小路可通。"

　　其他人也随着毛泽东收回的目光一同向县长指的方向望去，果然见到城楼下面苍郁的万树丛中有一条不大宽的盘山小道，像一条细细的绳带蜿蜒曲折地盘绕在山间，断断续续、迤迤逦逦地通向黄河岸边。

　　听着毛泽东面对黄河发出的感慨与赞叹，县长诉说："主席，黄河水患不少，我们县的老百姓差不多年年都要受害。就这城门楼建得这么高，也是老辈子人为了防御黄河发水才建在这山上的。"

　　毛泽东沉静地点点头，凝视着滔滔河水说："自古道，黄河百害而无一利。这种说法固然有它的一些客观依据，但不全面。人站得低了，便只见洪水，不见河流；发水了，受灾了，便只见它的害处，想不到它的伟大。"

　　见到县长和李银桥等人都在静静地听自己讲话，毛泽东又说："有些人对黄河的害处言之过多，是因为不能站在高处看黄河。"毛泽东抬起右臂，伸出他那宽大的手掌顺着黄河的流势由北向南轻轻一拂，像是在抚摸眼前这条桀骜不驯的巨龙，"没有黄河，就没有我们这个民族呵！不要说五千年，只论现在，没有黄河天险，恐怕我们在延安还待不了那么久。抗日战争，黄河为我们挡住了日本帝国主义，即使它有害，只这一条，也该减轻罪过。"

　　毛泽东在说话间收回他的右手，叉在腰间，换抬了左手一挥："将来全国解放了，我们还要利用黄河浇地、发电，为人民造福！到那时，人民对黄河的评价就更要改变了！"

　　县长听了连连点头，李银桥他们也顿觉眼界豁然开阔了许多——再看黄河，浩浩荡荡，极目遥望不尽；千里黄土高原，峰峦叠嶂，蕴藏着无限的生机……

黄河啊，母亲！我的亲娘——李银桥心想，毛泽东讲得多好呀！没有黄河，就没有我们这个民族！

第二天依然是个好天气。早饭时大家喝了小米粥，毛泽东要送江青过黄河去临县接女儿李讷，顺便又招呼昨天跟去的人一起再去看黄河。

清晨的太阳是火红的，上午的太阳已经明亮得耀人眼了。

李银桥和警卫人员们跟在毛泽东和江青的身后，从神泉堡绕道来到葭县县城的东门外，循着昨天看到过的那条唯一的盘山小路，记不清拐了多少次弯，一行人总算来到了黄河岸边。

滔滔的黄河水依旧翻卷着浪花、打着漩涡，浩浩荡荡地奔腾淌泻着。天上的太阳放射出万道金光，照射着万里山川，照射着眼前的黄河水，令毛泽东一行人饱尝着黄河岸边那特有的黄土高原的浓郁的乡土气息……

葭县县长还是带着人赶来了。

一条小木船摇摇摆摆地出现在了宽宽的水面上。船上的驾船老乡一个个头上裹着白羊肚手巾，赤裸着臂膀在奋力地摇动着笨重的船桨，小木船横击着河水，破浪穿行，金灿灿的阳光照射得驾船老乡们的臂膀闪着黝黑泛红的古铜色……

看着船上的驾船人，毛泽东用手一指，大声对站在岸上的人们说："看么，这就是我们民族的精神！"

当时，李银桥心中对驾船的汉子们那种与黄河水流奋力抗争的精神和顽强拼搏的勇气充满了深深的敬佩和由衷的赞叹！

毛泽东讲得多对啊——这就是我们中华民族的精神！

木船临近河岸时，李银桥觉得船还不算小呢！船上共有四个人，看上去每一个人的年龄都不算太大，可一张张脸上却显得那样饱经风霜……

木船终于拢岸了。船工们纷纷跳下船，一起赤着脚大步向毛泽东他们走过来。

毛泽东也早已迈开了双腿，大步迎上前去同船工们握手，热情激昂地对他们说："你们好呵，能在黄河上使船很了不起哩！"

　　船工们只是"嘿嘿"地憨笑着，面对黄河水一个个满不在乎的样子："从小跟大人在河上使船，习惯了，没什么……"

　　毛泽东夸奖他们不愧是黄河的儿子，是真正的英雄。其中一位汉子回首看一看黄河，然后再看一看眼前的毛泽东说："十来岁时我们就在黄河里扑腾了，我们都是在黄河边上长大的，知道它的脾气！"

　　河宽风大，一阵冷风吹来，扬起了一股沙尘。毛泽东略侧了一下脸，随即对船工们说："都快回船上去穿衣服么，不要伤风了！"

　　几个汉子只是抬手拍了拍肩背上的沙尘，然后扒拉扒拉耳朵，豪放地笑着说："没关系，不要紧的，光膀子习惯了，穿上衣服干活反而不方便。"

　　毛泽东笑了，和毛泽东一起来的人都笑了，和县长一起来的几个人也笑了。

　　江青上船后，毛泽东又握着留在岸上准备推船的船工的手说："劳累你们了！将来我们要过黄河，还请你们给摆渡好么？"

　　直到这时，这位粗壮的汉子才又认认真真地看了看毛泽东，忽然高兴地喊叫起来："毛主席！呀，你就是毛主席！"

　　已经上了船的三个汉子一听说是毛主席，也都急忙跳下船来重新和毛泽东握手，高兴得脸上充满了激动的神情，眼睛里闪现着晶莹的泪花：

　　"毛主席，我们天天盼着见到你呢！"

　　"毛主席，我们天天等着你来呢！"

　　"只要你说一声，我们一定安全地送你过河去！"

　　……

　　船未解缆——留在船上的江青见到这一切，脸上也流露着很高兴的神情……

"谢谢，谢谢大家！"毛泽东一一握着船工们的手，连声说道，"谢谢同志们！"

送江青上船了，毛泽东带着他的随从人员，转身迈开大步离开了黄河岸边。很远很远，船工们依然裸露着臂膀站在靠岸的河水中，再三挥动着手臂，久久地向毛泽东致意。

毛泽东一行人走在崎岖的羊肠山道上，回头望去，宽阔的河面上小船已经离岸。已经看不清驾船老乡们的身影，只见一块块白羊肚手巾在阳光的照射下依然显得那么醒目……

22. 李家坪慈父接女　行军路江青赠衣

送江青去河东接李讷回到神泉堡的第三天，毛泽东收到了华东野战军司令员陈毅和副司令员粟裕从豫苏皖地区发来的一份战地详情电报：

> 1947年9月下旬，陈毅与粟裕按着中央军委和毛泽东的指示，率外线兵团跨越陇海路开辟豫苏皖地区，经过一个月的连续作战，攻克县城24座，歼敌10000余人，基本上摧毁了国民党反动派在豫苏皖地区的反动统治，与挺进大别山的刘邓大军、进击黄河南岸的陈谢大军在中原构成了"品"字形的有利态势，目前正以相对的优势兵力，集中扫灭残余的敌军，以巩固刚刚开辟的豫苏皖地区……

1947年10月22日，华北野战军司令员聂荣臻来电，向毛泽东报告了华北野战军于10月11日展开的清风店战役胜利结束，使晋察冀地区敌我态势发生了明显有利于我军的巨大变化。

毛泽东向陈粟大军发去了贺电，又代表中央军委复电聂荣臻予以表扬，同时命令华北野战军集中优势兵力乘胜进行攻坚战，全力攻打华北重镇石家庄。

在这之后，毛泽东带着从外线不断传来的胜利消息，又带人来到了南河底村，继续进行农村社会调查工作。

一天上午，毛泽东很高兴地通知李银桥："这里的工作结束了，大家都回神泉堡去。你先叫上几个人，跟我去一趟李家坪，江青同志接娃娃过河西来了！"

在去李家坪的路上，毛泽东的手上依然拿了他那根柳木棍，脚步走得很急、很稳。李银桥知道毛泽东心里高兴，想着尽早一步见到女儿李讷，便和毛泽东一起加快了脚步赶路，随行的警卫人员也都兴高采烈地同毛泽东一起奔向李家坪……

走在路上，毛泽东手上晃悠着那根柳木棍，甩开大步、一身轻松。随行的人们紧紧跟着毛泽东的脚步走，大家也很想早一些见到毛泽东的小女儿呢！

中午时分，毛泽东和江青儿乎同时到达了李家坪。

毛泽东一家三人团聚了。

"爸爸——"小李讷叫喊着，张开两只小胳膊像只小蝴蝶似的扑向毛泽东，"爸爸——"

毛泽东高兴地笑着，将手中的柳木棍扔给了李银桥，随即一把抱起女儿高高地举过自己的头顶，然后在女儿的小脸蛋上亲着，用大手轻轻地拍打着女儿的后背，口中亲昵地连声叫着："我的娃娃，好娃娃，大娃娃，爸爸真想你哟！"

毛泽东全然不在意他身边的工作人员们在场，已是全身心地陶醉在与女儿重逢的喜悦中了！

年仅7岁的小李讷活泼可爱，黑亮的头发、漂亮的大眼睛、圆圆的脸蛋，特别是她那同毛泽东一样宽阔的前额，透着一种聪明与颖慧。

更让李银桥和所有在场的警卫人员没有想到的是，小李讷也像毛泽东那样俏皮，在她爸爸的怀里撒着娇，嘴里不停地叫着："小爸爸，乖爸爸，我天天想爸爸……"

这时的江青穿着一身裁剪得很合适的灰布军装，她见自己此行竟为丈夫和女儿带来这么大的喜悦，也很高兴，便满面春风地招呼女儿："乖娃娃，快从爸爸身上下来，给爸爸和叔叔们表演个节目！"

小李讷从毛泽东的怀里跳到地上，毫无拘束地摆好架势，像是站在舞台上一样，首先来了个云手亮相；见到李银桥手上拿着一根柳木棍，便跑去一把抓在了自己的小手中，然后重新摆了架势，把木棍当成戏剧中的道具——船舵，一本正经地为大家唱起了京剧《打渔杀家》中肖桂英的唱段……

声音是那么稚嫩、那么清脆，虽说是清唱，但唱得有板有眼、字正腔圆。李银桥和在场的工作人员与警卫战士们一起拍响了巴掌，为孩子的天真表演叫好助兴。

这时李银桥注意到，毛泽东的眼睛里已经噙满了泪花，只是控制着没有让它流淌出来……

小李讷一唱完，先是向毛泽东和在场的人们深深地鞠了一个躬，又跑到李银桥面前很有礼貌地送还了柳木棍："谢谢叔叔！"然后才亮着大眼睛跑去毛泽东怀里又亲又叫起来，"小爸爸，乖爸爸，我好想你呢！"

李讷搂着毛泽东的脖子，小手拍打着毛泽东的后颈，笑着亲着毛泽东的脸颊撒起娇来。

毛泽东也顾不得什么身份不身份了，在众人面前再一次抱起了女儿，高高地举在空中，向上抛一下，掂了掂笑不拢嘴的女儿，在女儿的小脸上亲着："大娃娃，乖娃娃，可想坏爸爸了！"

这时，一直站在江青身边的一位穿军装的年轻姑娘走上前制止李讷："李讷，不能对爸爸这样；在叔叔们面前，对爸爸要讲礼貌。"

毛泽东不以为然地哈哈大笑，很开心地说："大娃娃就是大娃娃，小爸爸就是小爸爸。我们家里的主席是大娃娃，又是小爸爸。"说完又问怀中的李讷："大娃娃，你哪里想爸爸呀？"

李讷的小手指向自己的脑门："这儿想！"

毛泽东笑着又问："还有哪儿想？"

李讷的小手按在自己的心口上："这儿想！"

毛泽东笑着继续问："还有哪儿想？"

"嗯……"李讷的小手犹豫着摆放到自己的脸蛋上，"这儿想……"

"脸蛋怎么会想呀？"毛泽东故意问。

"想叫爸爸亲我！"李讷笑着叫起来。

"哈哈哈……"毛泽东开怀大笑，在女儿的小脸上甜甜地连着亲了好几下。

李银桥和在场的每一个人都被眼前的情景深深地感动着——这毕竟是在战场啊！

这时，江青招呼李讷："乖女儿，快过来，让爸爸休息一下吧！"

江青身边的那位穿军装的姑娘也招呼李讷："李讷，到阿姨这里来。"

毛泽东转过身去对那位年轻的女军人说："我知道要调来一位新阿姨，你……"

"她是新来的小韩阿姨！"小李讷嘴快，抢先向毛泽东做了介绍。

毛泽东伸出他那温暖的大手去同负责照顾自己女儿的阿姨握手："阿姨，欢迎你。"

年轻的女战士双手紧握着毛泽东的手，激动得一时说不出话来，只是笑着掉眼泪。

"你来这里，我们都高兴。"毛泽东对她说，"我工作很忙，家里的具体事，阿姨就帮忙了。我们分工不同，都是为人民服务的。"

"小韩阿姨可好了，一来就教我写字！"李讷抢着毛泽东的话说。

"很好么！"毛泽东接着又向新来的阿姨问道，"你愿意到我这里来工作吗？"

李银桥在一旁心想：得，自己来时就遇上了毛泽东提出的这个问题，看这位新来的小韩阿姨是如何回答吧……

没想到这位年轻姑娘的回答竟令李银桥很佩服："主席要考虑党和国家的大事，身边的一些具体事情就不用操心了，我能帮助主席做一些事，可以使主席更好地为人民办大事，我愿意在主席身边工作。"

毛泽东听了很高兴，夸奖说："小韩阿姨讲话很有水平么，你读过书吧？"

小韩阿姨回答："上过高小。"

"很好么！"毛泽东称赞说，"是个女秀才哩！你家是哪里的呀？"

小韩阿姨应声答道："河北安平县。"

"银桥，是你的老乡哩！"毛泽东转身向李银桥招了招手，李银桥腼腆地走了过来，毛泽东向阿姨介绍说，"小韩阿姨，他是我的卫士组组长，叫李银桥，也是安平县人。你们都到我这里来工作，这也叫缘分，你们握个手吧！"

新来的小韩阿姨不好意思上前握手，李银桥的脸先红了，小韩阿姨的脸更红了。

毛泽东笑笑说："他也是党小组长，以后你就归他领导，有什么事多在一起商量。"然后又指指女儿李讷，"孩子就交给你了，今后你就是我们家里的人了。"

小李讷立刻上前拉了小韩阿姨的手："我可喜欢小韩阿姨了，我和小韩阿姨好！"

就这样，李银桥认识了小韩阿姨，知道了她叫韩桂馨，老家是河北安平县北苏村，同自己是地地道道的老乡——两个人开始共同在毛泽东身边工作了。

毛泽东一家人在李家坪住了一夜，第二天一早便带领众人离开了李家坪。

在走向神泉堡的路上，小李讷像个小大人似的随着大家一起步行赶路，不让爸爸和叔叔们抱一下，也不让妈妈和小韩阿姨背一下,还一本正经地迈着步子和大人们比赛,看谁走得快……

临近中午,大家走得又累又渴又饿,毛泽东命令人们在一个小村旁停下来休息,让大家吃过午饭再赶路。

秋天的太阳照在人们身上,大家感到浑身暖洋洋的,同时也引起了人们的倦意,一个个歇下来就不想再动了。唯独小李讷像是不知道累似的,站在向阳的坡地上,开始为大家唱歌:

> 高楼万丈平地起,
> 盘龙卧虎高山顶。
> 边区的太阳红又红,
> 边区的太阳红又红!
> 咱们的领袖是毛泽东,
> 毛泽东……

大人们都感到很累了,却被一个孩子的歌唱鼓起了很大的劲头儿。大家看着小李讷那白净净的、圆圆的脸蛋上挂着的汗珠,都觉得真是难为孩子了,便一起热情地鼓起掌来。

饭前,人们各自找地方歇歇脚。江青从自己随身携带的包袱里挑选了几件衣服,拿给小韩阿姨说:"小韩阿姨,这些衣服都送给你穿。"

"我有军衣。"小韩阿姨不肯要,"谢谢江青同志,这些衣服还是留着你自己穿吧……"

"秋深了天凉,你一定要收下!"江青不依,坚持要小韩阿姨收下衣服,"你穿起来试试,让我看看合不合身。"

小韩阿姨看着眼前的衣服——一件夹克航空服,一件列宁式上装,一条西式长裤。小韩阿姨再一次婉言辞谢说:"我从来没有穿过这种样式的衣服,怕不合适呢!"

"老板说你已经是我们家的人了,总要有几件像样的衣服嘛!"江青依然坚持要小韩阿姨试穿一下,"快穿起来我看看!"

小韩阿姨只得穿了江青送给她的衣服。江青见到小韩阿姨简直像换了一个人,便得意地围绕着小韩阿姨身前身后看、上下打量着,嘴上不停地赞叹道:"很合身么!这些衣服我平时都舍不得穿,我要送给你,一定要送给你。李讷也交给你,我相信你会带好她。"

小韩阿姨不能再坚持说不收了,但心中总隐隐地感到有些疑惑:自己从延安洛杉矶幼儿园调来毛泽东身边,是组织上交给的任务,照顾李讷是自己的工作;江青以她特有的身份,这样热情地对待自己,自己还真不好再说什么……

"来,现在让我再给你理理发。"江青满面悦色地拿了一条毛巾圈在小韩阿姨的脖子上,随手又从自己的包袱里取出了一把剪刀,"小韩阿姨,你是椭圆脸,像你现在梳的这种直通通、齐刷刷的头发,就显得土里土气,应该修剪得有层次、稍短一些,才能显得符合自己的年龄,又文静又秀气呢!"

江青一边不由分说地给小韩阿姨剪头发,一边讲城里的姑娘如何打扮,讲大上海的人们的现代生活方式,讲她自己在上海当演员时的舞台和电影艺术生涯。对于江青讲的这一切,小韩阿姨以前闻所未闻,现在听了觉得既新奇又神秘,同时也感到自己是个农村出来的姑娘,对社会上的许多事情的确是孤陋寡闻……

江青见小韩阿姨听得一副入神的样子,嘴角上露出了满足的笑容:"小韩阿姨,老板和我把李讷交给你了。我就这么一个宝贝女儿,老像拖了块豆腐似的。前段时间形势紧张,整天行军打仗,只好送到后方去。现在形势好些了,老板也想女儿,我这才把她接回来……"江青一边为小韩阿姨修整着头发,一边说,"孩子爱闹扁桃腺炎,爱发烧。阿姨,你要对她多爱惜着点儿。"

"请江青同志放心!"小韩阿姨诚恳地答应着,"我来时,军委卫生部的傅连暲副部长已经对我讲了,我会尽最大努力照顾好李讷的。"

"我放心!"江青满意地笑了,"先用我的镜子照一照,看怎么样？是不是漂亮了？"

给小韩阿姨剪好头发，江青把一面小镜子递给了小韩阿姨："你自己看，完全变成一个城市姑娘了！"

小韩阿姨拿着镜子瞟了一眼，立刻羞红了脸；但她从心底里也承认，江青确实会打扮人。

吃过午饭，人们的精神好多了。

小韩阿姨为了孩子的肠胃健康，促进食物消化吸收，便领着李讷在小村的边上转一转，两个人不知不觉地走到了一棵大枣树下。

枣树很高很大，稀稀落落的树叶缝隙中，挂着密密麻麻的红枣，十分好看、诱人。

树下，许多熟透了的枣子散落在地上。小韩阿姨仿佛回到了自己家乡北苏村的枣树旁，不由自主地拾起几个枣子用衣服擦干净，顺手递了两个给李讷吃。

这时，李银桥跟着毛泽东恰巧走了过来，见到小韩阿姨和李讷在吃枣，毛泽东很严肃地说："你们怎么吃老乡的枣呢？我们有纪律，不能拿老百姓的一针一线。"

小韩阿姨解释说："这枣不是我们摘的，是掉在地上的，我们只是捡几个尝尝。"

"你们在枣树底下吃枣，群众见了，怎么知道是摘的还是捡的呢！"毛泽东很认真地说，"这样做影响可不好呵，我们每个人都要自觉地遵守群众纪律。"

李银桥见到，小韩阿姨的脸红了起来，立刻向毛泽东承认了这样做不对，并且保证以后坚决执行三大纪律八项注意，不拿群众一针一线。

小李讷也低着头，偷眼看着毛泽东和李银桥，把手中仅有的一枚枣子悄悄地丢在了枣树的树干旁。

"我们要做到'瓜田不纳履，李下不整冠'呢！"毛泽东笑了笑，带着李银桥转身离开了。

下午，人们继续赶路。

路上，勇敢好强的小李讷"吧嗒吧嗒"地迈着两条小腿，和大人们一起赶着脚步走。汗水从她的脸上直淌下来，人们纷纷要抱或背她走一段路，可她就是不让人背，不让人抱……

走了一段路以后，小李讷越走越慢了，小韩阿姨试着用激将法对她说："李讷，你想让爸爸妈妈和叔叔们落下我们吗？"

"不！"李讷眨着两只大眼睛不甘落后地说。

"那让阿姨背一下。"小韩阿姨不由分说地抱起了小李讷，"走一段路你再下地自己走。"

小韩阿姨背着李讷快步走着，渐渐头上冒出了热汗，汗水顺着头发流进了脖子里。小韩阿姨感到脖子里痒痒的，便不由自主地扭动了一下脖子。小李讷感觉到了，立刻伸出她那软绵绵、热乎乎的小手，轻轻地为小韩阿姨擦脖子和脸上的汗。

"阿姨，"李讷伏在小韩阿姨的背上，悄悄地对着小韩阿姨的后耳根说，"我长大了一定背你行军打仗。"

听了这句话，小韩阿姨的眼睛湿润了……

走在毛泽东和江青身边的李银桥看到这一切，心想，多好的孩子啊！

23. 严格要求成习惯　正人正己是作风

毛泽东一行人回到神泉堡时，天已经黑了。

听说毛泽东接女儿回来了，前委机关的好多工作人员纷纷跑到毛泽东住的窑洞里来看李讷。一时间，小小的窑洞里挤满了人，大家说说笑笑的热闹极了。

一盏小小的煤油灯点亮在窗前，小李讷穿着补丁袜子站在大炕上，兴高采烈地给大家表演节目。小韩阿姨见人太多，怕影响了毛泽东的工作，也怕影响江青休息，更怕孩子走了一天的路累坏了身体，便悄悄对李银桥说："人太多了，李讷还没吃饭呢！大家要来看孩子，等明天我带她出去，请同志们看个够。"

正说着，周恩来和任弼时也走了进来。在周恩来和任弼时的招呼声中，来看小李讷的人们才怀着欢快的心情散去了。

吃晚饭了，在毛泽东的窑洞里，一张小旧木桌上摆着几碗"钱钱饭"，就是把黄豆和黑豆压扁了，放进些小米一起煮熟，再放上些盐拌着吃。

毛泽东拌着辣椒下饭。因为在爸爸妈妈身边，小李讷很高兴，饭吃得特别香，话说得也特别多。

李银桥到开在村上的大食堂去打饭吃了。小韩阿姨和毛泽东一家三口人一起吃饭。她见李讷满脸高兴的样子，心想：孩子离开爸爸妈妈快一年了，想说的话实在是太多了，真难为了孩子啊！

吃着饭，毛泽东的心情也特别好，对女儿有问必答，饭吃得也特别有滋有味。

饭后，李银桥也返了回来。

毛泽东对小韩阿姨说："阿姨，今天李讷和我一起吃饭，吃就吃了，以后你就带她到大食堂去用饭吧。"

小韩阿姨听了一怔，心想大食堂的饭做得太粗糙了！一天两顿盐水煮黑豆，连豆皮都不除掉，实在不适合孩子吃，便对毛泽东说："我们大人去大食堂吃饭是应该的。现在条件艰苦些，大人吃粗粮还不容易消化呢，孩子怎么行啊？还是让李讷和爸爸妈妈一起吃吧。"

"应该到大食堂去。"毛泽东坚持说，"现在条件是差些，但也比岸英、岸青他们小时候好多了。"

"李讷身体弱些，又是女孩子，还是在您身边一起吃吧！"小韩阿姨不理解毛泽东的用意，依然坚持说，"孩子刚来，和爸爸妈妈在一起吃饭，心情会好，饭也能吃得多。"

毛泽东不以为然，耐心地向小韩阿姨解释道："阿姨呵，不要以为我毛泽东的孩子就特殊，从小就不要灌输她这种思想。要教育我的孩子和老百姓的孩子一样么，不能教育孩子从小就打着我的招牌享受特殊待遇。"

小韩阿姨没办法了，只得用目光向站在一旁的李银桥求援，李银桥便用目光请求江青出头表态，在这种情况下，江青大概也不敢公开出面明确表态，只是用眼神表明了自己同意孩子留下来一起吃饭的意思。

李银桥开口说话了："主席，孩子还小呢，还是让她和你们一起吃吧！"

"不可以！"毛泽东吸着了一支烟，不容置辩地说，"陕北老乡的娃娃吃粗粮一样长得壮。"然后又将大手一挥，面对李银桥和小韩阿姨说，"就这样吧，这件事不要再讲了，我说过的话是要算数的。小韩阿姨，李讷交给你了，请费心教孩子认字去吧。"

大家都不作声了。小韩阿姨感到，毛泽东对孩子的要求可真严格啊！

就这样，来到神泉堡的第二天，小韩阿姨便带着李讷去开在村上的大食堂吃集体饭了。

小李讷虽说只有7岁，但很懂事。每到开饭的时候，她也像战士们一样，自己拿着小碗，打一碗粗饭、一份煮菜，蹲在地上和大家一起吃。一连几天，天天吃黑豆饭，小李讷从没叫过一声苦，也没说过一句"不好吃"或"不想吃"的话。

一天中午，毛泽东也来大食堂陪女儿一起吃饭了。

在窑洞前的场坪上，大家给毛泽东和李讷腾出了一小块空地，让他们父女俩蹲在一起吃饭。

这时，警卫排的朱老士走了过来。他是本乡本土在延安参军的陕北人，他的牙齿有点黑。毛泽东见了，对朱老士开玩笑说："朱老士同志，你的牙齿怎么这样黑呀？是不是吃黑豆吃的呀？"

在场的人一听都笑了，朱老士笑得喷了饭，毛泽东自己也笑了，唯独李讷听了没有笑，小韩阿姨见到孩子像是有什么心事似的，便立刻收敛了自己的笑容……

下午，小韩阿姨在窑洞外的阳光下教李讷写字，发现孩子总是眨巴着眼睛悄悄地用舌头舔吮自己的牙齿。整整一个下午，孩子在窑洞前跑进跑出的不似前几天那样活泼了，有时还站到窑洞里的一面小镜子前，踮着脚对着镜子看自己的牙齿……

孩子这是怎么了？难道来了陕北生活上不习惯？小韩阿姨有些纳闷，便悄悄问孩子："李讷，你有什么心事吗？能不能告诉阿姨？"

"没……"小李讷忽闪着两只大眼睛，摇着头表示什么也没想。

晚上，在毛泽东和江青居住的窑洞里，小李讷终于跑到毛泽东的怀里，说出了自己的心里话："爸爸，你看我的牙齿很黑吗？"

毛泽东不明白孩子问话的意思，只是很感兴趣地逗她说："乖娃娃，张嘴，张嘴让爸爸看看。"

李讷颦蹙着眉头喃喃地说："我也是天天吃黑豆……"说着，两只大眼睛投向了小韩阿姨和坐在大炕上的江青，又朝毛泽东张开嘴，露出了刚刚掉了两颗门牙的两排洁白的牙齿。

毛泽东笑了，双手抱起女儿，拍打着她的后背说："我的好娃娃，黑豆怎么能把牙齿吃黑呢？爸爸是跟叔叔开玩笑呢！黑豆是好东西，营养价值高，越吃牙齿长得越白越结实。"

听了这话，小李讷扭头不去看妈妈，而是去看小韩阿姨。小韩阿姨点点头，表示毛泽东的话说得对，让孩子放心。

小李讷这才咧开小嘴笑了。

在陕北、在神泉堡，前委的工作人员在窑洞里都是睡大炕，小韩阿姨发现只有毛泽东睡门板。

私下里，小韩阿姨悄悄地问李银桥："李组长，主席为什么不睡大炕呢？"

"他嫌大炕热，喜欢睡硬床板。"李银桥告诉她说，"每次行军转移，我们一到地方总要先给老头子去借门板，大家都知道老头不喜欢睡热炕。"

小韩阿姨不解地问道："你们怎么管主席叫'老头'？"

李银桥解释说："在主席身边的人，私下里都习惯了这样叫，显得亲近。"

小韩阿姨点点头，又问："老乡的门板好借吗？"

"好借。"李银桥又说，"我还是跟你说'主席'吧——主席睡觉也很困难，大家都希望他能睡个好觉；但每次行军一到驻地，他又总是先让我给他安排办公的地方，说是要'先安阵地后安家'……"

"你详细给我说说，好吗？"小韩阿姨央求道。

"那我给你学学！"李银桥模仿着毛泽东的样子，学着毛泽东的湖南口音说，"银桥呀，我经常有些紧急的事情要处理，每次行军住到一个地方时，你们不要先给我安排睡觉的地方，而要先给我安排办公的地方。我要发电报，写东西，批文件。"

小韩阿姨抿嘴笑了："你学得还挺像呢！"

"那当然！"李银桥得意地一扬脸，又说，"老乡的家里哪有什么条件办公啊？幸好，陕北老乡家的锅台都是用大块石板砌的，不像咱们安平老家的锅台是用土坯或砖头砌的。你知道吧，用石板砌锅台，又光滑又平整。每到一个地方住下，我就先把砌好的窑洞里的锅台用布一擦，然后摆上'文房四宝'，再摆上《辞海》和《辞源》，主席就可以随时工作了！"

说到这里，李银桥见小韩阿姨听得认真，便又自作聪明地问道："你知道什么是'文房四宝'吗？"

"就是笔墨纸砚！"小韩阿姨脱口而出，"我也见过主席窑洞里摆着的《辞海》和《辞源》！"

李银桥翻翻眼皮又说："那你也只是见过！原先老头——嗨，原先主席行军时，都有专用的牲口为他驮书和文件，那些书要包装打捆的可费事呢！我干脆把四大本《辞海》和《辞源》都打在我的背包里，不管走到什么地方，都可以保证及时拿出来供主席办公用。"

"背那么多书，你不嫌它沉吗？"小韩阿姨又问。

"沉什么！"李银桥信心十足地说，"为了解放全中国，我还要背着它们打到南京去呢！"

"那可真辛苦你了！"小韩阿姨诚心诚意地称赞说。

"我这点儿辛苦算什么！"李银桥在同乡面前，话越说越多，"咱们毛主席和周副主席那才叫辛苦呢！只要一到地方，周副主席总是马上到主席这边来，两个人一起商量工作、批文件、拟电报稿。他们俩常坐在锅台边的土墩上或者小板凳上，还有任弼时同志，一研究起工作来就把别的什么都忘了！主席都是50多岁的人了，周副主席也只比毛主席小5岁，他们那么大岁数，行军不比别人少走一步路。到了地方，大家都休息了，他们还要工作。你知道吧，当领导的比我们更累更辛苦呢！"

小韩阿姨越听越爱听，越听越认真："你不是跟过周副主席吗？"

"组织决定，让我跟谁就跟谁，反正都是革命工作。"李银桥以卫士组长的身份说，"我跟周副主席的时候，周副主席对我可好了！周副主席是个很细心的人，天凉了还在毛主席坐的小凳子上垫件棉袄，他自己就坐在光木墩上，用膝盖当办公桌批文件。再说咱们毛主席，人虽在陕北，可他心里装着东北、华北、华南、华中、华东、晋西、晋南、晋西北、豫苏皖……"

"你说毛主席心中装着全中国不就得了！"小韩阿姨"咯咯"地笑起来，"看你还能说出多少地方？"

"哎——"李银桥神气地说，"毛主席心里就是装着全中国，装着全局！这我比你清楚，每个战场上的解放军部队，都是咱毛主席在指挥着打仗呢！"

两个人正说着，李讷跑过来了："小韩阿姨，我的作业写完了！"

"好乖，我去给你看看！"小韩阿姨抱起小李讷，又对李银桥说了几句，"谢谢李组长讲了这么多，今天不说了，我给孩子看作业去。还有，以后你别叫我阿姨，就叫我韩桂馨吧！"

"行！"李银桥也说，"那你以后也别叫我组长，就叫我银桥吧！"

韩桂馨抱着李讷高高兴兴地走了，李银桥也心情舒畅地去找毛泽东了。

一天晚上，韩桂馨带着李讷正准备上大炕睡觉，忽然听到窑洞外边有争吵的声音。声音虽说不算大，但也能听得出是老乡和警卫人员在为什么事而争执……

韩桂馨想看看究竟发生了什么事，便安排好李讷在大炕上躺下，自己走了出去，才知道是老乡为了腌咸菜的事：

这位老乡是毛泽东的房东，在窑洞的院子里腌了两大缸咸菜，他说菜刚腌进缸里没几天，晚上要来搅一搅缸，把缸里的菜翻腾翻腾。如果不及时来搅搅缸，不要说菜腌不好，恐怕还会全烂了。

负责毛泽东住处安全的警卫解释说："首长正在办公，你进去搅菜缸，会影响首长的工作。请你明天白天再来吧，搅缸也不在乎非得今儿晚上！"

这时李银桥也从毛泽东住的窑洞里走了出来，韩桂馨便上前去说了眼前的情况，并向李银桥建议："毛主席住在这里，最好别让老乡进去，要不保卫工作也不好做。"

还没等李银桥表态，毛泽东披着件补丁棉袄走出了窑洞："发生了么事呀？"

李银桥立刻上前报告了情况，韩桂馨和警卫人员都没有想到毛泽东立刻表态说："不要因为我影响了老乡的生活。人家把窑洞让给我们住，就是对我们最大的支持，房东搅搅菜缸还不应该吗？告诉那位老乡，他愿来就来！"

毛泽东回窑洞去了。

警卫人员看看李银桥和韩桂馨，见两个人都不好再说什么，只好去通知那位还站在院子外边的房东老乡了。

韩桂馨回到自己住的窑洞里，见李讷已经睡着了，便在煤油灯下给孩子看起了作业。

给李纳布置的作业是韩桂馨凭着自己的文化水平，再加上能看到的报纸和书籍，从中挑选出一些简单的字词，先教李讷认字。李讷首先学的一些字是"人民""群众""革命""战士"等，还有"毛泽东""周恩来""朱德"等领导人的名字，再有就是孩子自己的名字"李讷"。为了能够做到系统教学，韩桂馨由浅入深地自己编写了一套识字卡片，有的字表示的是自然事物，如"日、月、风、云、山、水、江、河"等；有的字表示的是日常接触到的一些事物，如"铅笔、地图、土地、桌子、椅子、学习、办公、生产"等；再有的字就是表示社会常识中的一些词语，如"工厂、工业、农村、农业、学校、军队、大小、人口"等。

看完李讷的作业，韩桂馨走出窑洞想去院子里的厕所，听到隔间窑洞里的毛泽东还和那位房东老乡拉家常呢！

第二天，毛泽东带着李银桥和几名警卫步行去佳县县城。

此时正是深秋时节。

毛泽东一行人走在路上，见到路两旁的枣树林立，满树红艳艳的大枣挂在枝头，秋风一吹，有些熟透了的枣子就落在地上了。

李银桥深知不能捡吃掉在地上的枣，偏偏警卫人员中有名新战士走在人后，顺便从路边捡了几个枣，边吃边紧走几步，对跟在毛泽东身后的李银桥说："组长，俺早就听说黄河边上的枣核小肉厚，又脆又甜，果然不假……"

还没等李银桥发话，毛泽东已经转过头来批评说："怎么，你还带头违反群众纪律？"

新战士急忙解释说："这是从地上捡的。"

"地上的枣子是哪里来的呀？"毛泽东边走边说，"枣子熟了，当然要掉到地上，总不会往天上飞么！"

新战士一听，赶紧把拿在手上的大枣扔向路边，又一名警卫有些想不通地说："枣子掉在路上，踩坏了怪可惜的，还不如吃了好。"

毛泽东认真地对他身边的人说："踩坏了可惜，你把它捡起来放到树下去不就踩不到了么；再者讲，老乡见你吃枣子，可不晓得你是捡的还是摘的，会有意见哩！"

毛泽东这样一讲，几个人都明白了道理，便一起将掉在沿途的枣子都捡了起来，堆放到路边的枣树下。

毛泽东高兴了："这就对了么！我们要时刻牢记着，我们是伟大的人民解放军，解放军是有严格纪律的，不拿群众一针一线，无论走到哪里，我们都要认真做到。你们都是我身边的人，不仅要严格要求别人，更要严格要求自己，'正人先正己'，事情就好办了。"

李银桥再一次深深感到：毛泽东正是这样做的呀！他不仅这样教育别人，这样教育女儿，也是这样严格要求自己呢！

24. 杨家沟村初落脚　细微之处见精神

1947年11月，14日，毛泽东、周恩来、任弼时率中共中央机关中央前委离开神泉堡，当天到达阎家峁。11月20日，离开阎家峁，到达佳县乌龙铺。11月21日，离开乌龙铺，到达米脂县申家崄。11月22日，又转移去米脂县的杨家沟。

米脂县因在中国历史的三国时期出了个美女貂蝉而闻名四方。这里的经济文化比较发达，历史遗留下来的封建势力也不小。杨家沟更是米脂县境内远近闻名的封建堡垒，是个大村子，住有200多户居民，有钱有势的人家就占了70多户。

李银桥和韩桂馨跟随毛泽东一家人，随着大家一起步行迁往杨家沟。离村尚有五六里路时，便见到一座座拦路搭建的石牌坊高高地耸立着，路两旁还竖立着许多石人、石马和高大的石龟驮石碑。这些代表着封建传统势力和历史文化遗迹的石刻雕塑群，一直排到杨家沟的村子里，向人们显示着这里昔日的威严与繁华。

走在路上的毛泽东，很注意看两旁石碑上面刻的字，有时还停下脚步认真端详。有一座石碑上刻的是秦汉时期流行的篆字，李银桥和韩桂馨都看不懂，也不会看这些古字，便请教毛泽东。

毛泽东先是看了看，然后又抑扬顿挫地读了几句，笑着对李银桥说:"这是一个相当于高小毕业程度的人。"

李银桥说:"那跟小韩阿姨差不多了?"

毛泽东回头对韩桂馨说:"银桥说跟你差不多哩!你是高小毕业的,如果生在那个年代,也要给你立个牌坊呢!"

听毛泽东这么一说,毛泽东身边的人们都笑起来,大家你一言、我一语地开始哄逗韩桂馨。韩桂馨被大家逗红了脸,抱起小李讷跟江青走到前边去了。

毛泽东对大家说:"在过去,高小毕业就是县里的秀才了,中学毕业就是省里的举人,大学毕业了就是朝廷钦点的进士哩!"

李银桥说:"那小韩阿姨就是我们队伍中的女秀才了!"

毛泽东带领大家继续向前走,边走边说:"我们队伍上的文化人太少了,以后要有计划地培养你们,有条件了,你们都要去学习。我们要尊重知识,尊重文化人。只要他是为人民服务的,我们就要把他们吸收到我们的队伍中来。"

走着走着,毛泽东忽然压低了声音问李银桥:"你看小韩这个人怎么样?"

李银桥觉得自己和韩桂馨认识才不久,彼此虽是同乡,但也只是互有好感,并没有想到男女间的爱情之事。因此,他不假思索地随口答道:"不错!"

毛泽东神秘兮兮地看着李银桥,话中有话地笑着说:"你们都在我身边,可以多接触,多了解一些么。"

李银桥顿时明白了毛泽东话中的含义,心中不禁涌起一股热流,低下头没有吱声。只是觉得毛泽东是自己的知心人,是自己完全可以亲近的人。

见到李银桥一副腼腆的样子,毛泽东的语气变得更加温和、亲昵了,就像父亲对孩子说悄悄话似的又说:"你们多谈谈,互相多关心,多帮助,那多好呀!"

李银桥更加明白了毛泽东的意思,心里十分感激。但他内心深处也在想,小韩在延安认识那么多人,又有文化,和自己虽说是同乡，但人家愿不愿意同自己谈这件事，一时还摸不准呢……

进村后，人们见到路两旁既有整齐的砖瓦窑，也有破旧的土窑洞，从外观建筑上就可以分出窑洞主人的身份，破窑洞里住的肯定是贫苦的农民。

人们还看到，村上的土墙上用石灰和锅底灰刷了一些标语口号，内容有"打倒蒋介石，解放全中国""共产党万岁"和"毛主席万岁"，有一堵墙上还抄写了新颁布的《中国土地法大纲》的全文，这些都说明共产党在这里已经有了一定的工作基础。

再往上走，人们更加发现村里的路原来是顺着山势修的。路两旁的窑洞顺着山坡由上向下修成了一排一排的，远处望去就像大城市里的一幢幢楼房矗立着。越往高处走，路两旁的砖瓦窑越多，也显得越整齐，这里显然是村上有钱有势的人的住所。

李银桥跟随毛泽东继续往上走，江青和韩桂馨带着李讷已经等候在那里了。

大家走上一段像吊桥似的路，路面很窄，两边是深深的山沟。走过这段路，人们的视野豁然开阔起来，迎面矗立着一座油漆彩绘的高大门楼，门楼后面是一处铺着青砖地面的宽敞大院，院内正面一处窑洞的门窗上装着玻璃、罩着纱窗，宽大的门前还有个阳台，窗洞上方飞檐彩绘，颇有些城市建筑的风格。

周恩来已经先到了这里。他引导毛泽东一行人，依序参观了一下这里的环境。

毛泽东一边看一边幽默地说："这房子三面临崖，崖深数十丈，只有一条通路。房子北面制高点上有围墙碉堡，土枪土炮是难攻进来的。看来这家地主不简单，不但会剥削人，还懂点军事常识哩！"

周恩来介绍说："这家地主的儿子是个留学生。"

毛泽东笑着说："我说么，这房子造得这么洋气！"

进到"洋房"里，人们才发现这些建筑其实是中西合璧。大家在外面看到的只是一道装有玻璃的走廊，里面仍然是窑洞式的建筑结构。只是中间的部位比较突出，东面两侧的厢式窑洞稍有逊色而已。

周恩来说："大家就在这里住下吧！"

毛泽东问："怎么个住法啊？"

这时，已经走进院里来的任弼时给大家分配了住处：东面的六孔窑洞归毛泽东使用，西面的三孔窑洞归周恩来。

毛泽东又问："弼时同志住到哪里去呀？"

任弼时回答说："我住另一个院子里，不远。"

就这样，院子东面的六孔窑洞分别住了毛泽东和江青，李银桥及卫士组的人。韩桂馨和李讷住在第三孔，紧挨着作为毛泽东办公室的那孔窑洞。

在这里，这些人组成了一个大家庭。

11月份，是陕北高原的秋末冬初时节，天气已经很具寒意了。

韩桂馨开始给李讷准备冬衣。

李讷虽说还是个孩子，但个子长得很快。再说她离开父母这一年，正是中央前委机关转战陕北的艰难时期，毛泽东和江青经常转移行军，孩子的旧衣服也不知道被丢到哪儿去了。

韩桂馨问江青怎么办，江青便找出一块浅蓝底色的小碎花布，又拿来一些棉花，用她自己的旧衣服做衬里，忙着为李讷做冬装。

韩桂馨发现江青的针线活儿不错，虽说她是从上海投奔到延安的名演员，但比自己这个从农村出来的乡下姑娘还要懂得女红和裁剪，李讷穿的衣服差不多都是她这个当妈妈的亲手做的。

韩桂馨觉得，按理说自己是李讷的阿姨，李讷的衣服应该由自己来做。可是自己的针线活儿在家时没有学出来，做不太好，又不会织毛衣，所以对做李讷的衣服总插不上手。

江青不仅会裁剪，还很会织毛衣，织出的毛衣都是有花样的，什么菱形块、蜂窝花、灯笼袖，很漂亮，也很别致。

见韩桂馨做不来这些细致的针线活儿，江青就说："这样吧，针线活你慢慢学，以后我教你，李讷现在的衣服你就不用操心了，你给老板补衣服吧。"

在接触和了解中，韩桂馨知道毛泽东的衣服都很旧，衣服上的补丁十分明显，看那粗针大线的，就知道是卫士们缝的。有的补丁的颜色和衣服的颜色也不一样，毛泽东经常穿着也是一副满不在意的样子。韩桂馨想：自己的手虽说不巧，但补个补丁总要比那些小伙子强多了！

韩桂馨第一次给毛泽东补衣服，补的是衬衣衬裤。她发现，拿来的几件衣服全都麻糟了，手指头稍一用力，就能在衣服上捅出个窟窿。

她小心翼翼地给毛泽东缝补着衬衣，但毕竟不是行家里手，越是谨慎越出错，一下子把手扎了，手一哆嗦，袖子上被捅出了一个洞……

这一来，韩桂馨终于沉不住气了。她一恨自己的手太笨，二不明白大家怎么就让毛泽东穿这种衣服。她走出窑洞去找李银桥说："银桥，主席的衣服全糟了，补也补不住，你去给换件新的吧！"

李银桥笑着摇摇头说："不行呀，这要江青说了算。"

"那我去找江青。"韩桂馨掉头要走。

"你先别走！"李银桥拦住韩桂馨继续摇头说，"你去找江青也没用，江青也得听主席的。主席不同意，谁也不敢给他换新的。"

"那我去找主席说！"韩桂馨年轻气盛，拿了衣服便进了毛泽东办公的窑洞。

宽敞的窑洞里，毛泽东正在窗前埋头写东西。听韩桂馨进来讲了要给他换衬衣的事，先是放下手中的毛笔，抬起眼皮望着韩桂馨说："阿姨，麻烦你了！"然后又解释道，"我们现在还很困难，一切为了前方，节约一点是一点。你就辛苦些吧，慢慢补一补，谢谢你了！"

听毛泽东这样一讲，韩桂馨只得无可奈何地退了出来。

李银桥守在窑洞门外说："怎么样，我说主席不同意就是不同意吧！"

"那是主席不同意，你才敢说不同意！"韩桂馨没好气地白了李银桥一眼，快步走回她和李讷住的窑洞继续给毛泽东补衣服了。

接下来的几天里，韩桂馨见到毛泽东不但穿的衣服又旧又破，就连袜子也是补丁摞补丁。凡是毛泽东穿的袜子，全都是棉线的，最易破的袜后跟、袜前掌，更是补了又补。没办法，韩桂馨只得将一双双袜子的旧补丁小心地拆下来，再用新补丁认真地重新缝上去……

有一天，韩桂馨终于忍不住了，又去找了李银桥："主席穿得也太旧了，咱们这些人还发新军装、新棉衣，你为什么不给主席去领呢？"

李银桥为难地说："告诉你吧——毛主席的生活俭朴惯了，别说新衣服不让我去领，就连条毛巾也不让我去领呢！"

韩桂馨似信非信地问："还有这事儿？"

李银桥告诉说："在葭县行军时，我见主席用一条毛巾先擦脸后擦脚，就建议给他再去领一条；没想到毛主席幽默地对我说：'脚总是走路，它比脸辛苦，合用一条还不应该么？'"

韩桂馨认真地问："你怎么说？"

李银桥继续说："当时我就对主席说：'那就领条新毛巾擦脚，用旧毛巾擦脸不就行了！'"

"领了吗？"韩桂馨笑着问。

李银桥摇头接着说："没想到主席对我说：'嗨！你这个

――― 151

同志么，账不是这样算。如果我们每人都少领一条毛巾，节约下来的钱，就可以再打一场沙家店战役了！'"

韩桂馨这才明白了毛泽东之所以这样节俭，是为了省出钱来支援前方，也是身为人民的领袖必须时时处处为劳苦大众着想啊！

日常生活中，韩桂馨除了给毛泽东补衣服外，主要的工作任务还是照看李讷和当李讷的家庭教师，负责李讷的学习。

动荡的战争生活，使李讷无法正式上学。在杨家沟，生活一安顿下来，韩桂馨觉得她这个当教师的也应该给学生正式上课了。

可在实际工作中，韩桂馨也初步感到了一个老师教一个学生，这课还真有些不好上呢！怎么说呢，首先是没有正规的课本，附近也没有小学校，该从何教起呢？

韩桂馨心想：自己在延安时做的一直是保育工作，而不是搞教学的，只是听说文教战线上有个出了名的女特等劳动模范——陶端予，她发明了"形象识字法"和"实际学习法"，但具体怎么教学就不清楚了，但又一想，反正事在人为，只要认真，没有办不好的事情。

为了教好李讷，韩桂馨除了继续用她自己想出的一些识字方法外，还主动去征求江青的意见，因为她知道江青对女儿的学习是很重视的。

韩桂馨给李讷上课，一时间既没有黑板，也没有粉笔。她就用铅笔和毛笔在纸上写，李讷就在她自己的小本子上练。李讷练习写字的那些小本子，也都是韩桂馨随手找来些纸认真订好的。

太阳好时，天气暖和一些，韩桂馨就带着李讷到村上去，找向阳的地方用树枝在地上画着练习识字和写字。

李讷很聪明，识字特别快，记忆力也特别强。她对学习似乎比对玩游戏、唱歌、唱戏更感兴趣。每当在村上遇到熟悉的人对她说:"李讷,你什么时候给我们唱歌呀?"李讷总是很认真地回答:"现在不唱歌,我在学习呢!"

李讷爱学习,这对于韩桂馨来说是件好事,但有件具体事却让韩桂馨为了难——练毛笔字总要从临摹开始,中国的传统文化是很注重写毛笔字的。可韩桂馨手上没有字帖,用什么让李讷临摹呢?

韩桂馨又去找了李银桥:"银桥,你能给想个办法吗?"

"主席的字写得好!"李银桥一语道破迷津,"你去找主席,总可以讨个字帖呢!"

"对!"韩桂馨高兴了,"主席的字写得那么棒,给我出个字帖总不会有问题吧!"

于是,韩桂馨又去找了毛泽东:"主席,李讷要练字,可我没有字帖,你给我们写个字帖吧!"

毛泽东看了看韩桂馨,连连摇头说:"不行不行,我的字不行。叫她妈妈写,她妈妈的字好。"

离开毛泽东,韩桂馨又去找江青,江青很痛快地应承下来——江青写的字确实不错,毛笔字、铅笔字都写得很好,尤其是楷书写得更好。

韩桂馨拿了江青写的楷书字帖,让李讷认真照着练毛笔字。

通过这件事,韩桂馨认识到:毛泽东的字写得浑厚有力,但是大草,没有楷书基本功的人,只能临其形,不能写其神。毛泽东让女儿开始先练习楷书,是很有道理的。

25. 将军笑谈擒廖昂　领袖一日四惠书

1947年11月6日，在神泉堡，毛泽东、朱德向苏联拍发了一封电报。

30年前的11月7日，是俄国苏维埃社会主义革命在列宁的领导下武装占领冬宫夺取政权取得胜利的日子，即俄历的10月25日，在俄国历史上又称"十月革命"。

11月8日，《人民日报》发表了毛泽东的这封贺电：

庆祝全世界反帝国主义斗争的先驱——苏联日益强盛，庆祝中苏两大民族的伟大战斗友谊日益增进。

自从韩桂馨从江青那里接受了为毛泽东补衣服的任务后，除去教李讷的学习外，她开始对针线活儿加以留心了。

李银桥感到毛泽东已是50多岁的人了，部队统一发的棉布鞋底很硬，不适合毛泽东穿，便请老乡做双软一些的布鞋给毛泽东穿。

有一天，杨家沟的老乡给毛泽东送新布鞋来了，韩桂馨从李银桥手上接过布鞋，看了又看，十分羡慕人家那手好针线手艺，不禁说道："我要能做成这样该多好啊！"

"你还是去教李讷学习吧！"李银桥拿回布鞋说，"我要能多有些文化该多好啊，抽空儿还得请你多教教呢！"

"你好好当你的卫士组长吧！"韩桂馨一笑，又说，"有了好针线活儿,别忘了拿给我看看!"

李银桥还真记住了她这句话。没过几天,李银桥去买了块白布,请杨家沟的老乡给毛泽东缝了一个新枕头套。拿回新枕套后,李银桥先去找了韩桂馨:"主席的枕头破了,我请老乡给缝了个新的。给,你先看看这针线活儿。"

"快拿来!"韩桂馨很高兴地接过去一看,见那针脚做得又细又密又匀称,禁不住称赞道,"这真像机器轧的呢!"

"你先看吧,待会儿给装上稜子皮。"

李银桥说完先走了,韩桂馨将枕套拿回窑洞,一边往里面装荞麦皮,一边暗下决心要学好针线活。她想自己要是有一手好针线手艺,就能够更好地为毛主席服务了!

江青的针线活不错,还会裁剪,也会出衣服样子,韩桂馨就经常去请教江青。江青见有人"拜"自己为师,便高兴地开始教韩桂馨做针线活,还教她如何起针织毛衣。

一天下午,韩桂馨把补好的衣服给毛泽东送了去,正好赶上江青也在毛泽东办公的窑洞里。

毛泽东正在低着头写东西,没注意到韩桂馨进了窑洞。江青见了,便接过韩桂馨手上拿着的衣服,以挑剔的目光查看衣服上补的补丁,边看边很不以为然地摇了摇头,继而又撇了撇嘴说:"老板,你看看阿姨补的补丁,你看她干的这活,针线多粗呀!"

韩桂馨本来满怀着一腔热忱来见毛泽东,不料被江青这么一说,顿感自尊心受到了极大的伤害,脸上火辣辣地烫起来——她毕竟是一个只有18岁的姑娘啊!

可江青嘴里还在喊:"老板,你看看呀!"

正在专心致志写作的毛泽东,直到听江青这么一喊叫,才抬了一下眼皮,正要继续下笔接着写,忽然看到韩桂馨脸上的神色不对劲儿,才留意了江青说的话,停住笔,立刻批评江青说:"你这是做么事,阿姨缝的怎么了?她是革命同志,是来帮助我们工作的,你对她态度要好些!"

韩桂馨的眼泪都快要流出眼眶了，忍不住低头转身往外走，走到窑洞外面的走廊上，还听毛泽东在继续批评江青："我讲过多少遍了，对待革命同志，任何时候都不要那么盛气凌人……你呀，跟谁也搞不到一起！"

韩桂馨忍住泪回到自己的窑洞，时间不长，江青赶了过来，一脸和气地说："阿姨，刚才的事怪我，我不是故意的，我这个人就是这种急脾气，你可别往心里去！"

韩桂馨忍下眼泪强笑了一下，低着头说："我的针线活儿是不好，还请江青同志多教我……"

"我一定教你！"江青又高兴了，"认真教，一定认真教！"

当时两人的关系又融洽起来，但这件事情却在无形中损伤了韩桂馨的自尊心。

这以后，江青虽然教会了韩桂馨做针线活，可两个人之间总像是隔着一层什么似的……

由于形势明显好转了，中央前委的一些人也将自己的老婆、孩子接来杨家沟一起住了。这样，李讷学习之余，也有小朋友和她一起玩了。

一天，晋绥野战军第三纵队的司令员许光达来杨家沟见毛泽东，毛泽东通知李银桥，告诉厨师高经文，将贺龙先前托人捎来的腊肉做了吃，炒几个菜招待许光达。

饭前，李银桥去请了周恩来和任弼时到毛泽东的窑洞，两个人陪同毛泽东一起款待许光达。

吃饭时，毛泽东风趣地说："光达呀，国民党的整编第76师，师长廖昂是你的黄埔同学么，你是如何将他捉到的呀？"

许光达站起身来说："是在毛主席的指挥下才捉到的。"

在座的人都笑起来。毛泽东摆摆手说："坐么，坐！仗还是你们打的么！"

许光达坐下后，周恩来兴趣不减地说："廖昂是胡宗南的一张'王牌',中将师长嘛!胡宗南称他为'常胜将军',在上个月的清涧战役中,曾扬言要使清涧县城成为我军前进路上的'坟墓',直到被俘虏还不服气呢!"

任弼时补充说:"彭老总电报上讲了,廖昂深怪胡宗南不发救兵,让他一个师独守清涧,刘戡更是见死不救,只知道保存他自己的实力。"

毛泽东也笑起来:"胡宗南哪里是不发救兵么!是他的救兵被我们阻住了,这就是我们在运动中集中主力打歼灭战的好处!"

许光达也说:"廖昂是有些不服气,他也承认他们军队之间有派系之争,互相倾轧,责怪刘戡不救他。"

毛泽东伸出大手一摆:"莫提刘戡,他胆小如鼠哩!"

许光达又说:"我对廖昂讲了,放他回去,让他找胡宗南再要一个师来,我和他重新较量较量。"

"讲得好!"毛泽东饶有兴趣地问,"你的老同学是如何回答啊?"

许光达学着廖昂的样子,连连地说:"不敢!不敢!"

在座的人一起放声大笑起来……

在杨家沟,中央前委为了便于开展工作,对外代号称"亚洲部"。

这里,前一段时间也曾遭到胡宗南部队的抢劫,老百姓的粮食都被敌人洗劫一空。

一天,村上的一个小男孩儿饿极了,跑到马槽前抓里面的黑豆吃,被马咬了耳朵。周恩来听说后,立刻亲自把孩子送去野战医院治疗,回来后向毛泽东报告了情况。

毛泽东难过地说:"中央前委每人每天节省一两粮食,要救济困难户!"

周恩来立刻通知下去,严令人们按照毛泽东的指示认真加以落实。

从这以后,毛泽东每天吃饭前总要问李银桥:"我的粮食省下没有？"

"省下了。"李银桥每次也总是如实回答，"我们这个大院的粮食，每天都按计划省下了。"

"好么！"毛泽东总是在听到了省下粮食以后才肯吃饭。

毛泽东的工作总是很忙，他办公的窑洞里也总是整夜整夜地亮着灯光。

李银桥和卫士组的卫士们打扫毛泽东办公用的窑洞时，总是能打扫出一堆一堆的烟头。大家都知道毛泽东在写文章时总要吸烟，文章写得越多，吸剩的烟头也就越多。

11月下旬，杨家沟的土地改革运动也开始了。

凡是村里重要的土改会，毛泽东总要参加。为了庆祝贫苦的农民翻身分得了土地，毛泽东还亲笔书写了"劳动人民翻身纪念碑"9个大字，找人刻好了，高高地竖立在了山上。

一天夜里，毛泽东工作累了，便叫上李银桥随他走出窑洞，两个人一起走到院子里散散步。

见到韩桂馨和李讷住的窑洞里还亮着灯光，毛泽东对李银桥说："看来你的这位小老乡也还没得休息，我们去看一下。"

"她可用功呢！"李银桥称赞说，"为了教好李讷，她想了不少法子呢！"

两个人走到韩桂馨和李讷住的窑洞门前，毛泽东伸手轻轻地敲了敲门。门开了，韩桂馨一见是毛泽东和李银桥站在门外，立刻将两个人让进了屋。

毛泽东先看了看已经进入梦乡的李讷，然后转过身来问韩桂馨："阿姨，你在做么事啊？"

韩桂馨小声回答："我在抄笔记。"

毛泽东也压低了声音说："我看看可以么？"

韩桂馨连忙将自己的笔记本递到毛泽东的手中，毛泽东随意翻了几下，坐下来说："字写得蛮漂亮么，为什么要重抄呢？"

原来，韩桂馨的本子上摘抄了"四八烈士"王若飞、叶挺等人的生平事迹。由于被烈士的精神所感染，韩桂馨越抄越来情绪，认为多抄几遍可以记得牢，便一连抄写了好几遍。

韩桂馨回答说："多抄几遍可以增强记忆，又能丰富知识，还能够更好地教育孩子。"

毛泽东却说："阿姨啊，你这个方法不见得好么。知识多得很，你那个小本子上能记多少知识？青年人脑子好，应该多读多看、多学新知识，不要把时间浪费在抄笔记上面。"

韩桂馨说："我的字老写不好，抄笔记也是为了练练字。"

"当然，字也可以练，但不要这么练。"毛泽东认真地对韩桂馨说，"你看的东西多了，知识丰富了，字写得差点也没关系。"

"我听主席的。"韩桂馨点着头答应。

毛泽东又问："你喜欢哪些方面的知识呢？"

韩桂馨回答说："我喜欢医学知识，也喜欢诗。"

"我看到了。"毛泽东微笑着说，"我看到小本子上抄了许多诗，喜欢诗主要靠读呢！俗话说'熟读唐诗三百首，不会作诗也会吟'么！"

"我找不到唐朝的诗集。"韩桂馨说，"我都是抄报纸上有的。"

毛泽东思索着说："现在的学习条件是差些，将来我们胜利了，有条件了，我送你去上大学！"

"真的？"韩桂馨高兴地看了李银桥一眼，又对毛泽东说，"那快点儿把蒋介石消灭了吧！"

毛泽东笑了，站在身旁的李银桥也高兴地笑了。

毛泽东回头看看依然熟睡着的李讷，又对韩桂馨说："对孩子的教育管理既要严，又要放得开。孩子乱淘气不行，不淘气更糟，还是有点小淘气的好。孩子太老实了没出息，说不定还会生病。能淘气又会淘气的孩子，一是健康，二是聪明哩!"

韩桂馨点头说:"我也这么想。"

"这就对了。"毛泽东说完,又嘱咐了一句,"你也睡吧!"便起身带着李银桥,轻手轻脚地离去了。

作为中共中央法律委员会主任的王明和曾任陕甘宁边区参议会副议长的谢觉哉,再次从河东来向毛泽东汇报、请示工作……

王明和谢觉哉临返回河东的前一天,即11月18日,毛泽东给中央法律委员会的委员、法学家陈瑾昆老先生写了一封信:

> 国内外大势观察正确,不会有第二个方向,进度亦快,不会稽延不决,诚如尊论。惟我们宁可作从长打算,估计到一切可能的困难,以自力更生精神,准备付以较长时间,似属有益。兄及诸同志对于宪草,惨淡经营,不胜佩慰。惟发表时机尚未成熟,内容亦宜从长斟酌,以工农民主专政为基本原则(即拙著《新民主主义论》及《论联合政府》中所指之基本原则),详由王、谢二同志面达。

同时给中共中央委员、中央法律委员会委员吴玉章也写了一封信:

> 向川陕鄂边发展根据地一事,业已有所部署,其详请问叶参谋长[1]。宪草尚未至发表时期,内容亦宜从长斟酌,以工农民主专政为基本原则,详情由王谢二同志面达。

毛泽东写完以上两封信以后,又给中央法律委员会委员张曙时写了一封信:

> 法律工作是中央新设领导工作的一个部门,兄

---

[1] 叶参谋长,即叶剑英,这是当时对他的习惯称呼,他当时任中共中央军委副参谋长。

及诸同志努力从事于此,不算"闲居"。将来时局开展,出到外面工作,自属必要。目前则在激烈战争中,年老的人出去,似乎尚非其时。法律本于人情,收集各解放区实际材料,确是必要的。关于宪草的意见,托王谢二同志转达,不赘。

三封信写好后,托交王明和谢觉哉一同带回去河东逐一转交。

同一天,毛泽东又给在农村参加土改工作的老同志吴创国写了一封信:消灭一切敌人,你的志向很对。你对农民土地斗争所表示的热情非常之好,你的诗也写得好,我就喜欢看这样的诗。你年纪高,望保重身体!

大敌当前,百业待举。李银桥跟随在毛泽东的身边,深深感到毛泽东确实是一位闲不住的人啊!

26. 工作时童心未泯　生活中平易近人

11月下旬，陕北的天气已经是很冷了。

为了增强李讷的体质，韩桂馨经常带她到院子里转一转，有时还去村口看看那些石人、石马。每当这时，李讷可高兴呢！总要跑来跑去、爬上爬下地玩个痛快。

这天，韩桂馨带着李讷拿了把小铲儿和一只小桶，来到大院外面的空地上挖土坑玩。李讷饶有兴趣地先后在地上挖了两个小坑，又在两坑之间挖了一个小土沟，用小桶提来水，看着水流经小土沟从一个坑里通向另一个土坑……

韩桂馨故意问她："在干什么呢？"

李讷眨着大眼睛，天真地回答说："我在引水浇地呢！"

两个人玩"水浇地"回来，在院子里碰上了来找李讷玩的小朋友燕燕、丽亚和胜利。燕燕、丽亚是叶子龙的两个女儿，胜利是毛泽东的秘书胡乔木的女儿，4个小女孩儿便高高兴兴地在院子里玩开了。

毛泽东的工作总是很忙，常常是不分昼夜地坐在窑洞里办公。这天，难得毛泽东带着李银桥走到院子里来散步，恰巧碰上了正在嬉戏的孩子们。

李讷见爸爸来了，便跑到韩桂馨身前说："小韩阿姨，我想和爸爸一起玩一会儿。"

韩桂馨答应了："你去玩，我在这里瞧着你们。"

李讷高兴了，边跑边叫："我要和小爸爸玩喽！"

毛泽东见了，脸上挂着微笑，先向韩桂馨点点头，又向院里的孩子们招招手，然后摆动着两只胳膊、扭着腰，慢慢地在院子里散步……

这时小李讷和她的小朋友们一起排成一小队，跟在毛泽东的身后，模仿着毛泽东走路的动作，摆着胳膊，一步一步学着走。4个孩子觉得这样做很开心，一个个"咯咯"地笑成了一片……

毛泽东见孩子们高兴，索性故意做大了自己的动作，从头到脖子、由肩膀到身子、再加上胳膊和腿，一起摆动起来，越扭越来劲儿，整个身子扭出了几道弯。小姑娘们跟在后边也随着加大了全身的活动幅度，越扭越欢，越扭越快，最后终于嘻嘻哈哈地扭倒在地上，摔成了一团……

韩桂馨和李银桥几步跑上前，将孩子们一个个搀扶起来，帮她们拍打身上的尘土。孩子们兴趣不减，吵嚷着还要同毛泽东一起玩。

毛泽东向孩子们做了最后一个滑稽动作，说："娃娃们，我要赶快去办事了，你们也要学习。等到把国民党反动派消灭了，我们就可以有更多的时间玩了！"

孩子们没办法，只得眼睁睁地看着毛泽东回窑洞去了。李银桥也同韩桂馨点点头，随着毛泽东返回了窑洞。

几天后的一个上午，韩桂馨带着李讷离开窑洞到院中去活动，刚巧又遇上了正在散步的毛泽东。

李讷见她父亲低着头、倒背着手，在院子里走了一圈又一圈，便抿着小嘴悄悄地跟在毛泽东的身后，也倒背着小手学她父亲的样子迈着大步，一步一步跟着走……

无奈孩子人小腿短，追不上毛泽东，每走几步就得跑两步。时间一长，孩子耐不住性子，便装出大人的声音干咳了几声。毛泽东猛一回头，伸出两只大手做成要抓人的样子：

"啊——"

"呀——"李讷随即尖叫一声，立刻"咯咯"笑着往韩桂馨的身后躲。

毛泽东笑了，招呼李讷说："你和我装着藏猫猫，还学我走路，我早发现了呢！"

李讷昂脸说："小爸爸，开始时你发现我了吗？我跟你好半天了！"

"呵，是吗？"毛泽东故作惊讶地说，"开始就跟了，那我可没发现。"

李讷得意了，自信地说："我知道，爸爸扭着腰走路的时候，是不想事情；爸爸背着手走路，就是想事情呢！对不对？"

毛泽东开心地大声笑起来，一把抱起女儿："娃娃，我的好娃娃，你也学会观察人了，不简单么！"

韩桂馨看着毛泽东父女俩这副高兴劲儿，在一旁也开心地笑了。

一天，李银桥来找韩桂馨，告诉她说："江青在她的窑洞里装了个电铃，说是叫人方便！"

"装什么电铃？"韩桂馨不解地问，"这地方哪儿有电啊？"

"说是用电话机上的干电池。"李银桥解释说。

韩桂馨想了一下，开导李银桥说："江青是从大上海投奔到延安的，习惯城市里的生活，见过大世面，你不要多事！"

"不是我多事……"李银桥停顿了一下说，"现在生活条件刚刚好一些，有肉吃了，可她却越来越挑剔，一会儿说咸，一会儿说淡，还把肥肉拣出来不吃，口味越来越高呢！"

韩桂馨又想了一下，慢慢对李银桥说："你又不是她的卫士组长，这些事你最好别放在心上。人家江青毕竟是从城里来的人，懂得食品营养学，不像咱们这些从农村来的人。"

"从农村来的人怎么了?"李银桥不服气地说,"毛主席也是从农村出来的呢!只要有一碗红烧肉吃,他就高兴得不得了,还净拣肥的吃呢!"

两个人正说着,窑洞外面的走廊里有人叫李银桥:"卫士组长!李组长!"

"是张天义。"李银桥对韩桂馨说,"准是我们卫士组的事,我去看一下……"

"你去吧!"韩桂馨再一次叮嘱说,"别忘了,你是毛主席的卫士组长!"

走出窑洞,李银桥在走廊里见卫士张天义满脸不高兴的样子,便问他:"怎么了,找我有什么事吗?"

张天义走到李银桥的跟前,说道:"我是老头子的卫士,是组织上派我来为老头子服务的。可江青她越来越懒了,脾气也越来越大……"

"你这是干什么!"李银桥见张天义的情绪有些激动,便劝慰说,"有什么话慢慢说,别这么一副沉不住气的样子。"

张天义这才放缓了口气说:"刚才我听见江青房里的电铃响,以为有什么大事,就赶紧跑进去问她,原来是让人给她拿暖水袋!那暖水袋就放在她身边,伸手就能够着,她还非要我去她身边拿了放到她手上。组长,你说说,现在形势刚好转,她就这样了,要是取得了全国胜利,她还不知要怎么样呢……唉!"

"别伤心……"李银桥用韩桂馨开导自己的话开导张天义,"我们都是为毛主席服务的,只要认真干好工作就行了,别的事别往心里去!"

张天义走了,李银桥心里也感到很不是滋味,偏偏江青这时走出窑洞来找他:"银桥呀,你来一下!"

李银桥只得走到江青的面前,没想到江青劈头就问:"你对我说实话,张天义刚才同你讲什么了?"

"没有哇!"李银桥故作惊讶地说,"他什么也没讲,只是问了问今天晚上排班该谁值勤的事。江青同志,你找他有事吗?"

"没讲就好!我找他什么事也没有!"江青依然一副很严厉的面孔,像是对李银桥一个人,又像是对整个卫士组的人说的,"你们的任务就是替我们服务!我们高兴了,就是你们的工作做好了!我们不高兴,就说明你们的工作没搞好!去吧!"

江青讲话的语气和她讲话的神态,连同她讲话的内容,都深深刺伤了李银桥的心……

回到毛泽东身边,李银桥想把江青讲的话告诉毛泽东。但又一想,还是不要为这些小事再麻烦他了,他已经够辛苦的了!

晚上,李银桥一个人静下来的时候,脑子里开始琢磨:几个月前,粮食紧张,生活困难,江青也没有叫苦叫累。前段时间行军打仗,又危险又艰难,江青也同大家一起走过来了,其中也有不少的欢乐。可如今,形势刚刚好转一些,她怎么变得这样了呢?看来,跟这样的人在一起共患难可以,同享福是不可能的啊!

李银桥一连两三天怀着心事,走到哪儿都是少言寡语的,被细心的周恩来看在眼里,便找了个机会把他叫到自己住的窑洞里,和颜悦色地问道:"小李同志,这两天为什么事总不开心啊?"

"我没有不开心……"李银桥不愿让周恩来费心劳神,"我一切都挺好,谢谢周副主席!"

"小鬼,你能瞒得了我吗?"周恩来笑了,"是不是和小韩闹矛盾了,还是卫士组里有什么事呀?讲出来嘛,看我能不能帮上你的忙。"

"不是,都不是!"李银桥见周恩来误会了,只得讲了自己对江青的看法。最后,又心事重重地说:"周副主席,我感到江青同志变了,我不知道该不该对毛主席讲……"

"这话你不能讲！"周恩来耐心地对李银桥说，"人哪有没缺点的呢？看人要看长处，不要只看短处，这样心理就会平衡些；要认真工作，一切从工作实际出发，不要有什么不必要的思想顾虑，相信你会更进步的。"

最后，周恩来又嘱咐说："银桥同志，你是老党员了，对江青同志不要乱讲。主席是我们党的领袖，要注意对主席的影响。"

"我记住了！"李银桥感到，周恩来真是处处维护毛泽东，时时维护党的整体利益啊！

又是月末的一天，中央卫生部的牙科主治医生李得奇的爱人江燕来找韩桂馨。她是从冀中同韩桂馨一道到延安参加革命的战友，到延安后又和韩桂馨同在洛杉矶幼儿园一道工作。自从江燕调去卫生部工作以后，和韩桂馨已有一年多没见面了。

这次两人一见面，别提有多高兴了。在韩桂馨住的窑洞里，两人你一句我一句地说个没完没了……

一会儿，江燕试探性地对韩桂馨说："我很想见见毛主席，并且想跟毛主席合个影……"

韩桂馨心想，这有什么不行啊！江燕的爱人李得奇曾给毛泽东看过牙，也算是熟人了，江燕又是自己分别很久的战友，这点儿愿望还是可以满足她的，便很痛快地一口应承下来："这可以，我领你去就行。"

因为在毛泽东身边待习惯了，韩桂馨觉得就像在自己家里一样，每天与毛泽东见面都非常亲切和随便。

毛泽东也常对韩桂馨和李银桥说："你们在我这里，应该像在你们自己家一样，遇到什么事可以找我，我会帮助你们的。"

因此，韩桂馨在毛泽东面前早已不感到拘束了。但毛泽东总是忙于工作，这一点她是知道的，所以，在没进到毛泽东办公的窑洞之前，韩桂馨先请来了毛泽东的机要秘书徐业夫，请他带了照相机做好拍照片的准备。

不知道河北安平县北苏村的女孩子是不是都像韩桂馨似的,有着一副天真的幼稚劲儿,请毛泽东照相的事她既没有和任何一位领导人讲,也没有事先请示毛泽东,更不管毛泽东时下工作忙与不忙,就连李银桥那里她也没去打一声招呼,便冒冒失失地一把推开毛泽东办公的窑洞门,站在那里叫了起来:"主席,你出来!我有一个战友想见你,还想和你照张相!"

正在窑洞里办公的毛泽东听到喊声一怔,抬头看看韩桂馨,又看看自己桌子上的手稿,笑了一下说:"好吧,我服从。"

毛泽东说罢站起身,随着韩桂馨走出了窑洞。在走廊里等候的江燕见毛泽东出来了,激动得立刻立正了给毛泽东行了个军礼:"毛主席好!"

毛泽东笑着说:"你好,你好!"同时伸出大手和江燕握了握手,又说,"你同小韩阿姨是战友,难得你来看她,我先谢谢你了!"

随后,毛泽东见到徐业夫已经准备好了相机,便说:"来么,我们一起照相吧!"

于是,毛泽东站在他办公的窑洞前,韩桂馨和江燕一左一右地站在毛泽东的身边,身后是糊着白纸的方格窗棂,只有中间靠顶部的地方镶着一块玻璃,玻璃上为了防空袭还贴着细细的纸条,就在这样的背景下,留下了一张珍贵的纪念照片。

27. 夜送寒衣人心暖　中央会议指航程

在杨家沟，随着1947年冬季的到来，一场以"三查""三整"①为中心内容的整风运动，在全党、全军迅速展开了。

由于革命形势的迅速发展，一些不纯分子趁机钻进共产党内，在农村中把持政权、歪曲党的政策，阻碍和破坏着革命的历史进程。

在解放区的土改工作中，在划定农村阶级成分的过程中，"左"倾错误一度影响了正确政策的贯彻实施，致使解放区部分地区的战争、生产和群众情绪受到了不同程度的影响。

为此，毛泽东提出在全党、全军和各解放区进行一次以"三查""三整"为中心的整风运动，用以妥善解决以上问题，纠正错误，纯洁革命队伍和巩固后方，团结全党全军和各解放区人民，更好地迎接与国民党蒋介石总决战的到来。

毛泽东一忙起工作来，就不分白天黑夜了，吃饭也没有个准点，总要人一催再催，才简简单单地吃上几口。

进入12月份，陕北的天气冷得出奇。

---

① "三查""三整"，是中国共产党在人民解放战争时期，结合土地改革所进行的整党整军的一个重要运动。"三查"，在地方上是指查阶级、查思想、查作风；在部队中是指查阶级、查工作、查斗志。"三整"，是指整顿组织、整顿思想、整顿作风。

月初的一天早晨，李讷还没醒，韩桂馨起床后要去院子里打洗脸水。一出窑洞门口，就觉得一股干冷干冷的风直扑脸颊，她不由得往衣领中缩了缩脖子。再一抬眼，见到院门口正在站岗值勤的警卫员是孙振国。当时她觉得什么地方有些不对劲儿，再仔细一看，见孙振国身上穿的一件棉大衣，原来是毛泽东平常穿的那件棉大衣！

毛泽东的大衣怎么会到孙振国的身上去了呢？韩桂馨扭头看一看隔间毛泽东办公的窑洞，那里什么动静也没有，也不像毛泽东已经离开了的样子……

吃早饭时，在院子下面大食堂的饭桌上，韩桂馨把自己的疑团告诉了李银桥，两个人一起去问了孙振国，才解开了这个谜。

原来，昨天夜里，突然降温。西北风刮得飕飕的，吹在人脸上就像是无数根钢针直往肉里扎。

轮到孙振国上岗时，已经是下半夜了。

从热乎乎的大炕上起身，离开暖烘烘的被窝，穿好衣服刚一离开窑洞，被冷风一吹，孙振国身上剩余的一点儿困劲儿也被凉气激跑了。

换岗后，孙振国警惕地站在院门口，望着毛泽东窑洞里的灯光，知道毛泽东还在办公，心想：他这个领导，当得比我们普通士兵可辛苦多了！

冷月偏西，月光像水银似的洒泻下来，映得大地一片清冷。寂静的星星高悬在深邃的夜空，不甘寂寞地一眨一眨地闪着亮光，光秃秃的树枝在夜色中随着西北风的吹动而凄凄地摇曳着……

真冷啊！渐渐地，刺骨的寒风吹透了孙振国的棉衣，冻得他不时地跺一跺双脚，用嘴呵着气搓一搓已经变得有些僵冷的双手，再冷也得坚持！这是在为毛主席站岗，保卫毛主席的安全，是每一个革命战士的神圣职责啊！

夜冷风寒，四周一点儿响动也没有。这时哪怕有任何一丁点儿声响，都会比白天听得更清楚……

就在这时，毛泽东办公窑洞的门"吱——"地一声开了，孙振国立刻机警地一看，原来是毛主席要到院子里来散步。

只见毛泽东伸一伸手臂，扭动了几下腰身，踱着沉沉的脚步走出窑洞。

当毛泽东慢慢迈步来到孙振国的身边时，孙振国习惯性地立正、敬礼："主席好！"

毛泽东关切地问："夜里站岗冷不冷啊？"

"报告主席，不冷！"孙振国精神抖擞地回答。

孙振国是个农民的儿子，在农村从小吃了不少苦，参军后感到人生有了奔头，所以从不觉得苦和累。现在毛泽东这样问他，他认为不就是冷点儿吗，自己活动活动手脚，坚持一下，也就挺过去了！决不能因为一点儿小事让毛主席为自己分心……

毛泽东看着孙振国笑了笑："我还用着你背干粮的柳木棍哩！"

"主席尽管用！"孙振国也笑了，"我又找了好几根木棍了。"

毛泽东点点头，不再说什么，在院子里转了一圈后，慢慢地走回了窑洞。

孙振国很高兴：毛主席知道是我在为他站岗，还记着自己送他的那根柳木棍！一股热流涌遍了孙振国的全身，他真的感到一点儿也不冷了。

正当孙振国一个人暗自高兴的时候，毛泽东又大步地走了出来，手里还抱着一件棉大衣，径直来到孙振国的身边："把这件大衣穿上，你们晚上站岗放哨，很辛苦。现在天冷，要注意保护身体，你就把我这件棉大衣穿上站岗吧！"

孙振国的眼睛湿润了，激动得一时不知说什么好，正想推辞不穿，毛泽东又拍一拍他的肩膀说："穿么！这件衣服你也不要还给我，你下岗时传给下一班，让站岗的同志们挡挡寒吧！"

孙振国的热泪一下子涌出了眼眶，双手从毛泽东手中接过棉大衣，在毛泽东的注视下穿了起来——由于毛泽东身材高大，一件棉大衣将孙振国从上到下包裹得严严实实，正好挡风……

听完孙振国的讲述，李银桥和韩桂馨也很受感动，两个人的心中同时流过了一股热浪。

在以后的日子里，毛泽东的这件灰粗布棉大衣，就这样留给了警卫排的战士们。

1947年12月25日—28日，中共党史上著名的12月会议，即杨家沟中共中央扩大会议，在毛泽东的主持下召开了。

这几天，杨家沟来了不少人。陕甘宁边区、晋绥边区的领导同志们来了，西北军区团以上的指战员们也来了，还带来了晋绥平剧院的演出队。杨家沟这个陕北的小山村，一下子热闹了起来。

会议期间，中共中央为了纠正土地改革工作中的"左"倾错误，重新发布了毛泽东在土地革命时期写的《怎样分析农村阶级》和《关于土地斗争中一些问题的决定》两篇文章。

会议进行中，毛泽东又特别找了西北局的负责同志，向他们详细了解解放区战争、生产和群众情绪等诸多方面的情况，认真征求了他们对土改政策和形势发展的看法。

会上，毛泽东提交《目前形势和我们的任务》的书面报告。

报告中指出：人民解放军转入全国规模的进攻是一个历史的转折点，是蒋介石20年来反革命统治和100多年来帝国主义在中国的统治由发展到消灭的转折点。报告深刻阐明了中共在军事、土地改革、整党、经济、统一战线方面的基本政策，提出了十大军事原则、新民主主义革命的三大经济纲领和夺取全国胜利的各项任务……

12月26日，是毛泽东54岁的生日。

来自根据地的许多中央委员和各部队的首长,都想借机会给毛泽东祝祝寿,建议大会统一改善一下伙食,大家一起吃顿寿面。

毛泽东知道后反对说:"我不同意这样搞呢!理由有三:战争期间,许多同志流血牺牲,我们应该纪念他们;现在群众缺吃少穿,我们不能多吃粮食;我今年才54岁,往后的日子还长哩!"

大家认为毛泽东说得对,此议只得作罢。

为了庆祝党中央工作会议的召开,晋绥平剧院演出队的同志们在杨家沟村上的大庙里搭起戏台,为大会助兴。

三里五乡的老乡们听说杨家沟唱大戏,也都相约做伴、熙熙攘攘地赶来看戏、上庙会了。

这里所说的"平剧",也就是人们习惯上所说的京剧。

韩桂馨不能参加会议,但带着李讷去看戏还是很令她们两个高兴的事……

平剧团演出的剧目中,有《宇宙锋》《三娘教子》《群英会》等。虽然天气很冷,但台上唱戏的和台下看戏的人们,情绪都十分高涨,整个戏场的气氛也特别热烈。

毛泽东是很爱听京剧的,有事无事时自己也总爱唱上一两段。但在这次会议中,他忙得实在抽不出更多的时间,只来看了一场《宇宙锋》。

李银桥见毛泽东连日太劳累了,就同韩桂馨商议,想搞点活动调剂一下毛泽东的生活,让毛泽东换换脑子,得到积极的休息。

韩桂馨说:"今天是主席的生日,咱们去通知一下厨房,好歹也得给主席做碗长寿面吃!"

"这事我去办!"李银桥说,"主席向来不主张为个人过生日,咱们就开个舞会,大家在一起热闹热闹,一是庆祝这次大会的召开,二是庆祝前线的胜利,这也是最有纪念意义的生日庆祝会。"

韩桂馨赞同道:"好主意!那你也得先去请示一下周副主席。"

"我现在就去,再叫上叶子龙参谋长一起去!"李银桥说罢,又问,"你会跳舞吗?"

"我不会,你会吗?"韩桂馨反问。

"我也不会。"李银桥依然高兴地说,"咱俩不会没关系,只要大家高兴就行!"说罢,抓紧时间去办他该办的事情了。

吃晚饭时,厨师果真为毛泽东做了面条,汤里多放了一点点油。

毛泽东见有面条吃,便叫来了江青和李讷,又让李讷去叫来了她的两个小朋友燕燕和丽亚,也就是叶子龙的两个女儿,5个人在一起吃了顿汤面,算是过了毛泽东的54岁生日。

晚饭后,中央机关的同志们都高高兴兴地来到了毛泽东和周恩来住的院子下面,准备参加舞会了。

这里平时是中央机关工作人员集体吃饭的地方,此时早已挂上了明晃晃的汽灯。机要科的同志们拿来了二胡、手风琴、笛子等乐器担任伴奏,大家的情绪高昂极了。

自从撤离延安,中央机关已经很久没有举行过舞会了。现在形势好转,机关里又新增添了不少女同志,大家早就想凑到一起开展些娱乐活动热闹热闹了!

此时正值大会期间,虽说村上有大戏看,但总归不如人们身临其境地乐呵乐呵痛快……

韩桂馨和她的好朋友江燕,早早地来到了临时舞场。

舞会开始前,人们先习惯性地开始了拉歌、拉节目。在机关里一向以沉稳著称的孙勇,今晚也破天荒地给大家露了一手,唱了一段京剧《捉放曹》。警卫排的李文奎、张林二人合说了一段相声,引得人们笑声不断。

舞会在一片喧笑声中开始了。

青年人首先上场蹦跶开了,几乎所有到场的女同志都被男同志们请下了场。韩桂馨不会跳,江燕就在一旁教她跳。正在热闹中，韩桂馨见到李银桥一直站在场边看，就对江燕说："我去约他过来瞎跳两下！"

韩桂馨邀请李银桥一起学跳舞，李银桥羞红了脸，连连摆手："不会，不会……"

这时江燕走了过去，热情地说："不会怕什么，谁生下来就会跳舞呀？来，我教你！"

韩桂馨也鼓动李银桥："有老师教你还不学，快去吧！"

李银桥只得硬着头皮跟江燕下了场，当江燕教他男女双方如何拉手、搭肩、扶腰时，窘得他连耳朵根儿都红了，江燕和韩桂馨笑得合不拢嘴……

舞会上的气氛很热闹，任弼时的夫人陈琮英和叶子龙的夫人蒋英也来了，在舞池中开心地跳着。正在这时候，汽灯突然灭了！

小伙子们急忙七手八脚地开始给汽灯打气，当汽灯重新亮起来以后，人们又尽情地跳了起来。

这时，舞场上响起了一阵掌声——毛泽东和周恩来、任弼时等领导人也一起来参加舞会了！

大家的情绪更加高涨了，女同志们都想和领导跳一圈，韩桂馨便怂恿江燕去找毛泽东跳舞……

韩桂馨注意到，毛泽东的舞跳得很稳健，像是在走台步；周恩来跳得熟练流畅，姿势也很自然潇洒。在女同志中，跳得最好的要数江青了，其他人谁也比不上她。她陪毛泽东跳舞也只是耐着性子应付，因为毛泽东总不按音乐的节奏迈步；她陪周恩来跳舞时，赶上是一段四步舞，两个人配合得很好，也令韩桂馨知道了什么叫"翩翩起舞"……

12月27日，中央工作会议又进行了一整天，通过了毛泽东的《目前形势和我们的任务》的报告，还通过了毛泽东1946年4月间写的《关于目前国际形势的几点估计》。

12月28日，此次中共中央扩大会议在杨家沟宣布胜利结束。

28. 土改工作多指示　二人协议再续约

1947年，转战陕北、艰苦奋斗的一年过去了。

1947年11月29日，毛泽东继续写了《在土地改革中注意纠正"左"倾错误》，要求各解放区必须纠正土改工作中的"左"倾错误。

毛泽东的重要指示下达以后，有效地推动了各解放区已经开展起来的土地改革运动和人民解放战争的胜利进行。

1948年，解放军在军事上转入全面反攻，共产党在各项工作中迎接新的胜利的一年到来了。

中共中央12月扩大会议的胜利结束，标志着中国新民主主义革命进行到了一个历史的伟大转折点。

会议中，毛泽东向中国人民解放军全体指战员发出指示说：

"发扬勇敢战斗，不怕牺牲，不怕疲劳和连续作战（即在短期内不休息地接连打几仗）的作风。"

为了认真贯彻和进一步加强落实中央12月扩大会议精神，毛泽东在1月7日，又为中共中央起草了《关于建立报告制度》的党内指示，规定了全党各级领导机关的请示报告制度，从而纠正了部分地区在前一段时期所表现出来的无纪律无政府作风。

1月中旬的一天晚上,毛泽东在自己办公的窑洞里写文章,江青在一旁将毛泽东写过的文章重新誊清,李银桥侍卫在窑洞外面的走廊里,随时准备接受毛泽东可能发出的召唤……

窑洞里一直静悄悄的,这说明江青配合毛泽东的工作进行得很正常。忽然间,李银桥听到窑洞里开始传出细微的争执声,渐渐地,争执声大了起来:

"老板,你的字写得太草了,你叫秘书们怎么认呀……"这是江青很不耐烦的声音。

"认不来可以问么,为什么要带情绪呀?"这是毛泽东不高兴的声音,"别人认不来,你总能认得么!现在土改工作的问题很多,我要急着写材料呢……"

"有些字我也认不清。"依然是江青不满意的声音,"你看呀,还有你写的这个'惟土改工作'的'惟'字,我改成口字'唯',你就是欢喜用心字'惟'……"

"是你不懂呢!"毛泽东耐着性子解释道,"你讲的'唯'是'单一'的意思,也是'唯唯诺诺'的'唯';我写的'惟'字是'但是'的意思么,它还是文言助词。这些《辞海》中都有,书就在你手边,你要多学习呢!"

"《辞海》也不是《圣经》,就连《辞源》《圣经》也是人写的……"江青还是不怎么服气地说,"两个'唯'字是可以通用的……"

"你去将中国的同音字都通用好了!"听得出来,毛泽东这是生气了,"你简直不可理喻么……"

夫妻二人的小争执还在继续,在这种情况下,李银桥不好走进去劝解,只是心想:江青很有些变了呢!现在连毛泽东的"毛病"都敢挑,往后她还不敢挑谁呀!转战陕北途中,她还算吃得了苦,也有欢笑,现在怎么变得这样了呢?她虚荣心强、凡事爱出风头、在小事上也争强好胜,小心眼、忌妒心强、容不得别人、自私自利、心胸狭窄、只要别人为她服务、又脾气不好、反复不定、小事上爱记仇、喜欢报复,凡事总以自己的长处比别人的短处。这么多的毛病都集中在了她一个人身上,自己在毛泽东身边当卫士组长,总要同她打交道,这往后的工作该怎么做呢?

第二天,李银桥带着自己的思想顾虑,看准时机去大院对面的窑洞里找了周恩来。

李银桥竹筒倒豆子地向周恩来讲了自己对江青的看法,又说:"毛主席这么英明,怎么和江青结婚了呢?"

周恩来再一次批评了李银桥。谈到毛泽东同江青结婚,周恩来讲,那时大批有理想有文化的女青年投奔到延安,许多首长都是在这些女青年中选择了自己的终身伴侣。毛泽东作为党的领袖,不可能同一个坏得一无是处的女人结婚,我们党也不会同意自己的领袖同一个坏透了的女人结婚。世界上的任何事物、社会上的任何人都是在发展变化中的,一成不变的人和事都是没有的。又说到人这种高级动物,大凡在谈恋爱时,总喜欢表现自己的优点和长处,而将自己的缺点和短处本能地掩饰下来。一旦男女间结合了,真正生活在一起了,相互间的缺点和错误也就渐渐暴露出来了。普通人是这样,江青也不例外啊!

周恩来最后说:"小李呀,主席现在的工作很忙,土改中反映上来的问题不少,主席急着要解决这些问题。我和弼时同志也很急,这些都是关系农民切身利益的问题,是关系中国革命前途的大事,我们不能因为小事而影响了大事。对你,我还是那句说过的话,对江青同志不要乱讲,主席是我们党的领袖,要注意对主席的影响啊!"

1948年1月18日,毛泽东又为中共中央起草了《关于目前党的政策中的几个重要问题》的决定草案(又称"中央一月决定"),详细论述了反对"左"倾错误、土改和群众运动中的具体政策、人民民主专政政权的性质和革命统一战线中无产阶级领导权等问题,再一次明确提出了在战略上藐视一切敌人、在战术上重视一切敌人的重要思想。

1月下旬，毛泽东批示将西北局书记习仲勋《关于土改中一些问题的报告》和中原局书记邓小平《关于新区工作问题的报告》转发各地，对纠正党内"左"倾错误、将各解放区的土改工作纳入正轨起了重要作用。

这几天，毛泽东又电示战斗在豫苏皖地区的粟裕，为迫使国民党军改变战略部署，吸引其20至30个旅回防江南，拟由粟裕率一、四、六三个纵队渡长江南进，组成解放军第一野战兵团，由粟裕任司令员兼政治委员，在南方数省执行宽大机动的作战任务，并要粟裕"熟筹见复"。

1月30日，毛泽东又为中央军委起草了《军队内部的民主运动》的指示，在我军建军史上第一次概括了我军的三大民主——政治民主、军事民主、经济民主的建军思想。

在这段时间里，毛泽东为了搞好和促进各解放区的土地改革运动，简直是废寝忘食。他既担心农村中贫苦农民的切身利益由于党的工作失误而受到损害，又不放心刚刚建立不久的新的根据地不能尽快打下牢固的后方基础，以至影响了解放军大举反攻、夺取全国胜利的战争进程……

李银桥心疼毛泽东，便一直没日没夜地侍卫在毛泽东的身边，保证做到随叫随到，不至因为自己不在而使毛泽东的工作受到一丝一毫的影响。

毛泽东也体恤李银桥，每当深夜，总要屡次催促李银桥去休息："银桥呀，你去睡觉么！不要守在那里，有事我再叫你！"

"我年轻，不困！"李银桥每次都坚持这样说。

"年轻人才好睡觉哩！"毛泽东几次善意地批评他，"我不需要时，你也站在这里，徒劳无益么！"

只有在这种情况下，李银桥才恋恋不舍地离开仍在为国为民操劳的毛泽东，回到自己和警卫们一起住的窑洞去和衣躺一下……

2月3日，毛泽东又为中共中央继续起草了《在不同地区实施土地法的不同策略》的党内指示，指出在老解放区和新解放区贯彻土地法时，应确定不同的斗争策略，绝不可用简单的千篇一律的方法进行。

2月9日是农历的大年三十。

过年了。毛泽东让李银桥叫来了警卫排长阎长林，问他："我们省下了多少粮啊？"

阎长林如实回答说："省下了30石小米，70石黑豆，一共是100石。"

"好么！"毛泽东满意地说，"让人送到村上去，分给困难户过年。"

"是！"阎长林答应道，"我马上去办！"

晚上，周恩来向毛泽东报告了这100石粮食分给村上烈士家属和困难户的情况，毛泽东才算是放下了一桩心事。

随后，毛泽东和江青带着李讷，同韩桂馨、李银桥一起到院子下面的大食堂去，同中央机关的工作人员共同吃了顿用混合面包的饺子。

1948年2月10日是春节，韩桂馨带着李讷和警卫人员一起在院子里放了纸炮，李银桥悄悄通知厨房给毛泽东做了碗红烧肉。江青不喜欢吃肥肉，李银桥又去厨房请厨师高经文设法另炒些瘦肉，端给了江青……

2月11日，正月初二，毛泽东又一次为中共中央起草了《纠正土地改革宣传中的"左"倾错误》的指示。

2月15日，毛泽东再次为中共中央起草了《新解放区土地改革要点》和《中共中央关于土地改革中各社会阶级的划分及其待遇的规定（草案）》的指示，指出在新解放区土改不要性急，要依据实际情况决定土改工作的进展速度。

1948年2月19日，正月初十，恰好是李银桥跟随毛泽东整整半年的"期限"。

这天，李银桥从自己的窑洞里烧好了开水，沏好了茶给毛泽东送过去。见到毛泽东背着手在窑洞里踱来踱去，像是又在思考什么重大问题，看上去脸色不似平日那么正常、那么有光泽。

李银桥心想，毛泽东太累了，自己最好不要惊动他。便将茶水轻轻地放好在桌上，又悄悄地退出了窑洞。

李银桥来到走廊里刚一转身，耳朵里就传来了毛泽东的召唤声："银桥，你不要走，我要跟你谈谈呢！"

李银桥随即走回到毛泽东身前，轻声问："主席，有什么事吗？"

"有事哩！"毛泽东点点头，左手扳着右手的手指对李银桥说，"今天是19号，8月到9月，9月到10月，11、12……半年，正好半年……"毛泽东话说到此，迟疑了一下，望着李银桥，轻轻地问道，"你，还想走吗？"

呀，毛泽东一直惦记着与自己订过的"借用半年"的协议呢！

李银桥心里一热，刚想说什么，忽然又想起了江青……于是，他低下了头，小声说："想走。"

一听这话，毛泽东的脸色立刻黯淡了许多，双眼中透出一种怅然若失的神情。在这短短几秒钟的时间里，毛泽东那忧国忧民、力挽狂澜的种种情景闪现在李银桥的脑海中，就像有一把千斤重锤，猛然撞击在他的胸口。李银桥感到被这无形的力量强烈地震动了，抬头望望毛泽东不安地说："如果主席需要……"

"不……"毛泽东的声音仿佛苍老了许多，"咱们有言在先……"毛泽东从沉思中清醒过来，习惯性地将大手一挥，做出了一个果断的手势，看着李银桥那张还略带稚气的脸，缓缓地说道："你是老实人，工作兢兢业业，对我照顾得很好，我好喜欢你哩！但我毛泽东决不食言！你可以走了。"

李银桥没有走。他感到眼睛模糊了，鼻子发酸——他知道毛泽东是个感情非常丰富的人，对李讷、对韩桂馨、对自己……

听完毛泽东的一番话,李银桥彻底改变了想走的初衷,强忍住眼泪,哽咽着说道:"主席已经同意我走了,那么,咱们俩上次订的协议算是圆满实现了。如果需要,咱们可以再订协议——我愿意同主席再订一次协议……"

刚才的郁闷和惆怅一扫而光。毛泽东的眼睛一亮,豁然开朗起来,笑着说:"好么,那好!我们就重新订约,半年——你再帮我半年忙,看我彻底打败胡宗南!"

说罢,伸手去端桌上的茶杯,李银桥赶忙上前阻拦说:"凉了,我再去重沏!"

"不用沏了!"毛泽东爽朗地笑起来,"茶凉心不凉么……"

李银桥浑身轻松地从毛泽东的窑洞里出来,感到很高兴,觉得自己这件事处理得很好,调整了一下情绪,便直奔厨房而去——因为江青吃饭的时间到了。

29. 毛泽东夫妻吵架　彭德怀宜川大捷

李银桥高高兴兴地奔到厨房，见厨师高经文已经给江青准备好了饭菜，其中还有一条鱼。李银桥随口问道："这是哪来的鱼呀？"

高经文告诉他："是贺老总托人捎来的。"

李银桥知道江青爱吃鱼，也难得贺龙大老远地托人送了来。李银桥将准备好的饭菜用一块木板一端，兴冲冲地给江青送到了她住的窑洞里。

饭菜在炕桌上摆好后，江青见到盘里有鱼，显得很高兴，对李银桥也格外热情："小李呀，你也一起吃吧！"

李银桥心里一怔，认为江青也只是说句客气话而已，便婉言辞谢说："不了，我到下面的大食堂去吃……"

"叫你吃你就吃嘛！"江青诚心诚意地将一双筷子倒过头来，夹了一筷子鱼肉，"快坐下！我一个人吃饭也没意思，还是你陪我吃吧。"

李银桥不好再推辞，只得坐了下来。可他心里直犯嘀咕：江青今天这是怎么了？

两个人正一口一口地吃着饭，江青突然变了脸色，用很生气的口气愤愤地骂了一句："见他妈的鬼了！"

江青的话一出口，正赶上李银桥在用舌头挑着鱼刺，一怔神儿的时间，一根不大不小的鱼刺被他吞到嗓子里去了……

李银桥不清楚江青在骂谁，只得直着脖子听她说下文。江青见到李银桥发怔的样子，连忙安慰他说："不是说你呢！你慢慢吃，别让鱼刺卡了嗓子。"

李银桥心里说：我这儿已经卡上了！

"我是说有些人呢！"江青继续说，"竟有人对我的党籍产生了怀疑，我明明是1932年入的党，硬说我是1935年！"

李银桥心想，这样的事情自己还真不好插嘴呢！便不作声地默默听江青独自发泄着怨愤："小李，你说说看，老板亲自发动的'三查''三整'，都两个多月了，查来查去竟查到我的头上，查起我的历史来了！这是有人想搞我，这是拆老板的台！"

李银桥还是默不作声地听着，江青越说越来气："那时，是个姓王的介绍我入党的，名字我忘了，现在这个人也不知到什么地方去了……"

江青见李银桥一直默不作声地听着，忽然将话锋一转，望着李银桥说："对了，他们还说我对你好，给你衣服穿，我给过你吗？"

"没有！"这一下李银桥憋不住劲儿了，立刻喊叫道，"这是谁说的？"

江青缓出了一口气说："你看，这不是造谣吗？"她并没有讲话是谁说的，只是用这件事来证明别的事也都是有人故意造谣罢了。

见李银桥也动了肝火，江青便咬着牙继续说："有些人就是吃饱了不干正事，整天琢磨着整人，运动一来就上劲，跳得比谁都高。整么，这次你整别人，下次别人也可以整你！"

李银桥一听，心中不由得哆嗦了一下：因为他知道，江青对人的报复心是很强的。

饭总算吃完了。李银桥正想收拾了碗筷抽身离去，又被江青拦下，向他询问了毛泽东近来的生活情况。

正像周恩来曾经说过的,江青的身份不仅是中央机关工作的协理员,更是毛泽东身边的生活秘书,向李银桥询问毛泽东的生活情况是她分内的事,按理说李银桥也应当随时向江青汇报毛泽东的生活情况。

这一次江青问得很详细,李银桥觉得,江青是想以谈工作的方式来摸清毛泽东近来的情绪如何,有没有什么不愉快的事情发生,以便了解毛泽东近来的思想动态。从江青的问话中,李银桥隐隐约约感到,她是在担心自己的历史问题有可能传到毛泽东的耳朵里去……

晚上,李银桥照常在走廊里侍卫着,不轻易走进毛泽东办公的窑洞,免得打搅了毛泽东的紧张工作和他想问题的思路……

第二天一大早,毛泽东离开了办公的窑洞,拖着劳累了一夜的身子,要回另一间窑洞里去躺一躺。李银桥立刻上前护送毛泽东往回走,当他进到毛泽东和江青住的窑洞里时,见到江青正拥着被子坐在大炕上,还没有起身,便转身退了出来,静静地侍立在走廊里,准备随时听候毛泽东的召唤。

工夫不大,李银桥听到窑洞里传出隐隐约约的谈话声。静心再一听,像是江青在向毛泽东诉说什么事情……

只一会儿工夫,便又听到了毛泽东不耐烦的声音,其中有几句话声音还很大:"按组织原则办,谁也不能搞特殊!""你既然那么革命,还要我讲什么话?""正因为你是我毛泽东的老婆,这话我才更不能去讲!"

江青像是又说了几句什么,毛泽东开始斥责道:"你这个人,就是跟谁也搞不到一起!""心里没有鬼,还怕审查吗?"

渐渐地,两个人谈话的声音越来越大,李银桥听到江青哭起来,哭得还很伤心。后来,谈话变成了争吵,江青边哭边闹,毛泽东大吼了一声:"你给我滚!"

江青披着衣服哭哭啼啼地从窑洞里跑了出来，抬眼见到站在走廊里的李银桥，稍一犹豫，随即转身顺着走廊跑到周恩来办公的窑洞里去了。

李银桥知道，每次江青同毛泽东闹了别扭，总要去找周恩来哭诉，这已经是形成规律的事了。这次也是如此，临近中午了，江青才从周恩来的窑洞里走出来，脸上也恢复了往常的平静。

下午，李银桥走进毛泽东的卧室，准备服侍毛泽东起床。

毛泽东先是坐在门板床上，见到李银桥走进来，也不同他讲话，显得心事重重的样子，皱着眉头只是一个劲地吸烟，李银桥也不便问什么……

过了一会儿，毛泽东叹了一口长气，扔掉手中的烟头说："唉！江青是我的老婆，要是我身边的工作人员，我早把她赶跑了！"

在这种情况下，李银桥只须听，无须讲。因为他知道，毛泽东和所有普通人一样，心里烦躁时，也希望能找个知己说说心里话，诉一诉心中的苦闷，这样心情会好一些；但他也知道，毛泽东的身份决定了他不能随随便便去向什么人诉说，更不会向其他领导人诉说，只能是向自己身边的工作人员诉一诉心中的烦闷罢了。

毛泽东起床后，又吸了两支烟，仍然是一副心事重重的样子，开始对李银桥说："没办法呢，跟她凑合着过吧……"边想心事边踱步，一会儿又讲出一两句，"银桥呵，我同你讲，我现在有些难办。当初同她结婚，没搞好。唉，草率了……没办法，真是草率了呢！"

李银桥在毛泽东的面前只是侍立着听，始终不讲一句话。在这样的情况下，即便让他讲话，他又能讲什么呢？

毛泽东又吸燃了一支烟，紧皱着眉头坐在窗前的一把大椅子上，沉默片刻之后，叹了一口气又说："唉，我现在的情况，我的身份，离婚也不好。江青无大过，也无大错，现在就要胜利了，跟她离婚，日后也要有人讲……没办法，银桥呵，我是背了个政治包袱呢！"

李银桥这时感到，毛泽东的家庭生活并不怎么愉快，他是为了顾及方方面面的影响，才不得不同江青继续生活在一起……

1948年2月23日，毛泽东接到彭德怀从前线发来的电报，报告说展开宜川战役的一切准备工作业已就绪，请示毛泽东下达歼灭宿敌刘戡所统29军的作战命令。

2月24日，西北野战军在毛泽东、周恩来和任弼时的部署下，在毛泽东的亲自电令下，在司令员兼政委的彭德怀和副司令员张宗逊、副政委习仲勋等人的具体指挥下，围歼宿敌刘戡所统的29军的宜川战役，打响了……

2月25日，毛泽东在杨家沟得到消息，陕甘宁边区政府副主席李鼎铭先生不幸去世，他不胜感怀与悲怆，遂亲笔写了挽词，悼念这位延安时期曾建议毛泽东"精兵简政"的开明绅士：

> 李鼎铭先生与其他许多和李先生一样的开明绅士，在中国人民民族民主斗争的困难时期，在日本帝国主义者进攻中国时期，在美帝国主义者援助蒋介石匪帮举行反革命内战时期，抱着正义感毅然和中国共产党合作为人民民主事业作了许多有益的工作。一切反对帝国主义侵略，反对蒋介石独裁，赞助人民革命战争，同情消灭封建制度实现土地改革的真正爱国的民主的开明绅士，无论过去与现在都是中国民族革命统一战线的一分子。对于李鼎铭先生的逝世表示我们的悼念之意。

2月27日，毛泽东早饭时仅喝了一碗小米粥，用剩茶水漱了漱口，便又坐回到窑洞里的大窗前，为中共中央起草了《关于工商业政策》的指示，要求各解放区从领导方针和工作上认真检查纠正任何破坏工商业的错误倾向。

指示中说:"必须随时掌握工作进程,交流经验,纠正错误,不要等数月、半年以至一年后,才开总结会,算总账,总的纠正,这样损失太大,而随时纠正,损失较少……经常注意明确划清许做和不许做的事情的界限,随时提醒下面,使之少犯错误。这都是领导方法问题。"

3月1日上午,彭德怀从宜川前线来电称,由于完全按照毛泽东和周恩来、任弼时的周密部署作战,战役进展情况顺利,并请毛泽东和周恩来、任弼时放心:"三日内缴刘戡的脑壳上报!"

接电报后,毛泽东风趣地说:"在朱官寨我就对彭老总讲过了,我要的是刘戡的7个旅,不要他的脑壳!"

周恩来笑道:"刘戡丢了他的7个旅,就是我们不要他的脑壳,蒋介石和胡宗南也不会放过他的!"

毛泽东听罢哈哈大笑:"看起来,刘戡这颗脑壳,还是让彭老总收下为好喽!"

3月1日下午,经过与周恩来和任弼时协商,毛泽东为中共中央起草了《关于民族资产阶级和开明绅士问题》的党内指示,指出对他们应采取团结、争取、教育的方针,而不应采取"左"倾关门主义态度。

3月3日,彭德怀发来电报,西北野战军一举攻克宜川,全歼国民党整编第29军28000余人,敌军长刘戡被当场击毙。宜川大捷,从而实现了彭德怀在朱官寨时和两天前向毛泽东许下的诺言"缴刘戡的脑壳上报"!

从此,彻底改变了西北战场的形势。

3月4日上午,周恩来去到大院下面的大食堂,向通知来开会的中央机关排以上干部宣告了宜川大捷的消息,同时向大家庄严宣布:"毛主席领导我们已经彻底打败了胡宗南!我们的党中央和毛主席准备过黄河到华北去了!"

3月4日下午,毛泽东得到中国劳动协会理事长、世界工联副主席朱学范到达哈尔滨的消息，即时与周恩来致电朱学范：

> 欣悉先生到达哈尔滨，并决心与中国共产党合作，为中国人民民主革命的伟大的共同事业而奋斗，极为佩慰。我们对于先生的这一行动，以及其他真正孙中山信徒的同样的行动，表示热烈的欢迎。

3月5日，《人民日报》发表了毛泽东在2月25日为李鼎铭先生追悼大会上写的挽词。

3月6日，毛泽东又根据前段时期各解放区在土改工作中和划定农村阶级成分以及收取工商业税等诸多问题上所犯的"左"倾错误，给刘少奇写了一封长信，认真分析了所犯错误的原因，并要求刘少奇负责组织中央工委的同志予以检讨：

> （一）所提各点甚好，已收纳于中央关于老区半老区工作指示中。惟政策与经验的关系一点，似应了解为凡政策之正确与否及正确之程度，均待经验去考证；任何经验（实践），均是从实行某种政策的过程中得来的，错误的经验是实行了错误政策的结果，正确的经验是实行了正确政策的结果。因此，无论做什么事，凡关涉群众的，都应有界限分明的政策。我感觉各地所犯的许多错误，主要的（坏人捣乱一项原因不是主要的）是由于领导机关所规定的政策缺乏明确性，未将许可做的事和不许可做的事公开明确地分清界限。其所以未能明确分清界限，是由于领导者自己对于所要做的事缺乏充分经验（自己没有执行过某种政策的充分经验），或者对于他人的经验不重视，或者由于不应有的疏忽以致未能分清政策的界限。其次，是由于领导者虽然知道划分政策的界限，但只作了简单的说明，没有作系统的说明。根据经验，任何政策，如果只作简单的说明，而不作系统的说明，即不能动员党与群众，从事正确的实践。以上两种情况，各中央局与中央均应分担责任。我们过去

有许多工作,既未能公开地(此点很重要,即是说在报纸上发表,使广大人们知道)明确地分清界限,又未能作系统的说明,不能专责备各中央局,我自己即深感这种责任。最近三个多月,我们即就各项政策,努力研究,展开说明,以补此项缺失。但各中央局在这方面自然有他们自己的责任。又其次,是政策本身就错了。此点许多下级党部擅自决定其自以为正确其实是错误的政策,不但不请示中央甚至也不请示中央局。例如很多地方的乱打乱杀,就是如此。但是各中央局,自己在某些政策上犯了错误的也不少。例如晋绥分局,对于在订成分上侵犯中农,对于征收毁灭性的工商业税,对于抛弃开明绅士,都是自己犯了错误的。但是这类"左"倾错误犯得比较严重的似乎还不是晋绥而是华北华东华中各区(从日本投降后开始,投降前也有),晋绥的严重程度似乎还在第二位。是否如此,请你们加以检讨。又其次,是领导方法上有错误,即是上下联系不够,未能迅速了解运动的情况,迅速纠正下面的错误。上述各点,请你向参加中工委会议的各同志正式提出,并展开讨论一次。

(二)划分阶级草案写出后,感觉一月决定草案上所写的东西不够了,现正以一月草案中间一大段为基础重写一个决定,准备尽速公开发表。一月草案的首尾两段则写社论发表。因为中央发了新区土改要点,我给粟裕的那个电报没有发出的必要了,因此决定不发而将其中某些部分写入社论中公开发表为有利。

(三)粟裕部队要三月十五日以前才能在阳谷

全部集中完毕，你们及饶、陈、康、邓①似可在三月二十日左右去阳谷，你们可有充分时间讨论全部政策问题（以划阶级一书为中心）、华北局组织问题及其他问题。

3月7日，毛泽东电令陈士榘、唐亮等人，迅即对洛阳及洛郑线发起攻击……

同日，毛泽东还以中国人民解放军总部发言人的身份写了《评西北大捷兼论解放军的新式整军运动》的评论文章，高度评价了以"三查""三整"为中心内容的新式整军运动的效果，指出新式整军运动将使解放军无敌于天下。

---

①饶陈康邓：饶漱石，时任中共华东局书记、华东军区政委；陈毅，时任中共华东局第一副书记、华东军区司令员；康生，时任中共华东局第二副书记；邓子恢，时任中共华东局副书记、华东军区副政委。

30. 抒豪情惜别陕北　毛泽东东渡黄河

1948年的春天，在乍暖还寒中到来了。

韩桂馨带着李讷，沐浴着明媚的春光，开始到村口看发芽的柳树枝，看返青的小草了。

3月8日，《人民日报》将毛泽东在3月4日写给朱学范的信予以发表。

3月9日，毛泽东见到了《山西崞县是怎样进行土地改革的》上报材料，认为这是在土改工作中取得的一个成功经验，很快通知了新华社，要求新华社向各解放区及时播发这一好经验。

3月12日，毛泽东又特意为山西崞县的这一上报材料写了一篇评论，着重强调了各级领导者责任：

在对自己领导的各项重要工作发出决议或指示之后，应当注意收集和传播经过选择的典型性的经验，使自己领导的群众运动按照正确的路线向前发展。现在是成千上万的人民群众依照党所指出的方向向着封建的买办的反动制度展开进攻的时候，领导者的责任，就是不但指出斗争的方向、规定斗争的任务，而且必须总结具体的经验，向群众迅速传播这些经验，使正确的获得推广，错误的不致重犯。

就要离开陕北了。

自从宜川大捷后，周恩来向大家宣布了即将东渡黄河的消息，中央机关的工作人员开始忙着向杨家沟的老乡们结算借住窑洞的租金，一律按小米和黄豆、黑豆略高于当时农村市场行情的价格予以给付。

就要过黄河了。

刚开始听到消息，人们都很兴奋，但每个人的心底里又有一种依恋惜别的情怀。大家对陕北、对延安的感情，还是很深厚的，而且延安尚未收复，还在胡宗南部队的占领下。

在杨家沟的日子里，韩桂馨教了李讷许多基础文化知识，也从江青那里学会了如何裁剪衣服、如何织毛衣……

3月20日，毛泽东为中共中央写了《关于情况的通报》，指出："我们党的历史情况表明，在我党和国民党结成统一战线时期，党内容易发生右的偏向，而在我党和国民党分裂时期，党内容易发生'左'的偏向。"同时认真分析了当前的革命形势，并对今后局势的发展和各项工作的开展作出了估计。

3月21日，是毛泽东带领中央机关的人们离开杨家沟东去黄河的日子，村里的乡亲们都在村口等着为毛泽东送行……

村上的孩子们纷纷爬上路两旁那些大大小小的石人石马，使劲儿地挥动小手向临行的人们打招呼。毛泽东、周恩来、任弼时等人也在队伍中频频向乡亲们挥手致意，韩桂馨背着李讷只顾往前走，李讷还扭着身子向村上的小朋友们连声喊："再见！我长大了一定回来看你们……"

乡亲们依依不舍，送了一程又一程。毛泽东徒步走了很长一段路，不时回头向乡亲们挥手告别，李银桥牵着马劝说毛泽东："快上马吧，主席！你不上马，乡亲们是不会回去的！"

离开杨家沟已经很远了，再回头时已经望不见村前那些高大的石牌坊了，毛泽东这才骑上马，开始向东赶路。

队伍走得快起来了。李讷执意不让韩桂馨再背了，非要下地和叔叔阿姨们一起走路。卫士张天义牵着一匹驮行李的马经过韩桂馨的身边,韩桂馨忽然叫住他:"把李讷也驮上吧!"

张天义要抱李讷上马,李讷向前紧跑两步:"我不骑马,我要和叔叔们一起行军!"

韩桂馨担心路走长了会累着孩子,便追上李讷说:"李讷,你看你爸爸妈妈都敢骑马,你敢吗?"

"敢!"李讷不再跑了,被韩桂馨抱上了马背。

当日,队伍到达绥德县吉镇稍事休息。休息时,毛泽东就地拟写了一份电报给刘伯承和邓小平等人,作出对刘邓和陈赓两部的作战部署……

电报发出去以后的3月22日,毛泽东率领着中央机关的大队人马继续向东偏南方向行进,晚上到了佳县螅蜊谷。

第二天一早,中央机关的队伍离开螅蜊谷,改向南行军,中午时分赶到了黄河西岸的吴堡县川口渡口,准备从这里东渡黄河。

为了防备国民党从西安派飞机来袭扰,毛泽东、周恩来、任弼时决定将渡河的时间安排在傍晚时分。

当太阳快要落山的时候,毛泽东和周恩来、任弼时一起来到黄河渡口。这时,沿岸的山坡上和河滩地里早已站满了送行的人群。渡口的水中十几条木船一字排开,船上撑船的都是小伙子,一个个五大三粗、体形彪悍。

西边,一片火红的晚霞铺在山顶上,使高原山川显得格外壮观。临上船的毛泽东面对陕北大地,无限感慨:"陕北是个好地方啊!"

"主席,快上船吧!"李银桥打断了毛泽东在陕北大地上畅游的思绪,在卫士们的簇拥下,向船上走去。

毛泽东登上了第一条船,江青、叶子龙、李讷和韩桂馨随后也上来了,船上还有一直跟在毛泽东身边的李银桥和卫士组的卫士们。

上船后,毛泽东和船工一一握手:"劳累你们了!"

船工们都很激动、很兴奋,纷纷说:"能送毛主席过河，是我们的福分！""送毛主席过黄河，这是我们的光荣任务！"

毛泽东连连致意说："谢谢！谢谢！"

这时，李银桥注意到周恩来和任弼时上了第二条船，陆定一和胡乔木等人上了第三条船。

船工用撑篙缓缓地将船撑离了渡口，人们在船上，开始时只见船工撑着篙在船上走而不觉得船动。渐渐地，船工收了篙，大家才感觉到船真的动了。

李银桥和张天义等人紧靠在毛泽东的身后，一起劝说毛泽东在船板上坐下来。毛泽东不肯坐，再次挥动着两只大手向依然站在岸上的人群致意……

这时的黄河正是凌汛期。凌汛是黄河特有的一种自然现象，是因冰块在河中的涌动而形成的洪水。因为黄河上游的纬度低，气温高；而中下游的纬度高，气温低。春天上游的水流泻下来，中下游的冰还没有化开，厚厚的冰层被水冲击成一大块一大块的冰盘，涌进河道，形成洪峰。

船在河中开始摇晃起来。浑浊的浪涛拍打着木船，冰块撞击着船体，人们在船上已经站不稳了……

韩桂馨是头一次见到凌汛，看着那一块块磨盘大的浮冰在湍急的河水中拥挤着、碰撞着，心里免不了一阵阵怵然发紧，不由自主地用一只手把身边的李讷拉到怀里，另一只手死劲儿地抓住船舷。还是男同志的胆子大些，李银桥一面尽量保持着身体的平衡，一面用双手扶着毛泽东摇摆的身体，连声劝道："主席，快坐下吧！你坐下了，岸上的老乡们也就放心了！"

毛泽东推开李银桥的手，望着渐渐远离的渡口和岸边聚集的人群，双眼变得湿润了，呼吸也开始吞吐有声……

李银桥不知此时的毛泽东在想什么，只见他湿润的两眼开始放出异彩，忽然朝着叶子龙说："脚踏黄河，背靠陕北。怎么样，子龙，给我照张相吧！"

"对!应该照一张!"叶子龙匆匆拿出了照相机。

当镜头对准毛泽东的时候,毛泽东先是站稳了身体,敛去了笑容,脸上露出了一副庄严的神情——叶子龙抓准时机,"咔嚓"一声按下了快门。

"好么!"毛泽东高兴地点点头,"把陕北的高原和人民,把黄河一起照下来,这是很有意义的纪念。"

船到河心,浪涛滚滚。一块块大小不等的浮冰随着像粥一样浓稠的河水,时沉时浮地涌动、互相撞击着,发出巨大的声响。身临其境,那惊魂夺魄的声音令韩桂馨心悸不已,她双手搂紧了小李讷,坐在船板上分开两只脚,使身体尽量保持平稳,直担心浮冰会把摇摇晃晃的木船撞翻……

本来不算小的木船,到了河心的激流中也显得微不足道了。木船随着洪流时而跃上波峰,像是要腾空飞跳似的,时而被掼向涛谷,浊浪如墙似壁般地遮住了船上人们的视线。无数冰块无情地撞击着木船,发出撕心裂肺的"砰砰"声——此时此刻,韩桂馨真是提着心吊着胆了。可彪悍的船工们一个个镇定自若、情绪激昂,奋力划动着船桨,稳着舵,喊着沸人热血、激人胆魄的号子:

"嗨哟!……嗨哟!……嗨哟!……"

这时的李银桥心想,怪不得白云山上的老和尚说不能游黄河呢!即便河里没有冰凌,单就这浑流浊浪的拍打和急速而泻的旋涡,也够人受的了……

然而就在这时,一直被这一切感染和激励着的毛泽东深深地吸了一口气,突然转身向大家问道:"你们谁敢游过黄河?"

李银桥一听就愣了:毛主席这是在开玩笑吧?这么大、这么多的冰块在水里搅和着,这么深、这么凉的浑汤在河中急旋着,谁敢下去游啊!

船上的警卫人员中确有几个很会游泳的。

有人喊:"马汉荣行!有一次他给彭老总送信,正赶上黄河发大水,他都游过去了!"

石国瑞自告奋勇说："发大水的时候我也游过！"

一向沉稳的孙勇也出人意料地发话说："黄河发水时我没游过，但现在可以试试！"

情绪激昂的毛泽东接过大家的话，大声说："那好极了！来，咱们不坐船了，游过去吧！"

毛泽东就是毛泽东！

这一提议，把船上的人都惊呆了！

江青第一个阻拦道："老板，快别游了！这么大的冰块，撞谁一下也受不了啊！"

李讷也瞪大了眼睛望着毛泽东："爸爸——爸爸——"

船上的人们陷入一阵沉寂，李银桥向河上的另几条船张望着，心想：周副主席要是在这条船上该多好啊……

这时，韩桂馨鼓起勇气说话了："哎呀！这会儿河上尽是冰凌，太危险！谁也不能游……"

有人小声附和道："可不是！现在正是凌汛期，可不能游泳啊……"

孙勇也像刚从水底下冒出来似的喘了一口长气，望着周围的人说："说的也是，今天河里有大冰，不能游了。"

毛泽东听罢，哈哈大笑："都说不能游了？哈哈，你们是不敢游么！"

众人都望着毛泽东。只见他面对滔滔洪峰，望着那随漩而下的浮冰，望着那奔腾咆哮的浊浪，陷入了沉思……

木船终于划离了河心，毛泽东长长地呼了一口气，摇摇头对大家说："你们可以藐视一切，但是不能藐视黄河！藐视黄河，就是藐视我们这个民族……"

船上的人们也纷纷松了一口气，随着木船行移、绕过一片河滩，大家才算是彻底放了心。

黄河东岸上，热情欢迎的人们早就成群结队地翘首以待了！

船近东岸，船上的人们纷纷向岸上的人群张望，毛泽东却再一次回望黄河，长叹一声："唉！遗憾！"

第四篇

东渡黄河毛泽东遇险城南庄　统一部署党中央进驻西柏坡

◎ 面对这样一封"抗命"来电,毛泽东感到很震惊,因为这封大胆的来电,从某种意义上讲,是否定了党中央和毛泽东关于组建华野一兵团渡江南进的命令。

◎ 毛岸英对他父亲身边的工作人员都很尊重。算起来,他的年龄比李银桥大5岁,比韩桂馨大7岁,但他总称李银桥"李叔叔",叫韩桂馨"小韩阿姨"。

◎ 李银桥回到毛泽东身边,把与韩桂馨交谈的经过原原本本地说了一遍。毛泽东像是办成了一件大事那么高兴,一把拉起李银桥的手说:"走,银桥,一起散步去!"

31. 徒步行军多笑语　双塔村口恋别情

在黄河东岸，河边的沙滩地上站满了前来迎接的人。这里是晋绥老解放区，中央后委的领导机关就设在临县三交镇的双塔村。

毛泽东和周恩来、任弼时等中央领导同志与前来迎接的地方领导同志热情握手、互相问候，大家说着话，一起离开了黄河岸边。

队伍中，李讷和她的小朋友燕燕、丽亚、胜利等人活蹦乱跳地向前跑着，比赛看谁跑得快。韩桂馨在后面边追边喊："跑慢点！别摔着……"

队伍顺着湫水河的河沟向东北方向走了10多公里路，傍晚来到了山西临县的寨则山村。

村子坐落在一座山脚下，这里是晋绥解放区的老根据地。

吃过晚饭，毛泽东不顾连日行军的疲劳，在煤油灯下又工作了一整夜。

1948年3月24日，天亮了。

毛泽东到院中散步，李银桥上前为他准备好了洗脸水。毛泽东也不管盆中的水是凉是热，只是用湿毛巾很简单地擦了一把脸，对李银桥说："我去困觉，12点时叫醒我。"

"是！"李银桥答应着，毛泽东便返回窑洞睡觉了。

吃过午饭，队伍继续出发了。

毛泽东还在睡觉，李银桥记着毛泽东交待的话，想去叫醒他，被周恩来制止了："不要叫，让主席多睡一会儿吧！"

同周恩来一起留下来等毛泽东的人还有任弼时、陆定一、胡乔木和江青。韩桂馨带着李讷随中央机关的人们先走了。

毛泽东一觉醒来，走出窑洞一看，太阳已经偏西了。他着急起来，板着面孔问李银桥："我告诉你了，12点叫我起床，为什么不叫我？"

李银桥只得解释说："周副主席说了，不让叫醒你，让你多睡会儿。周副主席已经安排好了，机关已经出发了，李讷和小韩阿姨也先走了。周副主席说，我们留下来的人少，什么时候都可以出发。"

"好好好！"毛泽东无可奈何地点点头，不再说什么。李银桥随即服侍毛泽东返回窑洞洗脸、漱口、吃饭。毛泽东再次走出窑洞时，是向房东去告别。

接下来，毛泽东吩咐李银桥，让卫士组的人把窑洞打扫干净，把该还的东西还给老乡。还特意吩咐李银桥，把他睡觉借用的门板给老乡安好。

等李银桥他们把一切都办完了，毛泽东这才对卫士们说："好，去告诉周副主席，现在可以出发了。"

离开寨则山村，大家在毛泽东和周恩来、任弼时的带领下，继续顺着湫水河，沿着崎岖不平的山路向北行进。

走了一段路以后，李银桥劝毛泽东骑上马，可毛泽东却笑一笑说："今天咱们应该多走路，少骑马。这是走路的一个好机会，以后这样走路的机会就不多了。"

李银桥一时没有听懂毛泽东话中的含义，便看着毛泽东，等他继续说下去。毛泽东看一看走在他身边的卫士们，又说："今天是最后一次用两只脚掌走路，从明天开始，我们就要乘坐汽车了。"

李银桥反应快，立刻接话说："那老周同志又该给主席来

200

开车了！"

原来，毛泽东在延安时的汽车司机周西林，在跟随毛泽东转战陕北途中，走到绥德就把汽车交了，毛泽东曾对他说："老周，以后我不坐汽车了，你开着汽车过黄河吧。"

周西林当时说："主席，我已经把汽车交了，我要跟着主席打游击。以后缴获了敌人的汽车，我再来给您开车。"

"那好哇，咱们就一起打游击。"毛泽东很高兴地说，"你不开汽车了，还可以做党的工作么！"

这样，一直跟随毛泽东转战的周西林，到中央机关的警卫科担任了党支部副书记。

这时毛泽东说："老周同志还是在警卫科好些，年纪大了么！"

警卫排长阎长林上前说："我了解老周同志的脾气，他一准要求回来，还要给主席来开车。"

毛泽东说："我也很满意他呢！"

阎长林又问："主席，我们扛着副担架行军，已经一年多了，明天让担架也上汽车吧？"

毛泽东笑着回答说："我早就说过，担架我是不坐的，你们不要扛担架了，可你们就是不听么！"

阎长林说："有备无患，我们有的是力气！"

毛泽东再一次看看阎长林，笑道："那好，你们不是有力气么？明天你们就把担架扛在肩上坐汽车吧！"

此话一出，把毛泽东身边的人都说笑了。

初春的太阳暖融融的，走得人身上渐渐躁热起来。张天义想解开领口透透风，被毛泽东看见制止了："要不得！那是风纪扣，是军容风纪，我们解放军就要有个解放军的样子么！"

张天义收回手说："我还真有点热……"

毛泽东又说："再热也不能解扣子，春天的风还是很凉的，伤风了就更没得路好走了，你是想比我们提前坐汽车吧？"

一句话，又把大家说了个不亦乐乎……

这是毛泽东带领大家最后一次徒步行军。说说笑笑中，临近傍晚时来到了临县三交镇的双塔村。

在毛泽东抵达双塔村之前，叶剑英已经率队前往河北平山县的西柏坡了，杨尚昆留下来负责安排和接待毛泽东、周恩来、任弼时一行。

江青和韩桂馨带着李讷，趁着傍晚西山上空的红霞，一起到村口溜达。三个人都是曾经到过双塔村的人，再一次来到这里，自然要比没有到过这里的人多一份乡土之情……

江青已经知道以后再行军就要坐汽车了，便问韩桂馨："阿姨，你坐过汽车吗？"

"没有。"韩桂馨边走边说，"我以前还从来没有坐过汽车呢！"

"那好，从明天起我让你过足坐汽车的瘾！"江青很神气地说，"以后我们行军就再也不用自己走路了！"

"那可太好了！"韩桂馨很高兴，晃荡着李讷的小手说，"从明天起，我们李讷也就不用再跑路了！"

李讷也很高兴地说："等我长大了，我给阿姨开汽车！"

韩桂馨心疼地将李讷一把抱起来："李讷真乖呢！等你长大了，见你上了大学，阿姨比什么都高兴！"

江青看着李讷和韩桂馨的亲热劲儿，也很欣慰地笑着，没再说什么……

这一天，《人民日报》发表了毛泽东在3月12日为《山西崞县是怎样进行土地改革的》写的两段序言。

3月26日上午，毛泽东一觉醒来，穿上他那件多年来一直穿在身上的补丁棉袄，拿上他那根转战陕北时一直拄在手上的柳木棍，走出窑洞，开始在院中散步。这是他多年来形成的习惯，睡醒后总要先散散步，然后再刷牙、洗脸、吃饭。

忽然，毛泽东向站在院口的警卫人员问道："给我喂马的老侯住在么地方？"

警卫员立正了回答："他就住在南边，不远。"

毛泽东点了一下头，不再说什么，回身往窑洞走去，临进窑洞时又对送饭来的李银桥说："周副主席他们准备好了吗？"

李银桥回答："周副主席他们已经吃过饭了，正通知人们准备出发呢！"

毛泽东又说："那你去告诉老侯一声，说我马上去他那里。"

"是！"李银桥答应一声，立刻去找老侯了。

老侯——侯登科，河南人，年龄比毛泽东还大些，就是在葭芦河与黄河交汇的汊口处，冒雨给毛泽东送纸烟的那个马夫，背已经有些驼了，平常总把绑腿打得紧紧的，腰间的皮带上别着个盛烟的荷包，饱经风霜的脸上布满了战争岁月留下的印痕。

他在二万五千里长征途中就一直跟随着毛泽东，为毛泽东喂马，对毛泽东有着深厚的感情。到了延安，他个人负责喂养毛泽东的三匹牲口，把牲口调养得膘肥体壮，每匹牲口从来没有出过什么毛病。老侯年纪大些，可在转战陕北途中，无论多么劳累，也无论情况多么危急，他从来没有掉过队。他常对人讲："为了革命，为了毛主席的身体和安全，喂马是我心甘情愿的哩！"平时干活累了，他总爱抽口旱烟，对人讲："我不能拿枪上前线，又不会拿起笔来写东西，我就会铡草煮料喂牲口。毛主席骑着我喂的牲口指挥部队打胜仗，我越干越有劲头。"

吃过饭，毛泽东来到院子里，见随行的人员都已经准备好了，等着上汽车出发呢。来给毛泽东开车的司机还真就是周西林，也不知他是怎样又要求回来了。

江青和韩桂馨带着李讷也站在一辆汽车旁，等着毛泽东和周恩来、任弼时来了一起上车启程。

毛泽东问阎长林："周副主席还没有走吗？"

阎长林回答说："没有走，刚才他还问主席吃过饭了没有。我们说主席正在吃饭，周副主席说他很快就过来。"

"好吧，走！"毛泽东并没有径直上汽车，而是招呼李银桥说，"咱们先看看老侯去。"

李银桥和阎长林跟着毛泽东，来到侯登科住的地方，见老侯正在向灶里拨火给牲口煮料。

毛泽东大步走上前去握住他的手，亲切地说："老侯，谢谢你啦！咱们在陕北一起转战，全靠你喂马。两万五千里长征时，也靠你喂马。今天我们要坐汽车了，你不能和我们一起去，你要随机关一起行军。你年纪大了，走路不方便，就骑上这匹老马走吧。机关可能老弱病号多，你也是老人，又有病，你就骑上这匹老青马吧！你同你的领导讲，就说这是我的建议。"

侯登科用他那布满青筋的手紧紧地握着毛泽东的手，双眼淌着泪，颤抖着说："主席，你放心吧！我能走，主席头里走，我牵着马随后就来，翻大山的时候，兴许还用得上这匹马……"

侯登科抽手用袖子擦了擦眼角，又说："我有困难了，走不动了，一定会按主席说的去办……"

"这就好，这就好！"毛泽东说罢，向老侯告了别，"那我们就先走了，到晋察冀军区去等你，你要多多保重呵！"

侯登科见毛泽东要走了，恋恋不舍地一直送毛泽东来到汽车旁，两眼含泪凝视着毛泽东上了汽车。车开了，侯登科一路小跑地奔到村口向汽车挥手，看着随车扬起的一路飞尘，再也禁不住老泪纵横了……

32.雁门关谈今论古　五台山雪夜击钟

毛泽东带领人们乘车离开双塔村后,一路北上,于1948年3月26日傍晚到了山西兴县的蔡家崖,这里是晋绥军区的所在地。毛泽东在这里停留了8天。

西北军区司令员贺龙和政委李井泉,已经带人等候在村口了。

"你好么,贺老总!"毛泽东一下车,立刻笑意盎然地伸出手去同贺龙握手,"杨家沟一别,你的胡子更黑了么!"

贺龙也春风满面地连声说:"主席好!不敢劳主席动问,我的胡子还不到白的时候哩!要打垮蒋介石,全国解放了,再白也不迟么!"

"言重了!"毛泽东大笑着说,"全国解放了,也更需要你这黑胡子么!"

贺龙又说:"主席倒是瘦多了,在陕北是吃了大苦头了……"

"没有的事!"毛泽东坦然一笑,"你送的腊肉,我一直吃到杨家沟哩!"

"没有几斤嘛!"贺龙说,"主席太节俭了……"

这时,李井泉也上前同毛泽东亲切握手、相互问候。人们陆续下车后,在贺龙指定人员的引导下,一起向村中走去。

贺龙和李井泉继续守候在村口,等着迎接周恩来和任弼时等人。

3月27日至29日,毛泽东、周恩来、任弼时在蔡家崖认真听取了贺龙和李井泉的工作汇报后,很满意,并十分风趣地说:"你们不是说我瘦了么?那好,我要在你们这里叨扰几天,好好吃几顿再走!"

"哈哈哈……"贺龙手上握着他的大烟斗,爽朗地笑道,"主席住我们这里,蓬荜生辉么!"

在接下来的几天时间里,毛泽东在村上多次召见地方政府的领导人进行谈话,并到村上去找老乡们座谈,对晋绥解放区的土改和整党工作进行多方面的调查,听取了中共晋绥分局领导同志的汇报,并召开了有区、县干部、土改工作团干部和贫农团代表参加的座谈会。

3月31日,毛泽东给曾任陕甘宁边区统战委员会主任的王观澜写了一封信,对他的身体状况甚为关切。信中说:

大有起色,极为欣慰。去苏联治病是可以的,待秋季你到五台区,如果平绥线已打通,路上好走,即可和那边交涉前往,你即可去。

4月1日,毛泽东在晋绥干部会上发表了讲话,肯定了党的领导对土改工作中错误倾向的批判,第一次最完整地提出了新民主主义革命的总路线和总政策,同时阐述了土改的总路线和总政策。会上,毛泽东还为土改工作的总路线和总政策题了词:

依靠贫农,团结中农,有步骤地、有分别地消灭封建剥削制度,发展生产。

4月2日,毛泽东又同《晋绥日报》的编辑人员进行了谈话,勉励他们努力办好党报,并向他们阐述了无产阶级新闻工作的路线和方针。

4月3日,毛泽东和周恩来、任弼时带领中央机关的先头人员乘车离开了蔡家崖,一路东进,出兴县而达岢岚县城,走五寨而抵神池，4天行程数百公里。

停车休息时，毛泽东招呼周恩来和任弼时，带上李银桥他们几个人，一起登长城去看雁门关。毛泽东手上拄着那根柳木棍，在周恩来和任弼时的陪同下，登上了雁门关。

夕阳西下，放眼长城内外，远看群山迷蒙，霞走云飞。近览峰峦叠嶂，峭壑阴森。两座大山对峙，形状尤如天造的两扇大门，护卫着山间的一条盘旋幽曲的穿城之路……

毛泽东感叹说："这里是古往今来兵家必争之要地，难怪有'三关之首'一说哩！"

"是啊。"任弼时接着说，"雁门关与宁武关、偏关合称三关，相传是宋代名将杨六郎镇守三关的地方。"

周恩来一只手扶着城墙，一只手叉腰说："相传杨六郎守三关是在河北的徐水、唐县一带，不在山西这里。"

毛泽东笑着说："历史上的许多事情，如果没有史书记载，经后人们七传八传，时间久了，也就说不清楚了。但有一条可以确信，这里是春秋战国时期赵国的李牧大败匈奴的地方，应该不会错的。"

周恩来笑应道："古人称这里是'三关冲要无双地，九塞尊崇第一关'呢！"

毛泽东将手中的柳木棍向远方的长城深处指一指说："中国这么大，长城长万里，凡是有关的地方，人们都说自己这里是第一关，也是后来人为祖上引以自豪的一桩事么！"

说笑间，三人带领大家走下关楼，先依次浏览了雁门关的三座关门，又驻足详看了李牧祠中的《武安君庙碑记》。

1948年4月6日，毛泽东率车队进驻代县县城。

在这里，毛泽东召集地方政府的负责人开了座谈会，向人们详谈了党在土改工作中的方针和政策，谆谆告诫大家在土改工作中千万不要再犯"左"的错误，要切实把农村的工作做好，把农民的切身利益放在党的各项工作的首位。

座谈会上，有人提请毛泽东去城东参观一下"杨家祠堂"，说那里是宋代名将杨业的故里，有些名胜古迹很值得一看；还有人提请毛泽东，去城西南参观赵杲观，说那里是春秋末期代国的丞相赵杲曾隐居的地方，后人建祠祭祀，名虽为"观"，实为僧侣们所居住，寺内有大佛殿、观音阁、九仙女洞和"仙阁梯云"等。

毛泽东笑一笑说："谢谢大家了！这些地方我都不去了，只要大家把土改工作做好了，比让我去哪里看看都高兴啊！"

这时又有人说："不用出城，过去这里是代州府，城里有座很有名的阿育王塔，是隋唐时期修建的，又叫园果寺，和鼓楼的边靖楼遥相对峙，主席可以就近去看看，难得来一趟嘛！"

盛情难却——毛泽东不好再推辞地方政府的诚意，便和周恩来带着几个人，在代县县长的引导下，一起去了边靖楼。

李银桥跟随毛泽东一起登上了边靖楼。经代县县长介绍，此楼又名鼓楼，始建于明朝洪武七年，单是楼基就有13米高，楼身更是高达26米。

在城楼上，果然见到这里的三层建筑结构精巧，造势雄伟，虽经数百年的风雨侵袭和多次地震的冲击，至今仍存留完整，令毛泽东和周恩来赞叹不已。三层楼额上，分别悬挂着三块巨匾——"声闻四达""威镇三关""雁门第一楼"。

抬眼望去，又见城中的阿育王塔与鼓楼遥相呼应、竞相争高，毛泽东感慨道："山西是个好地方，可是阎锡山不晓得好好保护这一切，不晓得体恤广大劳动人民的疾苦啊！"

周恩来站在毛泽东的身旁说："全国解放了，人民政府是会把这一切认真保护起来的。"

"是么！"毛泽东点头说，"当一切都重新回到了人民手中，人民是会很好地保护这一切的。"

1948年4月7日，毛泽东驱车率队继续向东行进，出代县到达繁峙县伯强村。

4月8日，毛泽东为中共中央起草了《再克洛阳后给洛阳前线指挥部的电报》，阐述了党的城市政策，意在消除"左"的影响。

这里已是五台山地区。毛泽东不顾连日乘车行军的颠簸和疲劳，又兴趣不减地叫上周恩来，一起冒着漫天的风雪连夜上了五台山。

五台山是山西境内历史上有名的佛教圣地，方圆数百里，由五座山峰环抱而成。五峰高耸，峰顶平坦宽阔，如垒土之台，故称五台。五峰之外称台外，五峰之内称台内，台内又以台怀镇为中心。五台之间遥相衬映，各有其名：东台称望海峰，西台称挂月峰，南台称锦绣峰，北台称叶斗峰，中台称翠岩峰。

坐在中吉普车上，毛泽东与周恩来谈笑风生。车前亮着大灯，风雪在明亮的灯光下飘飘洒洒，呈现出一派北国风光的特有景象。

李银桥持枪坐在车上随行，听着毛泽东与周恩来的谈笑，知道了五台山五台之中最高处是北台，海拔有3000多米，素有"华北屋脊"之称，还知道了山中气候寒冷，每年4月间才开始解冻，一进入9月份就开始积雪，台顶更是累年积雪成冰，到了夏天特别凉爽，所以又有人称其为"清凉山"。

李银桥见毛泽东与周恩来谈得高兴，便插话说："快别叫'清凉山'了，这么冷的天，又下着这么大的雪，干脆叫'冰天雪山'算了！"

毛泽东笑一笑说："银桥进步了呢！说话晓得用词了，不过不应说'冰天雪山'，而应说'冰天雪地'么！"

周恩来也向李银桥一笑，说："小李同志，是不是跟小韩阿姨学的呀？"

"才不是呢！"李银桥心虚地说，"她又不是我的'阿姨'，我是跟主席学的！"

"你么时候跟我学的呀？"毛泽东笑问道。

"跟着木匠会拉锯，跟着铁匠会打钉。"李银桥很认真地说，"我跟了周副主席半年多，又跟了主席半年多，天天在你们身边，我能没一点进步吗？就是块山药蛋放进蒸笼里，也早该蒸熟了！"

一句话，把毛泽东和周恩来都说得大笑起来，就连开车的司机周西林也笑了……

笑过之后，毛泽东又对李银桥说："银桥呵，我今天带你去看最大的寺庙，要比白云山庙大多了。这里的和尚也要比白云山上的和尚学问多，知识广，很有你学的东西哩！"

周恩来也介绍说："五台山台内寺庙有39座，台外8座，第一座寺庙是台内的'显通寺'，规模很大，也最古老。相传始建于东汉年间，当初叫'大孚灵鹫寺'，唐朝的武则天给改了名字叫'大华严寺'，明太祖朱元璋又赐名为'大显通寺'。听说寺中有三间铜殿和两座铜塔，还有一个重万斤的大铜钟呢！"

毛泽东幽默地说："今日我们不当和尚，也要去撞撞他的钟哩！"

由于天黑雪大，停车后李银桥也看不清是到了什么地方，只知道下车后见到的地方确实很大，跟在毛泽东和周恩来身后上了一层台阶又一层台阶，进了一重庙门又一重庙门。在一位老和尚和几位年纪稍长一些的和尚的陪伴下，毛泽东和周恩来借着大殿里燃起的烛光参观了无量殿里的无量寿佛，听老和尚介绍了寺里的明版藏经、华严经字塔和各种供器。最后毛泽东饶有兴致地来到三间大铜殿前，观看了精巧的铸造和铜柱额面上的花纹、窗格上铜雕的棂花。

由于有五台县县长等人的陪同，庙里的老和尚对毛泽东一行人很恭敬。在铜殿门前，李银桥见到了周恩来在汽车上说的那座铜钟楼，在风雪中显得格外肃穆、雄伟而壮观。

老和尚启开楼门，对毛泽东和周恩来说："施主请进，这里就是声及全山的铜钟了。"

　　进到楼内，果然见到一口比人还高的大铜钟悬挂在那里，周恩来请毛泽东用悬在铜钟旁的击木撞一撞铜钟，毛泽东先是看一看老和尚，老和尚随即合掌施礼说："施主远道而来，撞击铜钟，必能声震寰宇，为寺庙增辉。"

　　毛泽东这才抬手对周恩来说："我们两人一起来么！"

　　"好的！"周恩来上前，和毛泽东一起动手推动击木用力撞响了铜钟：

　　"哐——哐——哐——"

　　这声音，震得李银桥在一旁耳聋，惊得寺里的和尚都起了夜。浑厚洪亮的声音传出寺外，像是要把漫天的风雪惊散似的，传响了整个五台山……

33. 粟裕大胆抗"君命"　　领袖遇险城南庄

1948年4月11日,毛泽东从伯强村出发,冒雪过五台山,到达杨林衔,夜宿台怀镇塔院寺。

4月12日,毛泽东到达了河北阜平县的西下关村。同日,毛泽东委托任弼时等人召开了阜平地区村干部参加的土改工作座谈会,向大家详细了解土改、执行政策、文化教育、群众生活等方面的情况。

4月13日,毛泽东驱车到了阜平县的城南庄。

城南庄是晋察冀军区的所在地。军区司令员聂荣臻将他过去住的房子腾给了毛泽东和江青,自己搬到军区大院后面一排房子去住了。

在城南庄,毛泽东再一次委托任弼时召开了阜平、曲阳、定县三县县委书记和部分区委书记参加的土改和整党工作汇报会,并亲自向参加会议的部分干部调查了解情况、征求了意见。

4月18日,毛泽东接到东北野战军司令员林彪、政委罗荣桓的来电,称东北野战军计划用9个纵队攻打长春,其中7个纵队攻城、2个纵队打援,请示中央军委明令定夺。

鉴于外线战场形势,毛泽东在城南庄及时召开了重要的军事会议。参加会议的人员,除周恩来、任弼时外,还有聂荣臻、李先念、张际春等同志，大家在一起共商军情大事。

4月24日，在军事会议进行中，毛泽东回电林彪、罗荣桓，同意了东北野战军先打长春的作战计划。

4月27日，毛泽东给华北人民政府副主席蓝公武写去一封信，意邀其来城南庄一叙：

三十年前，拜读先生在《晨报》及《国民公报》上的崇论宏议，现闻先生居所距此不远，甚思一晤，借聆教益。兹派车迎候，倘蒙拨冗枉驾，无任欢迎。

4月28日，正当毛泽东准备迎接蓝公武之际，突然接到了粟裕从华东发来的一封电报，要求中央军委重新考虑三个月前电令他率一、四、六三个纵队渡江南进的指示，建议三个纵队暂不过江，留在中原打一场大仗。

粟裕在电报中分析了中原形势，阐明了自己的观点。

面对这样一封"抗命"来电，毛泽东感到很震惊，因为这封大胆的来电，从某种意义上讲，是否定了党中央和毛泽东关于组建华野一兵团渡江南进的命令。

毛泽东立刻重新召集了周恩来、任弼时、朱德、陈毅、聂荣臻等人，一起商讨此事。

在房间里，毛泽东大口大口地吸着烟，抬眼问陈毅："陈老总，你是怎样看这个问题的呀？"

陈毅不假思索地说："粟裕将军的战役指挥，一贯保持其常胜纪录，计谋愈出愈奇，仗愈打愈妙！照我看，华东军事指挥主要靠他，我们党能有这样的人才，百把个就差不多了……"

"我是说他的这封电报！"毛泽东对在座的人强调说，"三个月前，中央决定将华东野战军的一、四、六三个纵队调去黄河以北的濮阳地区休整，编成一个兵团，由粟裕担任司令员兼政委，渡江南进，开辟东南各省，继续发展战略进攻，吸引国民党军队回师江南，以便减轻刘邓大军在中原的压力，可粟裕他来电不去江南，要留在中原，你们都怎么认识呀？"

周恩来对粟裕的来电也深感震动,但他此时却沉住气冷静地说:"主席,先不要着急。我的意见是请粟裕立刻来河北,向主席当面汇报,讲清他的想法为好。"

朱德也说:"可以叫他来一趟嘛!"

"那好!"毛泽东当机立断,"立刻发电报,今日是4月28日,请粟裕务必于5月5日以前赶到这里,向中央军委当面汇报他的设想!"

毛泽东累了。正像他自己曾经说过的那样,主要是"脑子累了"。

一连两天两夜,毛泽东又没有睡好觉。

在这两天两夜,他一直反复考虑着粟裕的电报内容,一面给挺进大别山开创根据地的刘伯承、邓小平拟写了一份长长的电报稿,一面还起草了召开全国政治协商会议的通知。

写完通知,天已蒙蒙亮了。

毛泽东习惯性地走到院子里散步,扭扭腰,扩扩胸,做几下深呼吸,然后回到房间里收拾好笔墨和文稿,对侍卫在身边的李银桥说:"银桥,我休息吧。"

李银桥取出两片安眠药,斟了水请毛泽东服下。

毛泽东吃药后,李银桥照顾他躺下去,便坐在他身边替他轻轻按摩双肩和两腿。李银桥想,毛泽东的工作量太大,考虑的问题太多,休息又极少,按摩按摩可以帮助他尽快消除疲劳……

毛泽东平时有个习惯,躺下以后,必要看一会儿书报。这次也是如此,半小时后,他将报纸朝枕头边一丢,合上眼睛睡着了。

李银桥见了,心想:无须再给他吃第二次安眠药了。李银桥再一次看看毛泽东的睡姿,便蹑手蹑脚地退出了房间。

4月30日至5月7日,在城南庄毛泽东主持召开中共中央书记处扩大会议,通称城南庄会议。

5月1日，毛泽东起床后，给中国国民党革命委员会主席李济深和中国民主同盟中央常务委员会委员沈钧儒拟写了一份电报，并通过他们向全国各民主党派提出了召开新的政治协商会议的号召：

> 在目前形势下，召集人民代表大会，成立民主联合政府，加强各民主党派、各人民团体的相互合作，并拟订民主联合政府的施政纲领，业已成为必要，时机亦已成熟。国内广大民主人士业已有了此种要求，想二兄必有同感。但欲实现这一步骤，必须先邀集各民主党派、各人民团体的代表开一个会议。在这个会议上，讨论并决定上述问题。此项会议似宜定名为政治协商会议。一切反美帝反蒋党的民主党派、人民团体，均可派代表参加。不属于各民主党派各人民团体的反美帝反蒋党的某些社会贤达，亦可被邀参加此项会议。此项会议的决定，必须求得到会各主要民主党派及各人民团体的共同一致，并尽可能求得全体一致。会议的地点，提议在哈尔滨。会议的时间，提议在今年秋季。并提议由中国国民党革命委员会、中国民主同盟中央执行委员会、中国共产党中央委员会于本月内发表三党联合声明，以为号召。此项联合声明，弟已拟了一个草案，另件奉陈。以上诸点是否适当，敬请二兄详加考虑，予以指教。三党联合声明内容文字是否适当，抑或不限于三党，加入其他民主党派及重要人民团体联署发表，究以何者适宜，统祈赐示。

1948年5月2日早晨，深夜吃了安眠药的毛泽东正在熟睡中，尚未起床。

这时，聂荣臻已经起床了。他去军区大院外散了一会儿步回来，在院子里碰到了刚刚起床的江青，便停住脚步同她聊了起来。时间不长，聂荣臻便回自己住的房间去了。

就在这时，城南庄北面的山顶上，突然响起了防空警报。李银桥心里"咯噔"一下，立刻跑去大院的空旷处，瞪大了眼睛向天上观望。

这时，已经能够听到空中传来飞机的轰鸣声。李银桥紧张地屏住呼吸，循着声音望去，见有一架敌机已经飞到了城南庄的上空进行盘旋侦察……

接着，空中又传来一阵轰鸣声，不多时又飞来两架敌机，站在地上的李银桥已经能够看清是两架B-25型轰炸机……

李银桥很紧张，因为他知道城南庄和延安不一样。在延安住的是窑洞，石头砌的。而城南庄是平房，远不如窑洞厚实。在延安时，只要敌机一进入陕甘宁边区，就会有电话打到延安，延安可以及时拉响警报防空袭。城南庄距北平、大同、保定都很近，而且只能是在山头上发现了敌机的时候才能拉警报，情况已经很紧急了，毛泽东住的房间距离院外的防空洞足有30多米，动作慢了就会有危险……

李银桥焦急地徘徊在毛泽东的房门前，想进去叫醒毛泽东进防空洞，可又考虑到毛泽东日夜劳累，难得休息，好不容易吃了安眠药才睡着了，现在去叫醒他又于心不忍……

这时，警卫排长阎长林轻手轻脚地跑了来，看上去风风火火，却小心翼翼地压低了嗓音问："怎么办？怎么办？叫不叫醒老头子？"

李银桥也正拿不定主意，这时3架敌机已经临空了，"嗡嗡"叫着在城南庄的上空盘旋。李银桥和阎长林呆若木鸡地站在毛泽东的房门前，一时间竟不知所措。幸好，敌机也只是在空中转了几圈，便又"嗡嗡"叫着向东飞走了。

看着向东北方向飞去的敌机，李银桥断定是飞向了保定，同时还断定敌机这只是先来做做侦察，真正的轰炸机随后就会袭来。晋察冀军区的大院就建在城南庄村东的空地上，盖的是一排排整齐规矩的平房，无论从哪个方位看去，目标都十分明显，这里肯定被敌机侦察去了！

怎么办？李银桥和阎长林去请示江青，江青也不知道该怎么办。这时聂荣臻派了他的秘书范济生来参加商议，商议结果还是暂时不要叫醒毛泽东。

李银桥和阎长林招呼了卫士组和警卫排的人，命令大家做好一切防空袭准备，组织好人员守候在毛泽东的房门前。阎长林派人取来转战陕北途中一直携带着的担架，放好在大家的身边，一旦警报再响，就说明是敌人的轰炸机来了，大家必须马上冲进房去，用担架抬上毛泽东往防空洞跑。

该吃早饭了，有人来叫大家轮换着去吃饭，可毛泽东房前的人没有一个肯离开。

8点多钟，城南庄的北山上又拉响了防空警报，那声音就像惊雷一般在李银桥的心中轰鸣。再不能犹豫了，阎长林大喊一声："照彭老总说的办！"

"彭老总说的"指人们撤离延安时，彭德怀曾对阎长林说的这句话：关键时刻，在危急的情况下，不管主席同意不同意，你们把他架起来就跑，到了安全的地方再讲道理，主席是会原谅你们的。

现在用上彭德怀这句话了，也用上毛泽东一直不要坐的担架了。这时聂荣臻和他的参谋长赵尔陆也赶了来，说时迟，那时快，李银桥第一个破门而入！

身穿蓝条毛巾睡衣的毛泽东，依然躺在床上睡着，聂荣臻急切地轻步上前，压低着嗓音呼唤毛泽东："主席，敌机要来轰炸，请你快到防空洞去！"

沉睡中的毛泽东像是听到了聂荣臻的说话声，但也只是动了动身子，并没有醒。李银桥急了，站在毛泽东身边贴着毛泽东的耳朵大声叫道："主席！主席！有情况！"

"哪个？"毛泽东被惊醒了，两眼蒙眬望着身前的李银桥。阎长林见状，不由分说地和石国瑞一起上前扶毛泽东坐起身，大声报告说："主席，敌机要来轰炸了！刚才已经来了3架敌机，侦察走了。现在防空警报又响了，肯定是来的轰炸机，请主席赶快到防空洞去！"

趁着阎长林向毛泽东报告情况的空当儿，李银桥匆忙抓来毛泽东的那件带补丁的旧棉袄，给毛泽东抬起胳膊硬穿上了。

毛泽东见到屋里这么多人，终于明白了眼前发生的事情。可是，他竟然毫不在意地说："先给我拿支烟来。"

李银桥忍不住又大声喊了一句："主席，来不及了！"

毛泽东依然若无其事地坐在床上，非常镇静地动手再穿一穿棉袄，不慌不忙地问道："怎么，丢炸弹了吗？"

阎长林急得直跺脚："刚才是侦察机，没有投炸弹，这次来的是轰炸机，一来就会投弹，炸弹一下来就跑不及了……"

毛泽东皱了皱眉头，打断阎长林的话说："丢炸弹有什么了不起？先给我点一支烟吸么！"

聂荣臻急切地再一次说："主席，敌机要来轰炸，请你赶快到防空洞去！"

毛泽东冷冷一笑，竟风趣地说："不要紧，没什么了不起！无非是丢下几块铁砣砣，正好打几把锄头开荒么！"

聂荣臻急得不能再急了，一连几声说："主席，你必须立刻离开这里，我要对你的安全负责！"

可是，毛泽东依然稳坐在床上，抬起右手摸一摸他下颏上的那颗痦子，同时看了李银桥一眼，还是不想动的样子。

"快快快！"这时，江青神色惶惶、上气不接下气地冲进来，一进门便连声喊道，"飞机下来了！飞机下来了！"话只说了两句，只见她身子往门外一闪跳出屋，屋外继续传来她紧张急迫的喊叫，"走走走！快快快！"

情况已经万分紧急。李银桥不管三七二十一，粗鲁地将手一下子插入毛泽东的腋窝下，聂荣臻随即向赵尔陆递了个眼色，阎长林和石国瑞、孙振国拿来担架，聂荣臻和赵尔陆接过担架准备好抬人的架势，李银桥、阎长林、孙振国和石国瑞4个人一起用力将毛泽东架上了担架，聂荣臻和赵尔陆抬起就走，李银桥和阎长林等人立即上前替换过担架，大家七手八脚、连抬带扶地拥着毛泽东奔出了房间……

聂荣臻紧跟着担架催促道："快呀，快！敌机要投炸弹了！敌机要投炸弹了！"

离开房间没几步，人们就听到头顶上一阵尖啸，抬担架的几个人本能地一缩脖子、不由自主地向后退了几步。没等大家弄明白是怎么回事，就感到脚下的黄土地猛地一颤，同时"噗"的一声钝响，毛泽东身边的人都被惊呆了！

"啊——"江青站在防空洞的洞口惊恐地喊道，"天呀！"

是的，天啊！三颗捆在一起的炸弹，就落在人们的身后、毛泽东的身旁，大家伸手可触！

冷汗唰地一下都冒出来了。几个人不约而同地喊了一声"快跑！"即刻丢下担架，一起拥架着毛泽东往设在房后的防空洞猛冲……

"快呀，快！"聂荣臻和赵尔陆紧催着大家，"敌机又扔炸弹了！"

4个人的步伐更急了，可毛泽东却蹭着脚步连声说："放开，我不要跑了！"

这时，大家拥架着毛泽东已经跑出了军区大院的后门，在即将到达山脚处的防空洞口时，人们的身后"轰隆隆"一声巨响，敌机投下来的炸弹在院子里爆炸了。顿时黑烟滚滚，弥漫了半个天空……

"轰"的又是一声巨响，另一颗炸弹在东南方不远处的坡地上也爆炸了！

"不要紧了。"毛泽东缓下脚步说，"它轰炸的目标是房子，我们离开房子就安全了，还慌什么？"

李银桥还是不放心地催促道："主席，到防空洞里边去吧！"

毛泽东站在防空洞前不再往里走，对他身边的人说："给

219

我点支烟吸,我还没吸烟呢!"

这时,又有两颗炸弹在较远一些的地方炸响了。时间不长,敌机飞走了。

人们立刻跑回军区大院,发现落在毛泽东门前的三颗捆在一起的炸弹愣是没炸!

毛泽东走过来了,他很想上前去看看,大家拦着不让他靠前。毛泽东争不过人们,只得从院子里走过时,远远地望了一眼。

李银桥和阎长林等人在军区大院里,见那颗炸了的炸弹将地上炸出了一个梅花形的大坑,四周都炸成了焦土。再看那三颗捆在一起的炸弹,斜插着倒栽在一个大土坑里,坑周围也被翻起了一层层黄土……

敌机投下的是几颗杀伤弹,房间里飞进了不少齿状弹片,桌椅上落了一层厚厚的尘土和砖瓦片。两个暖瓶全被震倒摔碎了,水流了一地。门窗的玻璃也全都被震碎了,床椅也有损坏。还有买来的一些鸡蛋,也被飞进来的弹片削了个稀巴烂,蛋清蛋黄流得一塌糊涂……

面对这一切,李银桥等人不禁感到一阵后怕:要是那三颗炸弹也爆炸了,要是大家的动作再稍微慢一点,要是朱德、周恩来、任弼时、陈毅、李先念等人再晚走几天,那后果就不堪设想了!

聂荣臻站在屋内,神情极其严厉地思考着,同时询问晋察冀军区保卫部的许部长:"飞机轰炸时,有没有敌特活动?"

"现在还没有发现敌特活动。"许部长说,"不过,今天飞机来轰炸,肯定有坏蛋告密。主席、朱总司令、周副主席、任弼时等中央首长在这里住了20多天,敌人肯定是得到了情报才来轰炸的。"

聂荣臻指示说:"肯定是有坏蛋告密,你们要抓紧破案!"

"是!"许部长语气坚定地答应了下来。

34. 毛泽东北迁花山　粟将军慷慨陈兵

1948年5月3日，听到城南庄被敌机轰炸的消息，周恩来、朱德、任弼时都及时从西柏坡赶过来看望毛泽东，刘少奇也从平山县驱车赶来城南庄看视毛泽东。

聂荣臻为了安全起见，重新安排毛泽东的住处，让毛泽东迁到了城南庄北边的花山村居住。这里山清水秀，环境优美，十分幽静。

再说接到毛泽东电报的华东野战军副司令员兼副政委的粟裕，亲自驾驶着一辆美式吉普，载上足够用的汽油，日夜兼程，沿山东、经河南、进河北，一路风驰电掣地赶到了城南庄。

5月4日，毛泽东、周恩来、刘少奇、朱德、任弼时等中央书记处的五大书记正在花山村的一间房子里开会，听见外面有人和警卫人员打招呼，毛泽东立刻放下手中的文件，惊喜地对大家说："粟裕来了！"

在大家起身的同时，毛泽东已经迈开大步，跨过炭盆，迎到门外去了。

快步走出院子去迎接下面来的将领，这在毛泽东还是第一次。

两人一见面，毛泽东首先发话说："粟裕，我们在等你！"

粟裕立正敬礼，激动地说："主席，我向你负荆请罪来了！不知我的电报是否干扰了中央的决心？"

毛泽东笑容满面地说："知无不言，言无不尽，何罪之有？你提意见，又不是骂娘，我毛泽东虽算不上大肚弥勒佛，但容你粟裕三五条意见还是没问题的！走，进屋去细细谈么！"毛泽东说着，拍一拍粟裕的肩膀，做出了让粟裕进屋去的手势。

此时，周恩来和朱德等人也都走出了房间，在院子里同粟裕一一握手。大家久别重逢，又是在征战之际，亲切之情自然难以言表。

站在院中的李银桥向阎长林使了一个眼色，两个人凑到一起，李银桥说："这回，老头子又碰上一个'陈赓'……"

"嗯——"阎长林摇摇头说，"陈赓在小河村是单刀直入，这粟裕人称'小诸葛'，是陈老总的左右手，你别看他个子不高，可是陈老总身边的第一员战将，他才不会像陈赓那样挨老头的拍唬呢！"

这时，粟裕已经同毛泽东等人进屋坐下来，毛泽东说："中央的决心如果是正确的，你粟裕就是有三头六臂也是干扰不了的，我们之所以重视你的建议，就是认为你的建议有一定的道理。你现在可以详细谈谈你的理由，说服了我们，我毛泽东晚上请客，家乡风味，湖南辣子鸡；你的理由若是站不住脚，那就要小心了，我毛泽东可是要……"

说到此处，毛泽东止住了话，脸上露出了极其严肃的表情。

粟裕略微紧张了一下，随即静一静心神说："我的理由如果不充分，甘愿接受处分。大敌当前，以谬误干扰中央的决定，贻误战机，不仅有过，而且有罪！"

毛泽东环视四座，突然扬起脸哈哈大笑起来："岂有此理！你粟裕既无过，也无罪，谈何处分？你就是说出一堆谬误，我还是要请你，照样湖南辣子鸡！有人敢向中央兜售谬误，了不起么，不是谁都可以向我毛泽东摆他的谬误的。不仅我要请，恩来、少奇、朱老总、弼时他们都要请！粟裕你打得漂亮呵，党中央的胆量，就是你们给壮起来的么！"

毛泽东一席话，说得粟裕心里一股热浪冲涌。他一番谦虚之后，开始谈自己的想法：

"我们认为，中央军委的重大战略决策，不仅对中原战场和华东战场，而且对解放战争的全局都将产生重大影响，我们在力争更好地实现中央战略意图的基础上，进行了一番思考……"

"粟裕呀，不要兜圈子么！"毛泽东打断了粟裕的话，"要相信党中央！你对渡江南进有异议，直接讲出来么，我毛泽东洗耳恭听。"

粟裕怔了一下，侧脸看一看周恩来和朱德，见两个人都对他点点头，鼓励他开诚布公地讲出自己的全部想法，便来了勇气，先是想了想、挺一挺腰板，这才继续说下去。

粟裕认为，华野渡江南下，自然会给敌人造成相当大的威胁和牵制，但却未必能够达到吸引蒋介石部队南回的目的。相反，十万大军过江，势必会削弱解放军在中原战场上的力量，增加解放军在中原战场打歼灭战的困难，使解放军难以在短期内改变敌我双方的兵力对比，难以打掉敌人的优势，也难以在短期内进一步改善中原的战局。粟裕之所以提出暂不过江，主要是想集中兵力在江北打几个大仗。

粟裕尽量歼敌于长江以北的建议，主要是基于以下4个方面考虑的……

在粟裕发言的时间里，室内静得出奇，就连站在门外的李银桥也能听清里面的讲话声。

毛泽东的膝盖上放着一沓文稿，但他没有翻动一下，只是静静地吸着烟，用心听粟裕的陈述……

该添炭了。李银桥轻手轻脚地走了进去，往炭盆里添了好几块整齐的木炭。

室内的炭火通红，新添的木炭腾起了缕缕青烟，和毛泽东手中纸烟的烟缕混在一起袅袅上升……

粟裕继续讲着，越说情绪越激动。他讲：

第一，中原地区地域广阔，有三条铁路干线和一些大中城市，敌人都要防守，包袱背得很多很重。敌人虽然在这些地方集结了重兵，但因其防守，机动兵力相对减弱。如果解放军积极行动，必然能够调动敌人，在运动中寻找战机、创造战机，可以充分发挥解放军善于运动战的优势。第二，中原黄淮地区地势平坦，交通发达，固然便于敌人互相支援，但也有利于解放军部队广泛的机动作战，尤其是在公路和铁路被破坏了的情况下，敌人重武器的机动性将受到很大限制，解放军则可以充分发挥徒步行军的优势，迅速集中兵力，分进合击，实现战役上的速战速决。第三，中原黄淮地区虽属外线，但背靠山东和晋冀鲁豫老解放区，解放军可以得到大批人力物力的支援，特别是可以较好地保障伤病员的治疗和安置。同时，解放军挺进外线作战已达数月之久，已经度过了最困难的时期，并已逐渐适应和掌握了外线作战的规律。第四，经过晋冀鲁豫野战军、华东野战军、陈谢兵团三路大军挺进中原后的艰苦斗争，新解放区党的工作和政权工作已经有了初步的基础，军民关系已经逐渐密切，已经有了一定的支援战争的力量。所有这些，都是解放军在中原黄淮地区进行大规模歼灭战的有利条件……

粟裕口若悬河、滔滔不绝地讲着。他说得很激昂，讲话内容严谨、逻辑性强，言必有中。从敌我态势的现状到双方情况可能发生的变化，从战区地域的客观条件到季节气候对战争的影响，从战争实力到双方所依靠的后方支援……

粟裕讲得全面而系统，简洁而明了。

粟裕说完了，室内依然静静的，只有火盆中的木炭泛着红光，不时有一两块炭屑爆出轻微的响声。粟裕看看毛泽东，见毛泽东稍侧着身、仰着脸斜视着房屋的左上角，目光游移不定，夹在手中的烟头上留着长长的一截稍触即断的烟灰……

粟裕心绪不安地等候着毛泽东说话，等候着毛泽东对自己的见解作出评判。

好像是过了很长的时间，其实时间并不长，毛泽东转身看一看门外即将西沉的红日，终于站起身来发话说："今天就谈到这里吧！"

毛泽东并没有表态。粟裕也只好站起身来，眼睛望着毛泽东，希望能听到毛泽东再讲几句话。

毛泽东似乎明白了粟裕的心思，又果断地继续说："粟裕，今晚我请你吃辣子鸡，明天接着说。"

粟裕不好再期冀什么，只得离开了毛泽东，在聂荣臻和叶子龙的陪同下，去房前的食堂吃辣子鸡了。

当天晚上，在粟裕酒足饭饱之后，聂荣臻受毛泽东的委托，为粟裕安排了由晋察冀文艺剧社演出的专场晚会。江青和韩桂馨带着李讷都去看了，粟裕也干脆放下心来，坐在那里心旷神怡地看起了文艺节目。

这时，毛泽东、周恩来、刘少奇、朱德、任弼时又坐在一起，通宵未眠，五大书记的中心议题就是粟裕今天下午的那一通发言。

经过一整夜的研究，第二天中央不仅完全接受了粟裕的建议，同时认为，要在黄淮地区排开战场、打一场大的战役，粟裕是指挥这场战役的最好人选。

中央决定，调华东野战军的陈毅到中原局、中原军区工作，由粟裕接任华东野战军司令员兼政委的职务。

此时，陈毅仍在西柏坡。

得到消息，李银桥怀着钦佩的心情悄悄对阎长林说："看不出来，粟裕还真是大将之才呢！"

阎长林也说："主席用人，准没错！不像蒋介石，净用些窝囊废！"

在西柏坡的陈毅接到通知，立刻乘汽车赶来城南庄见毛泽东。

那天夜里，月色朦胧，毛泽东在他住的房间里约见了陈毅和粟裕。

三个人都坐下以后，毛泽东高度评价了粟裕的战略设想，同时明确告诉说："中原当前更需要陈毅，至于华东野战军司令员兼政委的职务，中央决定让你粟裕担任。"

粟裕立刻起身请求说："主席，我请求中央保留陈老总在华东野战军的职务，许多重大问题还需要向陈老总请示。"

陈毅抬眼看一看粟裕说："大丈夫为党为民，正是建功立业之际，你不要推辞嘛！"

毛泽东也说："两年前任命你为华中军区司令员，你推给了张鼎丞，现在怎么又推辞呢？"

"主席，不是我推辞，是华东离不开陈军长！"粟裕诚恳地说，"要打这么大的战役，确实需要陈毅同志在华东野战军坐镇指挥，我一定积极配合，认真协助！"

"中原局和中原军区也确实需要陈老总呢！"毛泽东思考后说，"这样吧，陈老总已是调到中原局的人了，不好再改。华东野战军依然保留陈老总的职务，你粟裕就任华东野战军的代司令员兼代政委吧！"

毛泽东一锤定音后，第二天，粟裕告别了毛泽东，告别了周恩来、刘少奇、朱德和任弼时，驱车离开了花山村。

陈毅也乘车返回了西柏坡，准备去中原局和中原军区上任了。

毛泽东和周恩来、刘少奇等人，在城南庄会议上，正式采纳了粟裕的建议，决定先集中优势兵力在中原打一场大仗，尽可能多地将敌军主力消灭在长江以北。会议还研究决定了多项夺取全国胜利的具体部署。

会上，毛泽东向全军和各解放区发出了"军队向前进，生产长一寸，加强纪律性"的号召。

35. 徒步登山谈"三国"　因故未能去苏联

1948年5月中旬，城南庄会议结束后，周恩来和刘少奇、朱德、任弼时一起去了平山县的西柏坡。

中央前委机关的部分人员要提前去西柏坡做些准备工作，江青和韩桂馨带着李讷也随车去了西柏坡。

5月18日，毛泽东转移到离城南庄10多公里的花山村。一天上午，李银桥正在花山村毛泽东住的房间里沏茶水，从外边散步回来的毛泽东像个孩子似的蹑手蹑脚地走到李银桥的身后，看准李银桥刚刚在桌上放好了暖水瓶和茶杯，便猛然大喝一声："不许动，举起手来！"

李银桥先是一怔，听出是毛泽东的声音，便故作惊慌的样子慢慢向上抬起双手。突然间，李银桥一个转身动作、双手急速抱住了毛泽东的双臂，笑着说："你也不用吓唬我，主席，还是坐下喝茶吧！"

"你很有警惕性么！"毛泽东挣开双臂，笑道，"你这个卫士组长，我没有选错哩！"

李银桥将桌上的茶杯往毛泽东的面前推了推："主席什么时候选错过人啊？"

"也不尽然……"毛泽东端起茶杯，摇摇头说，"我毛泽东一不是释迦牟尼，二不是诸葛亮，就是诸葛亮，也有错用关羽和错用马谡的时候啊！"

看着毛泽东慢慢地喝着茶水，李银桥想了想，有些不解地问道："主席，诸葛亮怎么错用关羽了？"

毛泽东看一看李银桥，放下手中的茶杯说："当初诸葛亮留守荆州，刘备调诸葛亮入川，诸葛亮不该留下关羽守荆州。让关羽守荆州是一着错棋呢！"

李银桥问："为什么？"

"关羽骄傲呢！"毛泽东说，"关羽从思想上看不起东吴，不能认真贯彻执行诸葛亮'联吴抗曹'的战略方针，这就从根本上否定了诸葛亮的战略意图，结果失掉了根据地、丢了荆州，自己也被东吴杀掉了。银桥啊，你要多看些历史书，以后有条件了，我找给你看。"

李银桥点点头："我只知道诸葛亮挥泪斩马谡，是因为马谡失了街亭，害得诸葛亮用了空城计。"

"这也是诸葛亮用人不当呢！"毛泽东语重心长地说，"我们现在和蒋介石打仗，在政治上是为了民主革命，在军事上也和过去差不多，要研究策略，在正确的大政方针指导下，要调兵选将。俗话讲，千军易得，一将难求么！"

"我知道主席很费神，也知道主席的脑子很累……"李银桥不敢往深里说，只是把自己的一点想法讲了出来，"从小河村到城南庄，我知道主席为陈赓和粟裕的事费了脑子……"

毛泽东的眼睛一亮，不无感慨地说："陈赓和粟裕，都是百里挑一的将才哩！银桥，你也是善动脑子的人，无论大事小事，道理是一样的：走路要看准方向，与人交往要看准对象……"毛泽东停了一下，喝一口茶水，又说，"银桥，你和小韩阿姨处得如何呀？"

"还好……"李银桥觉得脸上有些热起来，"我也不知道该怎么谈……"

"你是个老实人。"毛泽东微微一笑，"做人要做老实人，但不要做笨人，笨人遇上情况是要误事的！"

这时，有人在门外喊："报告！"

"主席，我去看一下。"李银桥向毛泽东说了一句，立刻走出房间，见门外站的是聂荣臻的秘书范济生，便问，"什么事？"

范济生说："李组长，聂司令员派我来通知你们卫士组，说是请你去一趟他那里。"

李银桥说："我去报告一下主席，马上去见聂司令。"

范济生走了，李银桥进屋对毛泽东讲了情况，毛泽东说："你去吧。"

李银桥离开房间，叫来张天义侍卫毛泽东，自己快步向聂荣臻的房间走去。没走几步，迎面遇上了正缓步走来的聂荣臻。

李银桥迎上前去敬礼，聂荣臻对他说："你们卫士组和警卫排的人，除了岗哨的外，其他的都坐车到军区后勤供给部去，他们要给你们发衣服和鞋袜。"

"是！"李银桥答应后又说，"我还得去报告一下毛主席。"

聂荣臻说："毛主席那里我去说，你快组织人去后勤部吧。"

在走回毛泽东住的小院时，李银桥见聂荣臻进了毛泽东的房间，自己便跑步去通知了警卫排长阎长林，然后叫上卫士组的人，一起乘车去了城南庄。

衣服是领回来了。大家见这些衣服都是用美国卡其布做的，衬衣也是用白洋布做的。自从参加革命以来，大家还是第一次穿这么好的衣服。这是为什么呢？卫士组的人禁不住互相议论起来，但谁也说不清到底是怎么一回事……

下午，李银桥在毛泽东的房间里，正想问问发新衣服的事，聂荣臻领着一个人也走进了毛泽东的房间。

聂荣臻对毛泽东说："主席，这位是裁缝师傅，来给你量体裁衣了。"

毛泽东说："我听你安排。"

一见也要给毛泽东做新衣服，李银桥的脑子里一连转了好几个圈，心想：这是要有什么重要行动了！

聂荣臻领着裁缝从毛泽东的房间走出来以后，又去中共中央办公厅副主任、俄语翻译师哲那里量了尺寸。李银桥知道后，心中多少有了一些底数——看来，八成是要跟苏联人打交道了，因为师哲是俄语翻译……

两天后，李银桥和阎长林带了几个人，跟随毛泽东到村外的山上去活动身体。

这时山上的树木正当枝繁叶茂，也正是山花烂漫的季节。

毛泽东拿着他那根丢不下的柳木棍，在开着许多野花的山路上漫不经心地走着，边走边与他身边的人们聊天："你们谁看过《三国演义》呀？"

"我看过！"好几个人回答说，"我也看过。"

"书中写谁的本事大呀？"毛泽东随口一问。

"关公的本事大。"张天义抢先说，"关公在白马坡前斩颜良、诛文丑，保护皇嫂过五关斩六将，后来还水淹七军，威震华夏，连曹操都怕他呢！"

"他也走了麦城么！"毛泽东淡淡地一笑说。

"赵云的本事最大。"石国瑞说，"他在长板坡救阿斗，单枪匹马，在曹操的百万大军当中杀了七进七出……"

"我说吕布的本事最大！"阎长林打断石国瑞的话说，"虎牢关三英战吕布，刘关张三个人还打不过他一个呢！"

"那他后来为什么又败了呢？"毛泽东漫不经心地问。

阎长林回答说："吕布有勇无谋，他不听陈宫的话。"

这时李银桥说："我说还是诸葛亮的本事大，他虽然不能上阵打仗，但会用兵，会用计。"

阎长林反驳说："那他六出祁山，还不是一次没成？"

"谋事在人，成事在天。"李银桥说，"那时是没有咱们毛主席，要是有咱们毛主席，凭他刘备、曹操、孙权、司马懿，谁也不行呢！"

听李银桥这么一说，人们都笑起来，就连毛泽东也笑了："银桥呀，你什么时候晓得有司马懿了？"

李银桥知道，毛泽东这是讲他把"司马师"说成"死马尸"的事，便说："在杨家沟，我也看了几本书。"

毛泽东停住脚步，在一块大青石上坐下来，用柳木棍拨一拨路边的野草，很认真地对大家说："战争上的事，是要讲谋略的，天时、地利、人和，都要讲。战略上要注重天时和人和，战术上要注重人和和地利。"说着又问李银桥，"你都看了哪些书啊？"

李银桥凑上前，想了想说："看过你写的书，还看过列宁和斯大林写的几本小册子。"

"还能看懂么？"毛泽东问。

李银桥抬起手，隔着帽子搔一搔头皮说："有些地方虽说看不太懂，但也比不看强……"李银桥边说边给毛泽东点燃了一支纸烟，"请主席歇歇脚，我们就要到山顶了。"

"登山是个好运动，"毛泽东吸着烟说，"既能锻炼身体，又能磨炼意志，还能开阔眼界，放松一下心情。"

"那你以后可要经常登登山，多活动活动。"李银桥对毛泽东说，"别老在屋子里写东西，写得你连觉都睡不着了……"

"不写不行么！"毛泽东深吸一口烟，意味深长地说，"我们天天都在爬山哩！要打倒蒋介石，解放全中国，这座'山'还需要我们再爬两三年……"

"那不是很快了吗？"李银桥高兴地说，"主席去年还说要用五年时间，今年就变成两三年了！"

毛泽东点头说："情况在变化，世界上哪有一成不变的事情呀？"

这时，阎长林向李银桥递了个眼色，李银桥便离开毛泽东，走了一两步凑到阎长林跟前小声问："什么事？"

阎长林轻声说："你去问问主席，为什么给我们发新衣服？"

李银桥再问："你没猜出来？"

阎长林再压低了声音说："我猜是要到苏联去。"

李银桥又问："你怎么想到是要去苏联呢？"

"没有特殊行动，我们警卫排不会发那么好的衣服，主席也不会做新衣服。"阎长林分析说，"而且，前两天我还听主席对聂司令说，有些问题要向斯大林解释清楚……"

李银桥也悄声说："主席平常穿的衣服全是补丁摞补丁，小韩补都补不住，可就是不肯换新的，说节约一件衣服前线就可以多几颗子弹。这次主席答应做新衣服，肯定是去苏联，要是在国内，他才不在意穿什么衣服呢！到莫斯科去可以让斯大林多援助我们一些武器，早点打倒蒋介石，早点建立新中国……"

李银桥和阎长林的谈话，声音虽小，但还是被毛泽东听去了。毛泽东笑着向二人招招手："哈哈，叫斯大林援助武器就不如叫美国多援助蒋介石了！蒋介石是我们的运输大队长，给我们送武器不要收条，也不要钱，那多好呀！"

人们都笑了。李银桥说："那也得去跟斯大林说说，请他们跟蒋介石断绝关系，不要给蒋介石武器了。援助中国，就直接把东西交给我们！"

阎长林也说："对，可别再像抗战时那样，援助中国的武器，蒋介石这老小子不但不分给我们一些，还用这些武器打我们！"

毛泽东深沉地说："那时斯大林还不完全相信我们，不相信我们这支由工农组成的革命武装力量，我之所以要去苏联，是想去说服斯大林……"

李银桥问："苏联这么远，主席怎么去呢？"

毛泽东站起身来说："先组织一个精干的代表团，乘吉普车去东北，到了中苏边境自然会有办法。"

登山回来，在毛泽东的房间里，李银桥又听毛泽东同聂荣臻商议去苏联的事。

毛泽东问："我是去好，还是不去好？"

聂荣臻显然考虑过这件事，立刻回答说："如果主席要去的话，我们可以护送到东北。但是，如果主席征求我们的意见，我觉得还是不去为好。"

毛泽东稍稍一怔说："说说看。"

聂荣臻继续说："因为根据现在的情况，护送主席到东北，一般说没有问题，不过处在战争环境，难以有绝对把握。其次是你现在的健康情况已经很差，再长途跋涉就更不利，请主席三思。"

毛泽东一时没有表态，静静地点燃了一支烟，吸过两口后才说："我再想一想。"

进入5月下旬，毛泽东收到了斯大林发来的一封电报，不同意毛泽东在中国革命战争的决定关头离开统帅岗位，并说他要派一位负责同志来中国，听取毛泽东和中国共产党的意见。

在以后的几天时间里，李银桥知道毛泽东接受了斯大林的建议，暂时不去苏联了。

5月24日，毛泽东在花山村就新解放区农村工作的策略问题致电邓小平，对新解放区土改的策略问题做了具体的指示。

5月25日，毛泽东接到林彪、罗荣桓的来电：东北野战军已迫近长春，并组成了前方第一指挥所，萧劲光任司令员、肖华任政治委员，10万重兵将长春围了个水泄不通。

同一天，毛泽东在将林、罗来电的内容用电报向已去了西柏坡的周恩来、刘少奇、朱德和任弼时通报后，又为中共中央起草了《一九四八年的土地改革工作和整党工作》的党内指示，规定了1948年土改和整党的任务，阐述了有关政策与步骤，继续纠正各级党组织工作中"左"的偏向。

5月27日,毛泽东也离开了花山村,乘车向党中央和解放军总部的所在地西柏坡行进。

这是毛泽东惜别陕北后长途行军生活的最后一天,也是行军时间最长的一天。

汽车一直在太行山的山脚下奔驰。

巍巍的太行山脉,沐浴在明媚的春光之中。起伏交错的山峰,像是华北大地西部的一尊尊巨人,在阳光下挺拔而立,俯瞰着东部平原,忠诚地护卫着生活在那里的人们……

36. 中央进驻西柏坡　领袖村外访民情

　　西柏坡是一个只有80来户人家的小山村，坐落在河北省平山县滹沱河北岸一个向阳的马蹄形山坳里。这里西靠太行山，东临大平原，地理位置适中。向前可以通往石家庄、保定等城市，向后可以固守蜿蜒巍峨的太行山脉。

　　夏天了，这里河渠纵横，杨柳成行，山上的树木郁郁葱葱，地里的庄稼一片旺盛，确是个环境幽静的好地方。

　　为了迎接中央前委的到来，中央工委的人们做了一系列的准备工作。中央前委机关先来的部分同志，也参加到了准备工作之中。动员老百姓腾房，同时也自己动手盖了一些房子，还在后沟为毛泽东准备了一套坚固的窑洞式住房。

　　这是三间并排的房屋建筑。没用一块土坯，也没用一根椽檩，而是仿照陕北窑洞的形状，就近搬来山上的青石盖起来的。

　　房子里面的墙壁和屋顶，都是用滑秸泥刷抹后，再用麻刀白灰涂抹一新。虽然只在南墙壁一面安了窗户，但窗户开得很大，光线还比较充足。这样建房，主要是从安全上考虑的，弹片穿不透，坏人也不容易掏开。

　　后沟的环境优美。房子周围的山坡上长满了苍劲的古柏，房前是一小片开阔地，再向前20米就是防空洞。房子西面是新华社的办公地点,再向西是转向西柏坡的山口,那里新盖了中央小礼堂。从工作上考虑,住在这里很方便。

因为朱德和刘少奇率中央工委先期来到西柏坡,在一时找不到合适住房的情况下,就先安排朱德和夫人康克清在这里住下了。

后来江青和韩桂馨带着李讷到了西柏坡,在西柏坡的日子里,韩桂馨和李讷天天盼着毛泽东也早一天到来。每天下午或临近傍晚的时候,韩桂馨带着李讷总要走到村口去张望,看一看路上有没有开来的中吉普车……

1948年5月27日这天,太阳快要落山的时候,站在村口上的韩桂馨和李讷正要往回走,忽然见到远处开来了好几辆汽车。车队临近时,看清驶在前面的汽车是一辆中吉普,李讷高兴地叫起来:"我爸爸来了!我爸爸来了!"

韩桂馨也很激动,终于盼到毛泽东来了!

中吉普车还没到村口时,韩桂馨便抱着李讷快步迎了上去。汽车停了,毛泽东迈步下车,伸出双臂抱起了小李讷,口中连声说道:"我的好娃娃,乖娃娃,为什么跑出村这么远啊?"

"我和阿姨天天来接爸爸呢……"李讷脸上淌了泪花说,"爸爸怎么才来呀?"

"爸爸工作忙呢!"韩桂馨见到毛泽东的眼眶也含了泪花说,"谢谢小韩阿姨,是你带了孩子第一个来接我呢!"

韩桂馨连忙拭去涌上眼角的热泪,向毛泽东问好:"主席好……李讷天天盼……"

毛泽东亲切地笑一笑说:"谢谢,谢谢!赶快上车吧,我们一起进村去!"

当毛泽东乘坐着由周西林驾驶的汽车开进西柏坡时,周恩来、刘少奇、朱德、任弼时、董必武、叶剑英等中央领导和许多人都迎了上去。

毛泽东的心情很愉快,在周恩来的安排下先休息了一会儿，随即乘车去后沟看了为他准备好的住处。

"很好么！"毛泽东很喜欢后沟的环境，先进屋去看了看，见里面摆着几张桌椅板凳，一张木板床。这个标准，也说不上好。大家只是希望毛泽东在转战陕北之后，能有个安静些的地方办公。

毛泽东很高兴地离开房间，又顺便到附近转了转……

再回到三间石房前的开阔地时，毛泽东见人们正在动手从汽车上给他往房里搬行李，急忙制止说："不要搬，不要搬！我不住这里。"

李银桥感到纳闷，正想问为什么，已经被任命为中央机关办公处副处长的叶子龙却抢先问道："主席，为什么不搬了？你不是说这里很好吗？"

毛泽东说："我听说总司令住这里么。"

叶子龙解释说："总司令那是临时住一住，现在已经搬到刘少奇同志那里去住了，这三间房是同志们特意为主席盖的。"

毛泽东还是坚持不住这里："去请总司令搬回来吧！总司令年纪大了，应该住得好一些。再说，少奇同志正在同王光美谈恋爱，总司令去了也不方便么！"

毛泽东边说边上了吉普车。在车上，他又对叶子龙和李银桥说："总司令同少奇住在一处太挤，后沟的新房还安静些，还是请他搬回来吧。"

李银桥和叶子龙都知道，凡是毛泽东决定了的事，别人很难改变。没办法，吉普车只得带着毛泽东开回了西柏坡的一个大院里。

朱德听说毛泽东坚持不住后沟了，自己也不肯再搬过去。他说："我现在住得很好，不要搬了，少奇同志身体不好，请少奇去吧！"

刘少奇哪里肯去？经过再三谦让，还是在毛泽东和周恩来的劝说下，朱德才又搬去了后沟。

周恩来重新安排了毛泽东的住处，并亲自查看了房间和周围的环境。

在叶子龙的引导下，李银桥跟着毛泽东来到了一处院落中，这里分前后两院，后院里有两间北房和两间西房。两间北房是相通的，一间大约16平方米，是卧室，里边放着一张双人木板床，一个小沙发，一个茶几，一个小衣柜。相通的另一间房稍大一些，约有20平方米，作为毛泽东的办公室兼会客室，里面摆放了一套黑色沙发，一把藤条躺椅，还有一个厚厚的小圆桌和一个茶几，墙上挂着地图。

后院的两间西房，一间作为毛泽东的书房，另一间作为江青的卧室。前院的北房就是后院的南房，里面住了韩桂馨和李讷。前院还有两间房，一间作为水房，另一间作为值班室，住了李银桥和卫士组的人。

院中，还有一棵梨树，此时正是梨花过后开始挂果的时节。

在毛泽东住处的北面，是周恩来和任弼时的住处，南面是刘少奇住的地方，不远处就是朱德住的后沟，相互间距离都不算太远。

住下以后，叶子龙对毛泽东说："这一带有好几个村子，每个村里都住着中央机关的工作人员。这里的老百姓非常好，为了解决中央机关的住房问题，老百姓们都克服了困难，宁肯自己家挤着住，也要把房子腾出来。这一带老百姓的觉悟很高，如果有什么事情，只要我们提出来，他们坚决去办。他们知道，现在离全国解放的日子不远了，个个都非常高兴，都愿意为最后打败蒋介石出力呢！"

毛泽东高兴地说："我们在陕北的时候，陕北的老百姓非常好。我们到了河北，河北的老百姓也非常好。越是这样，我们越要努力工作，争取解放战争早一日胜利。革命成功了，让老百姓都过上好日子。"

叶子龙又说："主席家的房东有两个小孙子，一家人都搬到村西去了。"

毛泽东说："你去告诉他们，有时间来玩么，我很欢迎他们来。"

5月28日，毛泽东到达西柏坡的第二天，收到了林彪从东北发来的电报，请示说东北野战军扩充迅速，但人多武器少，围攻长春的部队尚缺乏充分的攻坚力量，需要得到苏联的武器支援。毛泽东同周恩来等人商议后，立即回电：

> 凡在有借有还之商业性协定以外之要求，则必须遵守自力更生不依赖外援之原则，非万不得已，不要轻易提出要求。

5月30日，毛泽东又接到华东野战军代司令员兼代政委粟裕发来的电报，报告说业已率一、四、六三个纵队和两广纵队渡黄河南下，准备发起豫东战役。

面对粟裕的来电，毛泽东很慎重，没有急于回电详复，只是简单地向粟裕拍发了"已知渡河南下，详示待复"的简短电文。

1948年6月1日，中央机关在西柏坡对外的称呼统一定为"劳动大学"。这是为了保密、防止敌人破坏的一项措施，校长是刘少奇。其他中央首长对外则在姓名后边加"先生"二字，一律不再称职务了。

由于毛泽东刚到西柏坡不久，村上的人并不知道他们这里住着共产党中央和毛主席，只知道来了许多老八路和"大先生"。

6月3日，毛泽东向新闻战线发出指示，要求"党报必须无条件地宣传中央的路线和政策"。

6月6日，警卫员张林在毛泽东身边警卫值勤，趁着毛泽东看报纸休息脑子，请毛泽东为他写了12个字：

> 工作之后，加以学习，更好工作。

6月的河北，正是小麦成熟待收和稻谷尚未抽穗的时节。

农民家庭出身的毛泽东,无论走到哪里,都惦记着农村、惦记着农民。

这一天,毛泽东叫上李银桥和卫士组的几个人,随他一起到村外去散步。

在滹沱河边,毛泽东见到水田里的稻子长得很好,非常高兴,对李银桥说:"这里的庄稼比阜平城南庄的庄稼长势更好,看起来这一带可能富裕些。"

李银桥说:"在河北,能种稻子的地方不多。"

毛泽东点头说:"是么,北方水少,气候干燥,种稻子也只能收一季。"

滹沱河水在毛泽东的面前急速地流淌着,毛泽东见到河床很宽,流水较浅,河滩上到处是石头和沙土,远处还有一簇簇的沙荆,便关切地询问一个正在向田里浇水的中年老乡:"河里的水这么少,浇田够用么?"

老乡将手中的铁锹往地上一插,说:"够浇地用的。别看现在水少,到了雨季一发大水,河里的水就多了,鱼也多了。"

毛泽东笑着说:"这么说,你们这里不错么!有大米吃,有鱼吃,再种些蔬菜,就和南方差不多了。"

老乡说:"我们这里跟南方没法儿比,这地方种稻子是夏初下种,直到秋上才能收,也就只能种一茬。"

毛泽东又问:"你们这里种稻子,每亩田能产几百斤?"

老乡回答说:"好年景不缺水,可以产到三四百斤。要是遇上天旱缺水,那就收不了这么多了,二三百斤也有,一二百斤也有。"

毛泽东关切地问:"算上别的庄稼,这田一年能种几季?"

老乡拿上铁锹去改了水口子,转回身来又说:"我们这里的地只能种一季，几种庄稼倒着茬种，割了稻子种麦子，第二年就不能再种稻子了。"

毛泽东凑上前说："现在种稻子，割了稻子再插种秋庄稼，秋收过后再种麦子，这样两年不就可以收三季么？"

老乡说："秋后天冷，种什么庄稼都晚了，只能等着种麦子。再说了，我们就这么一块好地，还指望它吃饭呢！种别的庄稼，没有肥料也长不好。这块离水近的地种稻子，别的庄稼在坡地上种，雨水多了，收成也就好了。"

毛泽东告别了老乡，在往回走的路上，对李银桥说："北方种地不像我们南方，在南方，是很讲究精耕细作的。"

李银桥说："这里能种稻子就不错了！在我们老家，净是沙土地，有的地连种麦子都困难，只能种些荣果（花生）和山药（红薯），产量也不高。"

毛泽东语重心长地说："全国解放了，我们要想办法大力发展农业，要想办法让老百姓都过上好日子。"

再回头看时，那个浇地的老乡还在望着他们。李银桥心想，他可能猜出了刚才和他说话的人是一位大首长，但这位大首长究竟是谁，看样子他并没有猜出来。

6月3日，一直关注着中原战局的毛泽东，给中原局的刘伯承、陈毅和邓小平，发出了一份电报：

> 在整个中原形势下，打运动战的机会是很多的。但要有耐心，要多方调动敌人，方能创造机会。……要说服干部不要急于求赫赫之名，急于解决大问题，而要坚忍沉着，随时保持主动。
> ……

这时，由于东北野战军的林彪先前对长春国民党守军战斗力下降的情况估计过重，打长春不能速战速决，于是决定改强攻为围困，来电请示中央军委和毛泽东。毛泽东回电同意他们的围城部署,并建议改第一指挥所为第一兵团,对长春之敌实行"久困长围"。

6月中旬末,粟裕来电称:豫东战役的战前准备一切就绪,请示迅速展开战役。毛泽东的回电只用了一个字:

打!

37. 毛岸英风尘仆仆　一家人浓浓亲情

1948年6月中、下旬相交之际，正是西柏坡的麦收时节。

周围几个村子的农民们，一连几天都高高兴兴地忙着开镰割麦子，住在各村的中央机关的干部们，也纷纷去到各户农民家中帮着收麦子了。

这一天，李银桥正和人们一起在村外的山坡地上割麦子，抬头见到一个高个子男青年手上拿着把镰刀走了过来，看上去二十六七岁的样子，一身劳动农民打扮，上身穿一件旧背心，没戴草帽，脸被晒得红红的……

有人认出了他就是毛泽东的大儿子毛岸英，并且高声问道："岸英，你怎么刚来就下地呀？"

毛岸英招手一笑说："我正在上学嘛！"

又有人上前问："你那么有学问，还上什么学？"

"劳动大学呀！"说着话，毛岸英开始弯腰割麦子了。

这一问一答，表现得亦庄亦谐，既流露出了毛岸英的智慧，又显得很自然。因为大家都知道，现在中央机关对外的代号就是"劳动大学"。

认识与不认识毛岸英的人，听了毛岸英的答话都笑了。李银桥见他像庄稼把式一样，挥镰割麦、倒镰放堆、打捆垛垛。他不但庄稼活儿干得好，与人说话也特别谦虚、随和，很快就与收麦子的老乡们熟悉了。

李银桥一边割着麦子一边想：前几天就听说毛岸英要来，在毛泽东身边的工作人员中，凡是熟悉毛岸英的，都很高兴，也都盼着他来。看得出来，大家对岸英的印象都非常好。当时李银桥就想，毛泽东长得那么魁伟高大，他儿子长得也一定错不了，肯定是非常英俊高大、精明强干的样子！再加上毛泽东在平日里经常念叨毛岸英，李银桥自己也看过毛泽东写给毛岸英的信，心里就更希望能尽早见到毛岸英了……

今天一见，果然是高高的个子，很魁梧，头发剪得短短的，不像爸爸那样总是留着长长的头发。毛岸英走起路来很精神，干起活儿来很利索，很有股子军人的气质……

收完一大块麦地，老乡说："谢谢大家！""该收工了！"人们便去河里洗手洗脸，再挽起裤腿来洗一洗腿和脚，然后说着笑着、簇拥着毛岸英往村上走。

临近毛泽东的住处，人们都向毛岸英告辞回各自的地方去了。毛岸英挽着裤腿走进了毛泽东住的院子，这时李银桥早已跑回来提前向毛泽东报告了。

毛岸英见到毛泽东、江青、李讷和韩桂馨、李银桥这些人都等候在院中，连忙放下手中的镰刀，首先向毛泽东和江青问了好，又走过去亲切地拍了拍李讷的头，高兴地说："小妹妹，又长个了！"

李讷也高兴地说："大哥哥，我还要长呢！要长到你那么高！"

毛岸英转身又对韩桂馨说："你就是阿姨吧？辛苦了。"

韩桂馨也是满脸高兴的样子，点点头说："我是，我叫韩桂馨。"

毛岸英又向站在毛泽东身旁的李银桥走过去，同时伸出手和他握握手说："我们刚才在山坡上见过了，原来你就是李银桥叔叔！"

李银桥一下子不好意思起来："我叫李银桥，可别叫我叔叔……"

这时毛泽东发话了:"要叫叔叔呢,谁叫他是我的儿子啊!"

一句话,说得全院子的人都笑了。

江青忙着拿了把椅子让毛岸英坐下说话,毛岸英在毛泽东和江青面前不肯坐,就一直站着同大家说笑着……

不大一会儿,周恩来和夫人邓颖超、朱德和夫人康克清、刘少奇和他正在谈恋爱的女友王光美、任弼时和夫人陈琮英、中央机关办公处处长伍云甫和夫人陶大姐、副处长叶子龙和夫人蒋英十多个人一起来看毛岸英了,这一下,毛泽东的小院里更热闹了,一阵阵说笑声充盈了整个小院,洋溢着无限的欢乐与亲热……

李银桥搬来了椅子、凳子,韩桂馨拿来了马扎、木墩,还是不够这些人坐的,大家就站的站、坐的坐,在院子里说着笑着:

"岸英,跟伯伯到后沟去住吧!你爸爸这里够挤的了……"朱德抚着毛岸英的胳膊说。

邓颖超也说:"我现在在阜平,岸英还是同他周叔叔去做伴儿,离他爸爸也近些。"

任弼时说:"大家都别争了,还是听听主席的意见,再听听江青同志的意见。如果主席同意,我那里还可以腾出一间房……"

刘少奇指着任弼时笑道:"你这就不是争了么?"

笑声中,毛岸英连声说:"谢谢!谢谢伯伯、叔叔们……谢谢康阿姨、邓阿姨……"

毛泽东发话了:"岸英哪里也不去,大家都有很多重要的工作么!我已经同伍云甫和叶子龙讲了,岸英要同机关办公处的人住到一起去。"

伍云甫说:"主席放心好了!我和叶副处长已经商量了,也安排好了,各位首长就放心吧!"

毛泽东又说:"这样不行呢!岸英要同战士们住在一起呢!"

江青急忙表态说:"老板,你就别太多干涉了。既然你已经交待了,伍处长和叶副处长也安排好了,你就让岸英跟他们去吧。"

周恩来赞同道:"江青同志说得对,主席就不要太多操心了嘛!"

日色西沉时,大家纷纷告辞,毛岸英也随着伍云甫和叶子龙离去了。

晚上的时候,江青走进南屋来看李讷,在外间屋里,顺嘴同韩桂馨又讲起了毛岸英。

江青说,还是在延安的时候,"抗大"有个从北平来的姑娘,姓傅,长得可漂亮啦!从话中可以听出,江青对毛泽东的长子还是很热情、很关心的,见到傅小姐美丽出众,岸英又是相貌堂堂、一表人才,立刻动念头把毛岸英和傅小姐约到她那里,吃饭聊天,高高兴兴地玩了一天。

江青继续说,傅小姐走后,她问岸英对傅小姐的印象怎么样,毛岸英红了脸,说要先问问他爸爸的意见。江青又大包大揽地去找了毛泽东,没想到毛泽东说:"见一面就定终身,太轻率了。"又把岸英叫去,批评他"不能光图人漂亮",还得从人的理想、品德、性格各方面加强了解,告诫岸英对终身大事"一定要慎重,不能轻率从事"。

事情的结果也正如毛泽东所料,傅小姐根本看不上前途未卜的毛泽东一家人,也受不了延安的艰苦生活,不久便跑回北平,还在报纸上写文章辱骂延安。

江青说通过这件事,承认毛泽东说得对:看来漂亮靠不住,还得靠理想。

话说到此,江青又热心地问起韩桂馨的个人问题:"阿姨呀,我已经给你介绍过两个了,都是红军干部,有地位也有资历，都是老板信得过的人，你怎么都不同意呢？"

韩桂馨红了脸，一时不知说什么好。其实她心里装着李银桥，只是不好意思说出口罢了。

江青看不透韩桂馨的这层心思，又想为韩桂馨办成这件事，便继续热心地说："前两个你看不上不要紧，你自己看上谁了，告诉我，我去给你说！"

韩桂馨一时又不想将自己的心事告诉她，只得轻声说："谢谢江青同志，我年龄还小……不急……"

江青笑了："婚姻法规定是女同志18岁就可以结婚，你今年都19岁了，大姑娘了，该谈恋爱了！在我们队伍里，男同志多，女同志少，你有文化，又年轻又漂亮，准能找到合适的……"

韩桂馨更加不好意思了："我真的是岁数还小……"

"好啦，好啦！"江青不再往深里说，临走时又嘱咐道，"我也再给你物色着，你自己也要留点心思，看上谁了告诉我，我一定去给你说。"

江青走后，韩桂馨走回李讷的床前，一边驱蚊，一边想着自己的心事……

在后来的日子里，韩桂馨见毛岸英每天工作回来，总要先到院里来看一看他父亲和江青，见一见李讷、问一问她的学习。

有时，毛泽东就在前院的藤椅上坐着，岸英拉个小板凳坐在院子里和他爸爸说会儿话。有时，李讷也跑过去依偎在她哥哥的怀里，兄妹俩拍巴掌逗着玩。

岸英很喜欢李讷，总是亲热地摸着小妹妹的头，问问她的学习情况，问问她心里想什么、长大了干什么。李讷也很尊重她这位大哥哥，有时兄妹俩都坐在毛泽东的身边，江青站在毛泽东的身后笑着，一家人的气氛很融洽、很和谐。

毛岸英对他父亲身边的工作人员都很尊重。算起来，他的年龄比李银桥大5岁，比韩桂馨大7岁，但他总称李银桥"李叔

—— 247

叔"，叫韩桂馨"小韩阿姨"。

毛岸英穿得很随便，这一点很像他父亲。好几天了，韩桂馨没见毛岸英穿过一件新衣服，换了一条旧裤子也是又肥又大，一看就知道是他父亲给的旧衣服，穿在身上咣里咣当的，显得很不合体。

一天傍晚，韩桂馨对毛岸英说："岸英，你这衣服太不合身了，我给你改一改吧？"

毛岸英笑着说："不用了，阿姨，能穿就行，这样挺好。"

毛岸英每次去看他爸爸，见韩桂馨不是在洗衣服、做针线活儿，就是在教李讷学习、给李讷批改作业。他总是上前说："阿姨，你每天这么忙，真是太辛苦你了！"

毛岸英的话，说得韩桂馨心里热乎乎的，感到毛泽东有这样一个好儿子，真是生前有福、后继有人啊！

38. 打谷场上团圆舞　官兵一致乐融融

　　1948年6月下旬的一天，中央机关的一些工作人员到办公处找到叶子龙和处长伍云甫，要求组织一场舞会，说是大家好借这个舞会见一见中央首长、见一见毛泽东，和首长们一起乐和乐和。

　　叶子龙和伍云甫想，前方的胜利消息不断传来，机关里的工作更加繁忙，首长们的工作就更忙了。毛泽东已经好几天不出他那间办公室了，每逢外线有大仗，他总是日夜守在地图前连续工作，真是太操劳了。应该想办法让毛泽东和其他中央首长们歇歇脑子，积极休息一下。

　　伍云甫和叶子龙答应了人们的要求。叶子龙说："你们先去做准备，这事我们再研究一下，有了准确消息，立刻通知大家。"

　　关于举办舞会的事，经机关办公处的同志们研究同意后，叶子龙去报告了周恩来。周恩来表示赞同，又派人去通知了警卫排长阎长林，让他找机会向毛泽东报告举办舞会的事。

　　阎长林先到毛泽东住的前院去找了李银桥，李银桥一听就乐了。李银桥刚学会跳舞不久，又正在设法接近韩桂馨，更是极力主张毛泽东去参加舞会："主席太累了，早该想办法活动活动。"

阎长林和李银桥协商好以后，便一起进到里院的办公室去见了毛泽东。

阎长林对毛泽东说："主席，我们来到西柏坡，中央机关的人们都会合齐了。为了对首长们表示欢迎，庆祝这个大团圆，办公处组织了一个舞会，大家都希望你也去看一看。"

正在看文件的毛泽东听了，头也不抬地问："定在么时间啊？"

李银桥回答说："就在今天晚上。"

"好么，我也想看看机关的同志们呢！"毛泽东很痛快地答应下来。

离开毛泽东的住处，阎长林马上去通知了叶子龙，叶子龙立刻派出人去挑选场地。经过比较，场地最终确定在毛泽东、周恩来和任弼时的住房门前。这里原来是打谷场，比较宽敞。

吃过午饭，机关办公处的人们就开始忙起来了。有打扫环境卫生的，有抬桌子、搬椅子、搬板凳的，还有去中央机关各部门下通知的。当舞场布置好了的时候，该通知的部门和人员也都通知齐了。

晚饭后，接到通知的人们有的换了干净衣服，有的只是洗了洗脸，把头发梳理了一下，便都络绎不绝地赶向了舞场，村上的老乡也来了不少。大家说说笑笑，舞场上热闹极了。

夕阳西下，舞场上的汽灯亮了，把个偌大的打谷场照得如同白昼，映着人们的一张张笑脸，机关业余乐队的同志们也轻轻地弹响了各自的琴弦。

夜幕降临时，朱德和夫人康克清、刘少奇和他正在热恋中的女友王光美，还有任弼时和夫人陈琮英先后到了舞场，大家都起劲儿地鼓掌，欢迎他们的到来。许多人跑过去争着同他们握手，一会儿就把他们围了起来，互相间问这问那，一片欢乐……

等了一会儿，大家还见不到毛泽东和周恩来的身影，几个沉不住气的小伙子催着叶子龙去请："快去请毛主席和周副主席吧,我们都好长时间没见着他们的面了!"

叶子龙站在一张桌子前,见了韩桂馨和李讷,便对大家说:"好吧,我先派我的小兵去请主席,如果她们请不来,我再去。"说着,叶子龙叫来了他的两个孩子燕燕和丽亚,蹲下身去附着耳朵向她俩说了几句话,两个孩子一听就乐了,立刻跑去韩桂馨身边叫来了李讷。

李讷来到叶子龙面前,先立正了,然后抬手敬礼说:"战士李讷奉命来到,请首长指示!"

叶子龙假意严肃地说:"我命令你和燕燕、二娃回去,把毛主席拉出来,叫他到这里来玩一玩!"

"是!"李讷抬腿要跑,又被叶子龙叫住了:"李讷,你们去了对他说,这里可热闹啦!大家都在跳舞,叫他出来休息休息。他要是不来,你们就拉着他不松手,一定要让他出来。"

李讷她们很听指挥,三个孩子扭头就往毛泽东住的小院跑。叶子龙走到韩桂馨的身边,悄悄说:"放心吧,我这也是为你去'钓'李银桥呢!"

韩桂馨的脸唰的一下就红了,扭身去追李讷……

叶子龙暗自一笑,跟在后面也向毛泽东的住处走去。还没到院门口,三个孩子已经拉着毛泽东出来了,后面还跟着江青、李银桥和几名卫士组的人。

叶子龙快步迎上前去说:"主席,休息休息吧!机关的同志们都想见见你呢!"

毛泽东说:"我有什么好看的?"

叶子龙说:"撤离延安以后,先到河东来的同志们说,有一年多没见到你的面了,很想见见你。今天的人特别多,一些不会跳舞的也来了……"

毛泽东边走边说:"那好吧,今天要听你们的指挥了。走吧,咱们走吧!"

毛泽东已经答应走了,可三个小孩子还是拉着他不松

251

手。李讷侧脸看一看叶子龙,那意思是说:看我完成"任务"了吧!

韩桂馨见了李银桥,光觉得脸上热热的,一句话也不说,只是低了头抱了李讷,向毛泽东和江青点点头:"我们先去玩了!"

还没等毛泽东反应过来,韩桂馨抱着李讷、领着燕燕和丽亚已经跑到前边去了。毛泽东好像一下子醒悟了什么,立刻回头招呼李银桥:"银桥,今日放你的假,你也去吧!"

李银桥不好意思地说:"我跟着你……"

毛泽东笑了:"今日莫跟我,哪有两个男同志一起跳舞的呀!"

叶子龙也对李银桥说:"快去吧,去帮着小韩照看一下孩子们!"

李银桥这才向前紧走了几步,突然又返回身来说:"我还是跟主席吧……"

毛泽东只得仰脸一笑说:"你这个人,说你老实你也太老实了!"

到了舞场,大家见毛泽东来了,立刻鼓起了热烈的掌声,一个个争先恐后地抢上前来,跟毛泽东握手、问候……

叶子龙安排毛泽东坐下来,刘少奇、朱德和任弼时都走过来热情地打招呼。等几位中央首长都在椅子上坐下以后,毛泽东转身悄悄对站在一旁的李银桥说:"你去吧,现在不要你站在这里。"

李银桥这才撤步抽身去找韩桂馨了。

这时,周恩来和邓颖超也来到了舞场,舞场上的气氛更加热烈起来。周恩来落座后,马上又上来一群青年人把他和邓颖超围了起来。

在一片说笑声中,叶子龙去担任临时乐队指挥的人那里说了句话,临时乐队开始奏响了音乐,响过之后又立刻停了下来。

周恩来听到音乐声，站起来对大家说："今天晚上是舞会，大家不要把这个舞会变成分片座谈会嘛！你们看，主席那里那么多人，少奇同志那里、总司令那里、任弼时同志那里，都有好些人，你们快请主席他们跳舞嘛！"

经周恩来这么一讲，勇敢的女青年们一个个拉着各自围拢着的首长，在音乐的伴奏声中，欢快地跳起舞来……

乐队伴奏和在杨家沟时一样，只不过中央机关的部门多了，各种乐器也多了些。十几个处的小青年，起劲地奏响着他们手中的乐器，有二胡、锣鼓、口琴、碰铃、板胡，再有就是一架旧手风琴了。这些乐器虽然简单，但凑在一起，再加上有个统一指挥，也挺热闹的。

许多人都知道，毛泽东是喜欢跳舞的。还是在延安时，他就经常跳舞，认为这是接近群众的一种机会，是一种极有益的休息，也是社交活动，他还和美国的女记者安娜·路易斯·斯特朗跳过好几次舞呢！

眼下的舞场虽说是沙土地，但因是久经石磙碾压过的打谷场，倒也平整坚实，即便有一些疙疙瘩瘩，首长和同志们也不在乎，在"嘭嚓嚓……嘭嚓嚓……"的音乐声中，跳得兴畅意浓……

跳过几场舞以后，周恩来对大家说："我提议把延安晚会的那种热闹劲儿，也带到西柏坡来，会唱歌的多唱几首歌嘛！有的同志表演节目很有水平，也可以在这里表演一下嘛！"

经周恩来这么一讲，晚会的气氛更活跃了。

音乐止住了，大家开始鼓掌，指名道姓地欢迎一些同志表演节目。其中，杨尚昆的夫人李伯钊、王若飞的夫人李培之、伍云甫的夫人陶大姐都兴致勃勃地给大家表演了节目，博得了人们一阵又一阵掌声。

音乐再起时，大家又高高兴兴地跳起舞来……

这时韩桂馨发现，毛岸英和一个叫刘思齐的女青年在一起,想进场又不想进场的样子,两个人在场外的人群中正转悠呢……

李讷和别的孩子们一样,一会儿这看看、一会儿那瞧瞧,高兴得没有一刻闲工夫,蹦蹦跳跳地围着舞场转着圈地跑。韩桂馨只得跟在后边随着跑,也没时间停下来和跟在自己身后的李银桥多说几句话。

舞场上,毛泽东不大跳花样,但步子平稳庄重,凡是与毛泽东跳过舞的女青年都感到是件很自豪的事。周恩来在场上很活跃,他跳的舞姿也很潇洒;朱德跳舞像在走大步,有种一往无前的气势;刘少奇与王光美正在谈恋爱,两个人的舞跳得很好;任弼时也跳了几场,但也总找借口"逃场"……

李讷总算不瞎跑了,也许是玩累了,蹲在毛泽东坐过的椅子前,开始看场上的人们跳舞。下了场的王光美把韩桂馨叫去坐在她身旁,问她为什么不去跳,韩桂馨说:"我不怎么会……"

两个人正说着,周恩来走过来招呼韩桂馨去跳舞,韩桂馨还是说"不会",周恩来笑着说:"不会可以学嘛!"边说边拉了韩桂馨的手,又幽默地说,"阿姨你来跳吧,本来男同志就多,你再不下来,就更不合比例了!来,我教你。"

周恩来的话鼓起了韩桂馨的勇气,开始跟着周恩来学跳三步舞。周恩来一边教她如何迈步,一边轻轻地数着节拍:"一二三—— 一二三——"

韩桂馨虽说跟江燕学过跳舞,但这时还是有些紧张,不但踩不到舞点上,还总踩在周恩来的脚面上。场外的人见了,有人逗嘴说:"小韩阿姨,你怎么不踩鼓点,专踩周副主席的脚啊?"

韩桂馨的脸红了,心跳也更加快了,便想打退堂鼓不跳了。周恩来却鼓励她说:"我教你,一定能学会的,要有信心嘛!"

韩桂馨渐渐冷静下来，逐步踩准了鼓点，随着周恩来学会了跳三步舞……

休息时，韩桂馨走到毛泽东的座位前，开始跟守候在那里的李银桥说悄悄话，恰巧毛泽东又走了过来，乐呵呵地对他俩说："阿姨呀，恩来教你跳三步，我再教你多跳一步。银桥，你就先等一等，等阿姨会跳了，让她再教你么。"

音乐再次响起时，毛泽东那只温暖的大手已经握住了韩桂馨的手，两个人下场跳起了四步舞。

毛泽东身材高大，步子迈得也大。幸好韩桂馨有了刚才的经验，心里默默地数着鼓点，脚下尽力跟上毛泽东的大步，这才很少踩到毛泽东的脚上。几段舞曲过后，韩桂馨初步掌握了跳四步舞的动作要领。

舞会还在进行中，再休息时，韩桂馨下场找到李银桥，拉他在场边上学跳舞，两个人边跳舞边说着悄悄话……

舞场上，兴致不减的毛泽东正同机要处的一个女青年跳慢四步，夜风乍起，毛泽东在风中依然舞步不止。因为在休息时，这个女青年就抢先同毛泽东说好了，这一场她要同他跳舞，对她来说这个机会太难得了！

风越刮越大，场上的汽灯摇晃得厉害。为了保证人们继续跳舞，叶子龙急忙招呼组织舞会的警卫科指导员毛崇横来商量办法。毛崇横二话没说，立刻跑去舞场中央，抬起一只手扶稳了汽灯，一只手抬累了再换另一只手去扶……

毛泽东走过去对他说："崇横本家，你是实心实意为大家服务么！"

又过了一段时间，夜深了，毛泽东和朱德、任弼时便同大家告辞，各回各的住处了。

李银桥也急忙同韩桂馨分了手，跟着毛泽东走了。

毛泽东一走，刘少奇和周恩来也说该回去工作了。临走时，他俩还对大家说，很久没有跳舞了，希望同志们多玩一会儿。

李讷不走，还要玩，还要看，韩桂馨担心孩子着凉，就拉着她的小手，照顾她回去睡觉了。

舞会在继续进行。江青这时的精气神不减，一连和好几个人又跳了好几场。

因为担任伴奏的同志们太累了，叶子龙便让人改用留声机播放舞曲，大家一直跳到午夜……

从此，中央机关在西柏坡，如果没有特殊情况，总要在星期六晚上举办舞会，丰富一下人们的文化生活。

39. 送战士发奋读书　教农民插秧育苗

临近1948年6月末的一天，李银桥和阎长林跟着毛泽东在院外散步，毛泽东突然对阎长林说："阎长林，你给我写份警卫排的名单。"

阎长林问："现在就写？"

毛泽东微微点了一下头："现在就写。"

阎长林答应一声跑去了，一会儿就把名单写了回来。

毛泽东接过警卫排的人的名单，数了数人数，不多不少，整20个人。

毛泽东从衣兜里取出一支铅笔，一边看名单，一边在上面画圈，一共圈了14个人的名字。李银桥注意到，这些都是在毛泽东身边工作多年的老同志。

毛泽东对阎长林说："现在形势发展得这么快，你们要抓紧时间学习，如果不抓紧时间学习，就会跟不上形势的发展，就要落后了。"毛泽东将名单交给阎长林，又说："我圈的这14个人，要送他们去文化学校学习。等他们学习回来了，再把你们6个人送去学习。你们留下来的人，也要边工作边学习。"

话说到此，他又问阎长林："你们有意见没有？"

阎长林高兴地回答说："没有意见。"

月末，当14名警卫战士要离开毛泽东的前一天，为了欢送他们，毛泽东对李银桥说："你去通知警卫排一下，说我要和他们合影留念。"

李银桥到警卫排传达了毛泽东的话，大家高兴得都跳了起来。人们立刻整理了自己身上穿的衣服，满怀着激动的心情站到毛泽东住的院子里，等着毛泽东出来同他们照相。

毛泽东一出房子，就满面笑容地对大家说："你们去学习，我同你们照个相送行好吗？"

"这太好了！"

"欢迎！欢迎！"

大家蹦着跳着，欢呼着，热情地鼓掌。

照过相，大家跟毛泽东又走进了他的办公室。在靠窗前的桌面上，放着几张毛泽东写有"人民日报"字样的纸，大家一看就知道，这是毛泽东为《人民日报》题写的报头。

毛泽东对大家说："全国就要解放了，我们要把《人民日报》办得更好呢！"

人们纷纷上前去看毛泽东写的字，毛泽东又说："你们帮我挑一挑，看哪一张写得好。"

人们便你一张我一张、你一言我一语地挑起来，忽然有人说："主席，你给我们也写几个字吧！前些天你给张林写了字，我们明天就要离开你了，也给我们留个纪念吧……"

"给张林写了，自然也给你们写。"毛泽东很痛快地回答说，"去拿你们的学习本子来。"

14个人很快跑回住处，都把自己最好的本子拿了来。毛泽东把本子打开，逐一在每个本子上面写了：

现在努力学习，将来努力工作。

毛泽东每写完这12个字，还依次签了自己的名字：

毛泽东。

中午，毛泽东来到前院，又和去学习的同志们一起吃了一顿饭。

吃饭过程中，有人建议说："主席，我们看到你院子里有盘石磨，人们出来进去怪碍事的，不如拆了，反正留着也没什么用。"

毛泽东连连摇头说："拆不得，我要带头遵守群众纪律呢！不但不能拆，还要给老乡保护好，这些东西将来老乡们还要用哩！"

又有人说舍不得离开毛泽东，毛泽东便对大家说："你们不愿意走，我也舍不得你们走。咱们在一起好多年了，你们对我的帮助很大，不管平时还是战时，不管走到哪里，我总是有房子住，能休息，能办公，有饭吃，有水喝……"

毛泽东同大家边吃边说："行军路上，你们照顾我都非常辛苦，我也特别感谢你们。但是我也不能把你们都留在身边，让你们为我放一辈子哨呀！那样不是埋没人才了吗？不是把你们耽误了吗？"

毛泽东咽下一口饭，继续说："你们现在才20多岁，最大的也只有30岁左右吧？今后时间还长呢！你们要好好学习，提高文化水平，一旦工作需要，组织上会交给你们重担子挑的，我对你们是很信任的……"

毛泽东碗里的饭菜不多了："将来做什么工作，就看你们学习和锻炼得怎样了。路子是要靠你们自己去走的。我相信，你们将来都会成为党的好干部。"

话说完了，饭也吃完了。

第二天，要去学习的同志乘上汽车，高高兴兴地到刚刚成立的中央机关文化补习学校报到了。

晚上，毛泽东又对李银桥说："我送他们去学习了，你也不要心急。西柏坡也要成立在职干部文化补习学校，还要成立小学校。到时候，李讷去学校学习了，你和小韩阿姨白天一起去补习学校上课，晚上一起回来复习功课，这些事我都为你想着呢！"

李银桥的眼睛湿润了，心中十分感激毛泽东，感谢他想得像父亲一样周到，事事都在关心着自己……

毛泽东又说："村上就要装电灯了，以后你们晚上学习，我夜里办公，就都方便了。"

李银桥更高兴了。

入夜，当天上星光灿烂时，毛泽东又在他的办公室里伏案疾书了。

李银桥快步走进后院的南屋，匆匆叫出了韩桂馨，告诉她毛泽东刚刚对他讲的话，也把韩桂馨高兴得不得了……

6月30日上午，毛泽东又带上李银桥和阎长林等几个人，一起到村外看农民在田里干活儿。

在这一个多月的时间里，毛泽东已经清楚地了解到西柏坡的水源丰富、水温高、土地肥、日照长，很适合种植水稻。但当地的老百姓没有掌握好水稻的种植技术，也不大耐心田间管理，只是像种麦子那样撒了稻种，稍加管理就等待秋季收割了，所以产量一直上不去，平均一亩田只收得二百来斤稻谷。

来到村外，毛泽东耐心地对在稻田里干活儿的老乡们说："我是南方人呢，种稻子不是像你们这个种法。要先将稻种浸一浸，弄几块秧田，施足肥，先育好秧，然后再把秧插到田里去，产量就会提高的。"

老乡们高兴地说："是哩！我们这里也不知道该怎么种好，也知道南方人会种稻子，可一直没人教我们。今天听你这位大先生说了，我们从明年开始就试试，按你说的法子种。"

毛泽东也高兴了，答应说："明年春上，我来和乡亲们一起种稻子。"

老乡们更高兴了："那敢情好！"

离开稻田后，毛泽东兴致勃勃地又带着李银桥等人走向野外，一路上同大家谈笑风生。

当走到一个小水塘边时，见到几棵老柳树枝繁叶茂，树下的阴凉很大，毛泽东对大家说："这里凉爽，乘乘凉吧！"

大家便走到树荫下，一起陪着毛泽东乘凉。毛泽东见水塘里的水比较清澈，便问李银桥："你说这池塘里有没有鱼？"

李银桥摇摇头说："我不知道。"

毛泽东又问阎长林："你说呢？"

阎长林也摇摇头："我也说不好。"

警卫员王振海说："主席，这土水塘里没鱼，滹沱河拐弯的地方石头多，有石头的水塘里才有鱼，鱼喜欢在水里的石头缝里钻着。"

毛泽东同他打赌说："咱们两个下去捞鱼么！如果捞出鱼来，说明你的经验不全面；如果真的这个水塘里没有鱼，说明你的经验还有普遍性。"

李银桥不同意毛泽东下水："主席你别下去，衣服湿了不好换呢！"

孙勇见毛泽东为此事打赌，便脱下外衣说："我替主席下去！我只要在水里走一走，就知道有没有鱼。"

"好么！"毛泽东同意了。

阎长林和王振海等几个人也都脱了衣服跳下水塘，一起在水中乱蹚起来。李银桥陪着毛泽东站在塘边的柳荫下，看着大家在塘中蹚水。

突然，阎长林大叫了一声："鱼碰到我腿了！"

只一会儿工夫，孙勇抓到一条一斤多重的鱼，王振海也捉住了一条。大家再抓、再摸时，就再也捉不到了。

毛泽东在岸上指挥："你们现在用力把水搅浑，这叫浑水摸鱼么！"

听毛泽东这么一喊，池塘里的人立刻手脚齐动，连蹚带扑腾地把个清水塘搅成了浑水塘，鱼被呛得浮上水面张着嘴吸气，人们七手八脚地又捉了十几条鱼。

站在岸上的毛泽东笑了："好了，够你们美餐一顿了！"

大家上岸后，边穿衣服边听毛泽东讲："你们看，进水的渠道水深，鱼容易顺水而来；水塘向稻田里灌水，出水道浅，鱼不容易顺着水流出去，时间长了，一个夏天鱼就长大了。"

李银桥和大家一边用柳条穿鱼,一边问:"主席,你怎么知道得这么多?"

毛泽东的神情变得像是回忆从前,慢慢地回答说:"我小时候,家里的房前也有一个池塘,我常跳到池塘里去摸鱼,也常去田里插稻秧、拔稗草,还挨过蚂蟥的咬……"

孙勇也说:"我在河里也挨过蚂蟥的咬。"

李银桥说:"我小时候在滹沱河里学游泳,也挨过蚂蟥的咬。"

毛泽东说:"你们北方水里的蚂蟥小,在我们南方,蚂蟥的个子可大呢!"

李银桥知道,毛泽东这是又想起他少年时的家乡生活了……

40. 起争执王明遭斥　慈爱心领袖说媒

1948年7月1日，是中国共产党成立27周年纪念日。

这一天，李银桥正在毛泽东住处的前院值班时，见到担任中央法律委员会主任委员的王明走了过来。

王明长着一张方形的长脸，面皮白净净的，个子没有多高。李银桥站在院门口迎住他问："有什么事？"

王明说："我要见主席。"

李银桥觉得毛泽东现在没有什么大事缠身，便点头说："请跟我来。"

李银桥表面对王明很讲礼貌，但内心并不热情。他知道，早在红军时期，王明借着共产国际的支持和斯大林的赏识，曾经狠狠地整过毛泽东。李银桥还清楚地记得，毛泽东在提起王明时，曾对他说过："此人曾经想要我的命呢……"

李银桥带王明走进毛泽东的办公室，见毛泽东正坐在桌前批阅文件。

毛泽东听到响动，抬头见是王明来了，便从办公桌后面站起身，绕过桌子同王明握手，然后请王明坐到沙发上，自己坐在了旁边的那张藤椅上。

见到这一切，李银桥心里清楚：毛泽东与亲密战友相交是很随便的，一向不拘礼节，如朱德、周恩来、刘少奇、彭德怀等人见他时,他会继续工作,或是抬头简单地招呼一声即可,只有对疏远的人,才会表现出像今天与王明见面时的这种礼貌与客气。

李银桥趁两个人寒暄之际,转身走出房间去沏茶水。他知道,毛泽东待客就是淡茶一杯。

沏茶回来,李银桥听到王明正在对毛泽东说:"《关于若干历史问题的决议》我还是想不通,有些意见我还要向中央陈述,要跟你谈谈……"

李银桥有意识地看了看毛泽东,见毛泽东的脸上没有一点笑容,而是十分严肃地听着王明的话。李银桥觉得气氛不对劲,同时也感到自己不适合留在这里,便放下茶水悄悄地退出了屋子。

回到卫士值班室不久,李银桥有些不放心,又返回身去了后院,听到毛泽东与王明的谈话声越来越大。听着听着,两个人的谈话变成了争吵,是争论《关于若干历史问题的决议》,不仅牵扯到共产国际,还牵扯到苏联和国内许多人、许多具体事……

李银桥听得最清楚的一句,是毛泽东用他那浓重的湖南口音大声吼道:"到现在了你还想不通啊?现在快胜利了,你还没有一个反省?"

李银桥更加担心起来,急忙跑去西屋向江青报告,江青为难地说:"我也不好进去说什么呀……"

李银桥建议说:"要不,我去请周副主席来?"

江青怔了怔神,点头说:"那就叫恩来去听听。"

李银桥快步跑出院子,去北院请来了周恩来。两个人一道轻手轻脚地走到毛泽东办公室的窗前,刚刚听了两句,还没听清里面说的内容,周恩来便转回身,一边向李银桥摆手,一边用眼色示意他离开,不要在这里听。

李银桥蹑手蹑脚地退了下来,站在西屋门口的江青见了,也缩身回到屋里去了。

周恩来俯着身子，在窗前静静地听了很久。后来屋里的争吵声低落下来，听出王明的口气是要告辞了，周恩来便机警地避到江青住的房间里去了。

王明板着一副面孔离开不久，周恩来便走出西屋进了毛泽东的办公室……

李银桥觉得，眼前的这场争吵，绝不是个人之间闹意见，而是两个人对于整个中国革命的不同看法，所以毛泽东的情绪才会那么激动，态度才会那么坚决。

在以后的几天时间里，由于天气好，江青在院子里给毛泽东晒冬衣。李银桥和韩桂馨见到毛泽东原先穿的一件毛衣和一条毛裤都太旧、太破了，每件上面都有好几个大窟窿，不少地方还脱了线，便商量着如何给毛泽东换件新毛衣。

这一天，韩桂馨在院子里抖着毛泽东的那两件毛衣毛裤，对李银桥和刚刚走来的阎长林说："你们看看，这么破了还让主席穿呀？今年和去年的情况不一样了，现在条件这么好，石家庄离西柏坡这么近，那里有的是毛衣毛线。如果买现成的怕不合身，你们去买毛线来，我可以给主席织，保证天冷的时候叫主席穿上。"

两个人听了觉得有道理，但没有毛泽东的同意又不能去买。阎长林想了想说："小韩，你去请示主席吧。你年龄最小，又是女同志，什么话你都可以讲。"

可韩桂馨却说："这不是我的工作，也不是李讷的事，这些都是你们的事，不应该由我去问主席。"

阎长林推了李银桥一把，对韩桂馨说："你跟银桥一起去问主席行不行？"

韩桂馨瞟了李银桥一眼，没有说话。

李银桥说："这要找个机会才行，不能干扰了主席办公。要等主席吃饭、休息或者散步的时候，再慢慢说。"

阎长林嘱咐说："那先侦察侦察，有机会就说，别往后拖。"

李银桥点点头说："也是,我现在就去侦察侦察。"

李银桥叫上韩桂馨来到毛泽东办公室的门前,隔着门上的玻璃见毛泽东正坐在里面的沙发上看报纸,两个人回头向阎长林递了个眼色,便推门一前一后地走了进去。

毛泽东见是韩桂馨和李银桥进来,便放下手中的报纸,抬头问道："有么事呀?"

韩桂馨是个急性子,几步走到毛泽东的身前,把拿在手上的毛衣毛裤亮了一下说："主席,你这身毛衣太破了,实在不好补了,你就换件新的吧!"

毛泽东温和地笑了笑说："小韩阿姨,你把李讷照看好了,又为我缝缝补补,帮了我的大忙,我非常感谢你。还是请你辛苦一些,把我的毛衣毛裤再织补一下,能穿就行了。"

韩桂馨不死心,还想力求说服毛泽东："主席,你的毛衣太破了,就算能补上,穿在身上多难看呀!"

毛泽东又是淡淡地一笑说："穿在里面还讲什么好看难看,能挡寒就行,现在全国还没有解放,我们还有困难。"

话说到此,韩桂馨觉得一点松动的余地也没有了,只得不再说什么。心想:再多说也没用,凡是毛泽东定下来的事情都是不会轻易改变的,这一点自己是清楚的,但没有想到他把自己的生活所需降到这么低的水平,都怪自己嘴笨,没有完成阎长林托付给的"任务"。

韩桂馨见到毛泽东面前摆放着一堆报纸和文稿,又有点后悔自己刚才凭一时气盛闯进来,打扰了毛泽东的工作,便不再忍心耽误他的宝贵时间,转身想往屋外走。一句话没说的李银桥见了,也抬腿跟着韩桂馨往外走。

毛泽东见了,先看看李银桥,又看了看已经走到门口的韩桂馨,突然说道："你们先别走么!"

韩桂馨只得止住脚步,回头看一看李银桥。李银桥向她递了个眼色,两个人便又转回身来,听毛泽东说话："怎么,你们两个人今日找我就为了这事，还有没有别的事呀？"

韩桂馨的心思都在毛线上，一时对毛泽东说的"别的事"反应不过来，只是嘴快地回答说："没别的事，就是动员主席买毛线。"

毛泽东慈祥地看着韩桂馨，站在一旁的李银桥只是憨笑着不说话，韩桂馨这才发觉进屋后一直是自己在唱独角戏……

毛泽东站起身来，在桌旁踱了几步，亲切地问道："银桥，你今年二十几啦？"

李银桥回答："21岁。"

毛泽东又问韩桂馨："小韩，你今年19岁了，对么？"

韩桂馨想不到毛泽东对她的年龄记得这么准，因为还是在她刚刚到毛泽东身边的时候，他只是随口问过她那么一次，他竟然记住了。韩桂馨点点头说："对，是19岁。"

毛泽东忽然一笑，说："那很好么，你们应该互相多帮助。"

韩桂馨此时感到自己的脸上一阵发热，肯定是红了，再看李银桥的脸也红了，心想：毛主席真像位慈祥的父亲，那样关心体贴儿女的心思，为儿女们想得太多了……

第二天，李银桥陪毛泽东在院外散步时，毛泽东悄悄问他："你和小韩谈得怎么样啊？"

李银桥不好意思地低了头，只是笑，不说话。

毛泽东慈爱地拉着李银桥的一只手，拍拍他的肩膀鼓励说："不要封建么，你们谈我是赞成的。"

其实，李银桥心里何尝不想、何尝不着急呢？他知道西柏坡的男同志多，女同志少，少数女同志自然成了众多男同志竞相追求的目标。江青也很关心韩桂馨的婚事，曾先后给她介绍过两个红军干部，不知为什么都被韩桂馨拒绝了。江青关心韩桂馨的个人问题，想帮她牵线搭桥，但却看不透她的心思。韩桂馨心里有话也说不出口，谁也说不准她心里究竟是怎么想的……

李银桥心里一直装着韩桂馨,只是不好意思说,也没勇气说。就是两个人单独见面时,都总觉得耳热心跳,却没胆量吐露心声,更不好意思托人……

毛泽东见李银桥一副窘迫的样子,又微笑着鼓励他说:"不要靠媒人。我的卫士要自力更生,啊,自由恋爱么!"

散步回来,毛泽东又去工作了。

对于李银桥和韩桂馨的关系,毛泽东虽然当面做了工作,但两个人的表面关系仍然停留在原处,只是保持着工作上的联系,互相之间没有更多的进一步接触。

韩桂馨心想:李银桥是自己的行政领导,又是自己的党小组长,他虽然只比自己大两岁,但参加革命的时间长,政治上比自己成熟,工作也有经验,许多问题到了他那里都能得到妥善解决,自己是佩服他的。再加上他和自己都在毛泽东身边工作,整天低头不见抬头见,不但工作常有接触,而且学习又在一起,彼此早就熟悉了,又是同乡,也互相了解,觉得他是个值得信赖的人……

女孩子思想敏感,从言谈举止上,韩桂馨也看出了李银桥心里装着自己,只是不好意思说罢了……

韩桂馨觉得,李银桥这个人在工作上是没说的,干得很出色,人也很精神,在毛泽东身边工作这么久了,无论大事小情处理得也很妥当,很得毛泽东的赏识和喜爱,不算不聪明。可到谈情说爱这件事上,笨得就像换了一个人,简直有点窝囊……

事也凑巧,一天,李银桥收到家乡的一封来信。李银桥一直和他家里人保持着通信联系,自从他的父母知道了自己的孩子在毛泽东身边工作,就对他的情况特别关心,每次来信都嘱咐他要听毛主席的话,尽心尽力为毛主席办事,老老实实地为党工作。农村的老人,关心孩子有他们自己的方式,最实际的,就是早早为儿子物色一房好媳妇。

李银桥家里的这封来信,谈的就是为他介绍对象的事。父母为他相中了一位姑娘，来信中把姑娘说成了一朵花。可李银桥觉得从未见过人家姑娘的面，两个人之间缺少感情基础，而自己这里和韩桂馨的关系也还没有明确下来，该怎样答复家里的人呢？这信里说的，是爹娘的一份心意啊！

李银桥看着这封信犯难了，暗自觉得自己真是太笨了，连这么件事情都处理不了。可笨人也有笨人的办法，那就是去请教毛泽东。

李银桥长期在毛泽东身边，已经习惯了把自己的事情，无论大小都向毛泽东汇报，向毛泽东讨个主意。这件事是他的终身大事，更得去向毛泽东汇报、请示定夺了。

李银桥拿着信去找毛泽东，把信在毛泽东的面前摊开了说："主席，你看这件事怎么办？"

毛泽东把信拿在手上，很快看完了，反问道："你打算么办啊？"

李银桥低着头又不吭声了，他还没有想出一个好办法，急得直挠耳根子。

毛泽东哈哈大笑起来，说："你呀，银桥，你就是太老实，谈恋爱也要动脑筋么！你就不会拿着信去问问小韩？她比你有文化，你正好找借口要她帮你写封回信么！"

李银桥心里一亮，觉得这真是个绝妙的好主意，正好借此机会把心事挑明！他想，毛泽东不但善于办大事，就连谈恋爱也比自己有办法呢！

李银桥乐滋滋地去找韩桂馨，推开南屋的门一看，见只有韩桂馨一个人在屋里，便问："李讷呢？"

韩桂馨说："跟她妈妈去串门了。"

李银桥这才将手中的信往桌子上一放说："小韩，你看看这封信……你看怎么办？"

韩桂馨问："什么事？"

李银桥先红了脸："你先看看信……"

韩桂馨拿起信，没等看完，心就突突地跳开了，心里明白这是李银桥让自己表态来了。这时，她听李银桥试探着问道："如果……如果……不合适，就推掉吧？"

此时的韩桂馨能说什么呢？这太突然了，她觉得自己的脸上烧得厉害，烧得两眼直发胀，说出话来也是越说越气短："那就……那就推掉呗……"

李银桥一听，胆子立刻大了起来，高兴地紧盯着韩桂馨的脸，又问："那么，你替我写封回信吧？你文化程度比我高，主席说互相帮助，是吧？"

韩桂馨没想到李银桥的进攻意识这么强，只得低了头，奇怪他今天这是怎么了，看他那激动的样子，好像比平常多了几个胆儿似的……

李银桥再次发起了进攻似的催问："你倒是说话呀？"

"你，你可真聪明……"韩桂馨依然低着头，红着脸嘟囔着说，"你也真够傻的……那么多人找我，我都没答应，就等你……等你……找我……"

李银桥长长地舒了一口气，甜蜜地笑了："要不然我还傻呢！是主席教了我这个聪明办法，是他让我来请你写回信……"

李银桥说着，上前一把紧紧地握住了韩桂馨的手，不知怎么的，韩桂馨的眼眶里淌出了热泪："哼，主席就是喜欢你……叫别人都是叫警卫，就是叫你银桥……"

李银桥美美地笑着，把韩桂馨的手握得更紧了……

事情发生得虽说有些突然，但感情的闸门一旦打开了，就再也关不住了。韩桂馨把憋在心里的话，一股脑儿都倒了出来："现在男同志多，女同志少，将来进城了，女同志多了，你……你可别丢了我……"

李银桥再攥一攥韩桂馨的手说："看你说到哪儿去了？毛主席不答应，我自己也不答应啊！好歹我是你的领导，我要是变心，还像个当领导的样儿吗？还怎么教育别人呀？再说，我是你们组长,还要做榜样,起党员的模范作用呢!"

韩桂馨的手被攥疼了,挣开手,绯红着脸轻声说:"你是我的领导,那就领导我一辈子吧……我都听你的……"

李银桥兴冲冲地走了……

等静下来以后,韩桂馨心里浮起了一个疑团:向来腼腆木讷的李银桥,今天怎么变得这么开朗、这么机灵了?想了想才醒悟到,准是毛泽东给他出了主意、帮他想了办法!

李银桥回到毛泽东身边,把与韩桂馨交谈的经过原原本本地说了一遍。毛泽东像是办成了一件大事那么高兴,一把拉起李银桥的手说:"走,银桥,一起散步去!"

毛泽东拉着李银桥的手走到室外,另一只手抚摸着李银桥的胳膊,轻声说:"谈下去,银桥,继续谈下去。你们都在我身边工作,又是安平县的老乡,走到一起来了。要说容易也不容易,要说缘分这就叫缘分,我等着吃你们的喜糖、喝你们的喜酒!"

41. 到村外乘凉办公　众子弟集体上学

进入1948年7月，西柏坡安上了电灯，有时机关办公处的人们还给大家放一两场电影，使人们感到生活条件比在陕北时强多了。

7月8日和9日，中共中央书记处的五大书记在毛泽东的办公室里一连开了两天会。

在陕北时，中央机关的人都爱说："五个杯子碰到一起，蒋介石就该倒霉了！"可是这一次五大书记会合、共同商讨和研究的重点问题，不是国民党蒋介石，而是共产国际和南斯拉夫共产党的事。

李银桥和韩桂馨虽然都是共产党员，但在党小组会上，谁也说不清南斯拉夫究竟是怎样一个性质的国家，南斯拉夫共产党内最近所发生的一切又究竟是怎么一回事。人们真正关心的，还是如何在中国共产党和毛泽东的统一领导下，尽快打倒蒋介石，解放全中国。

当时中国的实际情况是，解放战争已经进展到了决战时刻。人民解放军经过艰辛曲折的历程和英勇奋斗，已经发展到280万人，国民党军队这时已损失的军队人数达300万人，还剩360万。两党两军逐鹿中原，究竟由谁来掌管天下，现在已经到了一决雌雄的关键时刻。

各解放区的土地改革运动发展迅速，前方战斗如火如荼，各外线作战兵团捷报频传。

在这些紧张的日子里，人民解放军总部里的工作更忙了，毛泽东、周恩来、朱德、刘少奇、任弼时五个人天天聚集在一起研讨军情。李银桥跟随毛泽东，见到军事地图上代表解放军一方的小红旗越来越多，这说明解放军迅速占领了好多地方。

作为毛泽东的卫士组长，李银桥一方面为前方的胜利而高兴，一方面又为毛泽东的身体健康而担心。因为7月的天气已经很热了，而毛泽东早已习惯了夜间工作，白天休息。他住的小平房比较低矮，屋顶薄，太阳一晒，整个屋顶就像一个倒置的大火炕，烤得房间里又闷又热。五大书记不在一起的时候，别人还能趁夜里凉爽在房里睡一睡，可毛泽东一到晚上就来了精神，工作起来就是一整夜，遇上白天有事又要"连轴转"，长期这样下去，身体哪能吃得消啊！

李银桥看在眼里，急在心上。他带了几名卫士和警卫员，出去找了好几个地方，想让毛泽东能有个比较凉爽的地方休息休息。在毛泽东住的院子里，因为地方小，没有大树，只有一棵手腕粗细的梨树，树荫很小，顶不了事。

李银桥带人到了柏树坡，那里的树虽然大些，但一棵树与另一棵树间隔得太远，枝叶不密，树荫连不成片，也不凉快。他们又找到一处苇塘，边上有一片柳树林，此处有水有树荫，但一片高高的芦苇像堵墙似的挡住了风，也不令人满意。

后来，几个人再往远处走，走到一个小山沟时，感觉一阵阵凉风吹来，身上很舒服。大家发现，这里有一条小河，河边是一片密林，林中还有一个池塘，池塘里的水清澈透明。这里的山风充满了凉意，就连密林中的鸟雀也充满了欢叫声。李银桥觉得，这里可真是一个好地方啊！

此处离西柏坡不到10公里，乘汽车来也仅用十几分钟的时间。李银桥认为此处比较僻静，保卫工作也好做，再有就是通村子的路比较平坦，汽车也好走，同来的几个人都很满意。

但毛泽东会是个什么态度呢？他同意不同意来这里休息呢？大家心里都还没有底。因为，连着多少天了，不论多热，毛泽东从没提出过到村外去找个凉爽的地方。实在热得睡不着觉时，他就坐在院子里的藤椅上，手里拿个芭蕉扇扇着，低头看书或是批阅文件。

这一天，天气热得出奇。刚上午10点多钟，屋里热得就待不住了。韩桂馨拿了个大木盆，打来了凉水，不停地给李讷擦身体，担心孩子长痱子，她自己也不停地用毛巾擦抹着身上的汗水。

江青热得浑身难受，在屋里屋外出来进去地转了好几趟之后，喊一声："老板，我找地方凉快去了！"便走出了院子。

李银桥趁此时机，向毛泽东讲了他们发现的"避暑胜地"，想请毛泽东先去看看满意不满意。毛泽东竟很高兴地说："还去看么事？带我去么！"

李银桥高兴了，立刻通知了阎长林。不一会儿，阎长林带着人来给毛泽东收拾帆布包、暖水瓶、帆布躺椅、书报文件，又将这些东西一件一件地往停在院外的汽车上装。

韩桂馨见了，问李银桥："你们这是干什么？"

李银桥笑一笑，神秘兮兮地说："我们给主席找了个'豪华宾馆'！"

汽车驶离村子后，很快开到了李银桥他们事先看好的地方。

毛泽东一下车，见到这里山清水秀、凉风习习，很高兴。他感谢李银桥等人动了脑子、想了办法，找到这么一个好去处。

一切准备好以后，毛泽东以蓝天作被、以青山为伴，躺在帆布椅上，舒舒服服地在林间的空地上睡着了。李银桥见毛泽东睡得那么香、那么沉，心里也感到美滋滋的。

时间不算太长，毛泽东翻了个身。大家不敢惊动他，希望他再多睡一会儿。没想到，毛泽东睁开眼睛坐了起来，到池塘边浸湿了毛巾擦擦脸,又接着工作了。

见到毛泽东心情舒畅,李银桥和阎长林他们也都很开心。毛泽东称赞说这里是个"休息胜地",可李银桥却认为毛泽东把这里当成了"工作胜地"。大半天下来,毛泽东在这里也没休息多长时间,他把大部分精力都放到工作上去了……

傍晚回到村上,进院后,韩桂馨问李银桥带着毛泽东"躲"到哪儿去了,李银桥抽空儿同她讲了他们发现的地方,讲了白天在那里所经历的情形。韩桂馨听了也很高兴,要求再去时也带上李讷,李银桥答应设法同毛泽东讲一讲,让李讷和韩桂馨都去。

第二天,毛泽东带着他身边的工作人员又要出村了,临走时还带了中午要吃的饭,同时让韩桂馨也带上李讷,同大家一起上了汽车。

在车上,韩桂馨悄悄地看了看李银桥,用目光感谢他为李讷办了件好事。李银桥心领神会地点点头,脸上流露着一副很高兴的神情……

车过滹沱河,韩桂馨对毛泽东说:"主席,这条河再往下走,就到了我们老家了!"

毛泽东笑了说:"也到了银桥的老家呢!"

韩桂馨的脸红了,李银桥的脸更加红起来……

这一天,毛泽东在林荫中休息、办公,韩桂馨带着李讷在离得远一些的僻静处看书、识字,李银桥和卫士组的人侍卫在四周,阎长林和周西林驱车跑了好几趟为毛泽东传送文件。中午饭,大家在树荫中吃了,临近傍晚,一拨人高高兴兴地返回了西柏坡村。

在以后的日子里,就是在这块有山有水又有树的空地上,毛泽东批阅了前线来的许多份电报,收阅了香港各民主党派与民主人士发来的电文,写了好几篇供党内学习的重要文章,准备了几次大会的讲话稿,甚至还用汽车把中央妇女委员会的同志们接来座谈，在大树下接见了即将出席国际民主妇联第二次代表大会的代表。那天，在场的有中央妇委委员、阜平县委书记邓颖超，有中央妇委的康克清、帅孟奇、张琴秋和杨之华，还有冀中区的代表高升、吴青等人。

那天在毛泽东的身旁，有人坐着马扎子，有人坐着毛泽东用来休息的行军床，有人坐在阎长林、李银桥他们带去的木墩上，高高兴兴地谈着国际妇女会议的事，毛泽东还风趣地笑着给大家讲了一些古今中外的小故事，人们记得有武则天、花木兰、梁红玉和秋瑾，还有埃及女王和法国巴黎公社的女战士……

1948年7月下旬，中央机关党总支书记刘火组织行政科的人，在村上盖了一间大约30平方米的平房，准备为机关干部的孩子们办个小学校。

因为，到了西柏坡以后，机关干部身边的孩子们增多了，机关大院里也热闹起来。在陕北杨家沟时，很长一段时间，机关里只有5个孩子，后来任弼时的孩子才到了陕北。而现在，少说也有20个孩子了。在这些孩子当中，有与李讷常在一起玩的燕燕、丽亚、胜利、幸福，有任弼时的孩子远志、远远，董必武的儿子、伍云甫的儿子伍绍祖、彭真的儿子付瑞、刘少奇的女儿刘涛、叶剑英的儿子牛牛……这些孩子的年龄和李讷差不多，都是七八岁的样子。

这个年龄段的孩子，正是需要读书的好时候。可是以往的环境，没条件为孩子们办个正规学校。刚到西柏坡时，中央机关需要办的事情很多，许多具体事务性的工作，已经忙得人们不可开交了。在诸多条件都非常简陋的情况下，毛泽东、周恩来、朱德、刘少奇、任弼时这五大书记整天忙得连轴转，他们既要指挥各个战场上决定中国命运的大决战，又要部署和检查后方各解放区开展起来的轰轰烈烈的土改运动。所以，想办学校的事情还一直排不上中央领导的议事日程。各家各户的孩子们，也就只好归各家各户的阿姨带着学习了。

现在，刘火为孩子们盖了房子，真是解决了孩子们需要上学的一个大问题。

学校的房子是用红砖砌的墙，里面还算宽敞。由于条件所限，没能置办桌椅，只是用几块砖摞起来架上一条长木板当长条凳。作为教室的房子里，就这么几排长条凳，算是课椅。没有课桌，就给孩子们每人发了一块刨得很平整的小木板，放在膝盖上当"课桌"了。

既是学校，总得有人管理。组织决定，让叶子龙的夫人蒋英当了学校的负责人。

小学校办起来了，李讷也要去上学，她提出要和燕燕她们一起去。韩桂馨想，李讷的身体弱，让她和一大群孩子去疯跑，万一又闹起病来怎么办？

韩桂馨把她的这个想法告诉了李银桥和卫士组的人，大家说小韩就是李讷的家庭教师，孩子在家里就能学习，照顾得也好一些，去不去那个小学校两可。

李银桥去问了毛泽东，毛泽东说："还是让孩子去过一过集体生活好。身体不好，也不能只消极地保养，还要积极地锻炼么！"

这样，李讷就和别的孩子们一起，高高兴兴地去上学了。

学校里只有一间教室，孩子们当然也没办法分班教学。再说孩子们年纪小，每个人所掌握的知识又参差不齐，蒋英感到这个课还真有点儿不太好教。叶子龙给蒋英出了个主意，去请韩桂馨来学校当老师，给孩子们统一讲课。

蒋英认为很合适，便以机关小学负责人的身份去征求了江青的意见。江青不便擅自做主，又去问了毛泽东，毛泽东很高兴地同意了："这很好么，我看小韩阿姨很会当老师呢！"

就这样，韩桂馨跟着蒋英来到学校，当了这些机关干部子弟的第一任授课老师。

韩桂馨由于缺乏教学经验，开始上课时满屋子乱哄哄的，她便动脑筋先给孩子们讲故事，使孩子们安静下来，静心听自

277

己的统一指令。渐渐地，韩桂馨同孩子们相互适应了，也建立了师生感情，再上课时也不那么乱了，教学也就顺利地开展起来了。

　　课堂上，韩桂馨教孩子们识词认字、算算术；课堂外，她带着孩子们玩游戏、做些简单的体育运动，带着孩子们到山坡上去挖云母石片，去苇塘边乘凉、采苇叶，还教孩子们说童谣……

| 第五篇 |

逐鹿中原民族命运大决战　运筹帷幄决胜千里
毛泽东

◎ "银桥呀，我和我家里的这点事，瞒天瞒地也瞒不过你们。我活着的时候你们不要讲，我死了以后可以讲，要讲实话。"

◎ 江青回到西柏坡后，向毛泽东讲了她姐姐李云露一个人带着儿子在济南生活很艰难，所以随同大家一起来了西柏坡。毛泽东很同情，表示同意李云露留下来，可以帮着韩桂馨照看李讷。

◎ 毛泽东不大喜欢看苏联人喝酒的那种大出风头的神态，所以每次敬酒要不了多长时间，他就招呼李银桥等人盛饭："吃饭了，吃饭了！尝尝我们滹沱河里的鱼么！"

42. 接贺电粟裕报捷　为婚事岸英被责

1948年8月1日,毛泽东在西柏坡给香港各民主党派与民主人士的来电写好了一封复电,交人民日报社于近期发表:

> 现在革命形势日益开展,一切民主力量亟宜加强团结,共同奋斗,以期早日消灭中国反动势力,制止美帝国主义的侵略,建立独立、自主、富强和统一的中华人民共和国。为此目的,实有召集各民主党派、各人民团体及无党派民主人士的代表们共同协商的必要。

8月4日,毛泽东接到捷报:

> 粟裕率华东野战军一、四、六纵队和两广纵队,于5月30日渡黄河南下以来,指挥发起的豫东战役在两个月的时间里,在中原野战军刘伯承、陈毅的有力配合下,指挥华东野战军8个纵队和中原野战军2个纵队共10多万大军,以阵地进攻、运动进攻、运动防御、阵地防御等作战形式相结合,先攻克河南省会开封,后围歼国民党援军于睢杞地区,共歼国民党军90000余人,俘中将兵团司令区寿年、整编第75师少将师长沈澄年。

毛泽东大为高兴。在办公室里,周恩来、朱德、刘少奇和任弼时也很兴奋。周恩来说:"刘邓大军挺进大别山后,已经打乱了蒋介石在中原的布局,现在陈老总也去了中原,粟裕率10个纵队再这样一猛攻猛打,黄河水也要咆哮了!"

朱德也说:"粟裕是个将才。现在聂荣臻和薄一波、徐向前、萧克他们指挥华北野战军早已打下了石家庄,威震保定,兵出长城直逼张家口,北平的傅作义也坐不住了!"

毛泽东说:"在华北,清风店战役和石家庄战役打得都很好,很艰苦,也很成功,锻炼了部队,积累了不少战斗经验哩!"

刘少奇称赞说:"罗瑞卿在清风店战役是立了大功的。"

任弼时也说:"罗长子很有能力,也很能组织写文字材料。"

毛泽东说:"华北军区的参谋长是赵尔陆,可以让罗瑞卿当政治部主任,再兼上第二兵团的政治委员,同杨得志他们认真配合,傅作义断难招架!"

任弼时提醒说:"傅作义在国民党将领中,还算是比较能打的一个。"

毛泽东淡淡一笑说:"抗日战争中,他同我们相处得不错,算是在敌后站住了脚。但日本投降后,他受蒋介石的重用提拔,急功近利,大举进攻解放区,对人民是犯了罪的。"

这时刘少奇说:"傅作义攻占张家口以后,曾经夸口说,'如果中共在中国真能取得胜利,我甘愿给毛泽东当个小小的秘书'。"

朱德说:"这话传得很广嘛!"

毛泽东笑一笑说:"傅作义没什么了不起,只是当秘书太小了。只要他投降,应当在政府里做官么!"

周恩来笑道:"我们主席也不会让他当秘书嘛!"然后又说,"我们还是先给粟裕将军发封电报吧。"

毛泽东说:"对么!一是庆功,二是电令他们休整,然后再向山东杀个回马枪,以得胜之军围歼济南的敌人,就可以荡平山东了!"

随即,毛泽东代表中共中央,为豫东战役的胜利向粟裕发了贺电:

> 这一辉煌胜利,正给蒋介石肃清中原的呓语以迎头痛击;同时,也正使我军更有利地进入了中国人民解放战争的第三年度。

一场大雨过后,夜深了,中央书记处的五大书记依然聚集在毛泽东的办公室里,趁着雨后的凉意和深夜的寂静,共同商讨各主要战场上的军情大事……

李银桥和卫士组的人侍卫在里院,为首长们准备着茶水;阎长林和警卫排的人在前院和院外,担负着保卫首长安全的警戒任务。

李银桥听毛泽东说:"当前,济南已在我们的掌握之中,北平虽近,但我料定傅作义难以有大的行动,他只能是'作义',而不能有所作为……"

周恩来说:"宣化和张家口的敌军是傅作义的嫡系,我们要防止他调兵南下增援北平。"

任弼时这时说:"傅作义在华北的骑兵很有些名声,行动快,不可不防。"

毛泽东胸有成竹地说:"我早就讲了么,傅作义没得什么了不起!"然后一挥手又说,"我们还是盯一盯东北么!东北的事情办不好,那才是大问题哩!"

刘少奇说:"长春的敌军已被围近4个月,一次次突围被打退,飞机不能降落,空投不能成功,南下不能实现,内外联系中断,曾泽生和郑洞国已是瓮中之鳖了。"

毛泽东笑道:"蒋介石到了那里也是瞎指挥,他梦想让他的部队撤出长春、回兵沈阳、全力增援锦州和葫芦岛,这只是他的一厢情愿么!"

周恩来说:"我们对长春久困长围,曾泽生和郑洞国是要起变化的。"他看了毛泽东一眼,又说,"我们可以利用政治攻势，分化瓦解敌军，促使其内部起变化。"

毛泽东向周恩来点点头，正想说什么，忽然又转身对朱德说："今日是个困觉的好机会，总司令上了年纪，莫在这里陪我们熬通宵了，回去休息吧……"

"说哪里话？我很精神呢！"朱德很幽默地说，"五个手指攥成一个拳头，少一个手指，你们怎么攥得拢么？"

一句话把大家都说笑了。李银桥听着觉得既有趣又有些道理，便悄悄地在房间外试着伸出手指攥拳头——可也真是，无论伸出哪个手指，另四个手指就无法将拳头攥紧，他不由得暗自笑了……

在白天的时间里，有时毛泽东休息了，李银桥和卫士组的人也替换着休息一下。

在西柏坡的村里村外，表面上是平平静静的，一眼望去，充满着一派山间乡村的田园景色。实际上，毛泽东和中共中央在这里部署着全国两个战场上的伟大斗争：一个战场是在外线，外线的诸多战场现阶段又主要集中在了东北、华东和华北三大战场。一封封电报通过电波发往前线，一个个胜利消息又通过电波雪片般地飞向西柏坡。另一个战场是在各解放区，轰轰烈烈的土地改革运动席卷着沉睡了五千年的中华大地，这是一场消灭封建剥削制度、解放生产力的伟大革命。

为了搞好土改，中央派出了一大批干部去到各地做土地改革的试点工作。

毛岸英也被分配到西柏坡附近的农村去搞土改。由于他前段时间在晋绥、山东的渤海搞过一年多的土改工作，积累了经验，所以工作很快打开了局面。

同毛岸英一道下乡搞土改的人员当中，有周恩来的养女、革命烈士孙炳文的女儿孙维世，还有刘谦初烈士的女儿刘思齐。刘思齐这个名字，是她父亲因自己思念山东而起的，因为"齐"是山东故国的旧称。

由于工作地点不太远,毛岸英和刘思齐每晚都会到西柏坡来住。这时邓颖超正在阜平县担任县委书记,不常在周恩来的身边。上一次她回到西柏坡来开中央妇委会时,在家住了几天,发现每天早晨毛岸英都来约思齐一起去下乡。从两个年轻人的眼神中,细心的邓颖超看出了他俩像是在谈恋爱,于是就把自己的发现告诉了丈夫周恩来。

周恩来称赞邓颖超的眼光敏锐,一回村就发现了"秘密",不但表示完全赞同,还请夫人再从中帮帮忙,尽量成全此事。可邓颖超肩上负有工作任务,要马上回阜平县去,便将这件事托付给了朱德的夫人康克清,康克清很高兴地答应下来,表示一定完成好这项"任务"。

真实的情况是,自从毛岸英和刘思齐相识后,两个人在日常工作的频繁接触中,彼此互有好感,已经建立起了感情。毛岸英早就想把这件事告诉他父亲,但见他父亲没日没夜地忙于大事,也不知该如何去说。

其实,毛泽东也很熟悉刘思齐。思齐从小生活在延安、成长在延安,还在延安参加过文艺演出,在《弃儿》一剧中扮演过一个孤儿。毛泽东看过这场剧,对刘思齐的印象很深。当他知道这个小姑娘就是烈士刘谦初的后代时,对刘思齐就更加关心了。后来思齐随妈妈要去苏联,经过新疆乌鲁木齐时,不幸被军阀盛世才扣押,在敌人的监狱中度过了三年多的铁窗生涯,继父也在新疆牺牲了。

当康克清在毛泽东面前提起刘思齐时,毛泽东马上想起了刘思齐的一切,并说:"这是个好姑娘。"当康克清顺藤摸瓜似的顺着毛泽东的思路讲到毛岸英和刘思齐的恋爱关系时,毛泽东当即表示:"好么!只要他们两个同意,我没有意见。"

没用几分钟,康克清就把邓颖超托付给的这件大事同毛泽东谈妥了。

岸英和思齐知道后,都高兴得不得了,两个人一再表示感谢"康妈妈"。康克清笑着对两个年轻人说:"快去感谢你们的邓妈妈吧，是她托我来做这个大媒的！"

岸英和思齐的恋爱关系明确了，毛泽东和江青、周恩来和邓颖超都很高兴，凡是熟悉他们俩的人，也都为他们感到高兴。两个年轻人在康克清的帮助下，兴冲冲地开始准备结婚用的东西。中央机关的同志们也给了他俩很大的支持和很多帮助，并且腾出了一间小平房，准备布置成"洞房"，让他们在那里办喜事。

一切安排就绪，毛岸英按捺不住兴奋的心情，便来找他父亲了。

进了院子，毛岸英先见到李银桥："李叔叔好！"又问，"我爸爸干什么呢？"

"正在批文件呢！"李银桥见毛岸英一副兴冲冲的样子，便笑着对他说，"你进去吧。"

岸英走进他父亲的办公室，见他父亲正在埋头批阅文件，便绕了个小圈子、试探性地问道："爸，我跟思齐的事，康妈妈跟你说过了？"

"嗯。"正在批阅文件的毛泽东，头也不抬地应了一句。虽说只是这简单的一个"嗯"字，但使毛岸英心里有了充分的底数，这表明爸爸对自己和思齐恋爱的事不仅知道，而且是赞同的。

毛岸英见到他父亲放下了手中的毛笔，脸上露着平和的微笑，便把来意挑明了："爸，那我们就办理结婚手续吧？"

"结婚？"毛泽东追问了一句，"思齐多大了？"

"18岁。"

"周岁？虚岁？"

"虚岁。"毛岸英又补充了一句，"可也差不了几个月……"

"差一天也不行。"毛泽东收敛了笑容，向儿子简单地摆了一下手，"我这里忙，你去吧。"

这简直像是泼了一瓢冷水，毛岸英一下子从头顶上凉到了脚后跟。他乘兴而来，败兴而归，心里难过极了，低着头默默地走出了父亲的房间。

正在院子里吃饭的李银桥见了，心想：毛泽东对自己和小韩的婚事，都要比对他儿子的婚事关心得多、积极得多。看着毛岸英一副难过的样子，李银桥心里也不好受，便放下碗筷上前安慰说："别急别急，等你爸爸高兴的时候你再来说。"

韩桂馨在院子里见到毛岸英一副愁眉不展的样子，心里也不是滋味。不知怎么的，她竟替岸英感到有些委屈。

第二天，康克清知道了这件事，便特意找到岸英和思齐，热心地安慰了两个人。大家都知道，康克清本来就是一位热情善良的人，在中央首长的夫人当中，她是很受人尊敬的一位大姐。她和朱德总司令一样，对中央机关的工作人员总是很热情、很亲切，从不对大家发脾气。康克清还特别喜欢孩子，曾多次和丈夫一起劝说毛泽东和江青要多关心岸英，多关心孩子的个人生活问题。

这次，朱德和康克清夫妇又来劝说毛泽东，毛泽东答应下来，决定和刘思齐谈一谈。

这几天前方无大战，毛泽东的心情也比较好，韩桂馨看准了机会，立刻告诉李银桥去给岸英和思齐通句话。下午，岸英和思齐一起来到了毛泽东的住处。

在毛泽东的房间里，毛泽东先问了刘思齐："你正在学校学习，还没毕业，现在又在忙土改，结婚后不怕影响你的学习和工作吗？"

刘思齐回答说："只要安排好，不会影响的。"

毛泽东又说："岸英是1922年生的，你是哪一年生的呀？"

思齐照实直说："我是1931年生人。"

毛泽东又问："他比你大八九岁，你晓得吗？"

思齐点点头："知道。"

"嗯。"毛泽东微笑着又说，"你还不到18周岁，着什么急呀？等过几个月满18周岁了，再结婚么。反正我同意你们结婚，等一等好不好？"

思齐既听话又温顺地点点头，并向岸英递了个眼色。毛岸英见了，勉强向他爸爸表态说："好，听爸爸的。"

留心待在院子里的韩桂馨，见岸英和思齐去见毛泽东后，盼望毛泽东能松个口，使两个孩子今天得到个好的结局。没想到，当两个人从屋里走出来时，岸英又是满脸的不高兴。

韩桂馨急忙去问李银桥，李银桥告诉她，毛泽东还是没有同意两个孩子现在就结婚的事。韩桂馨心里真有点为岸英抱不平，认为他都这么大了，当爸爸的为什么不能通融一下呢？这样一来，岸英在众人面前怎么下台呀？

韩桂馨和李银桥在院中正替岸英为难时，见毛岸英一个人又带着火气回来了。

一进院子，毛岸英只向李银桥叫了一声"李叔叔"，向韩桂馨叫了一声"阿姨"，便径直走进了他爸爸的房间。

韩桂馨忙对李银桥说："岸英的情绪不大好，你快跟过去看看。"

李银桥也说："看来要坏事，我去听听！"

这时，房间里的毛泽东正在问儿子："你怎么又回来了？"

毛岸英说话也不拐弯抹角了："我从来都是听爸爸的，可我今年快27了，我想结婚以后专心学习和工作，这样，就不必在这方面花费那么多时间和精力了。"

毛泽东皱起了眉头："你还要现在就结婚呀？"

毛岸英不冷静地说："我们本来准备好了，这两天就结婚……"

"我讲过的话为什么不听？"毛泽东历来要求"交代了的就要照办"，并反复强调过"我毛泽东说话是算数的"，今天对儿子所表现出来的态度和反复，显然动气了，"不是告诉你暂不要结吗？"

毛岸英直着脖子说："我自己的事，还是让我自己做主吧！"

毛泽东说话的声音大了起来："你找谁结婚由你做主，结婚年龄不到，你做得了主吗？制度和纪律要做你的主！"

毛岸英反驳说："岁数不到就结婚的人多着呢！"

"谁叫你是毛泽东的儿子！"毛泽东的语气毫无松动，并且发了脾气，"我们的纪律你不遵守谁遵守？我再说一遍，思齐不满18周岁就不许你们结婚！"

毛岸英气得脸色发白，转身就走。

毛泽东在屋里也气得不得了，一连在桌前转了三道圈，才坐下来继续写东西……

仍然想不通的毛岸英又气又急，回到住处便躺倒在床上哭闹起来，进去劝他的人怎么也劝不住，李银桥叫他去吃饭他也不去。阎长林跑来报告了江青，江青作为继母不好出面，怕引起矛盾，只是说："还是让他爸爸去说说吧！"

于是，阎长林将毛岸英的情况报告了毛泽东。

毛泽东一听勃然大怒，立刻掼下毛笔大步走出房门。李银桥和韩桂馨见了，怕毛泽东打儿子，便连忙跟上去，准备从中劝解。

可是，毛泽东连儿子的房门也没进，收住脚站在窗外，提高嗓门大吼了一声："毛岸英！你想干么事？"

就这一嗓子，躺在屋里床上哭闹的毛岸英立刻老实下来，止住了一切响动。

毛泽东转身就走，再不说第二句话……

43. 小阿姨灯下读书　周恩来雨夜救人

1948年的8月，西柏坡一带的雨下得很大。

毛泽东住的房子，原来是老百姓自家的住房。前些年，日本侵略者曾进村烧杀抢掠，房子烧得只剩下了几堵残垣断壁，去年才在原来的断壁残墙上搭上了屋顶。

这几天雨大，人们担心毛泽东住的房子不安全，几次劝说毛泽东换个地方住，可毛泽东总坚持不换，并说："搬到哪里去也挡不住天下雨，这比在陕北转战时好多了。"

毛泽东的头发太长了，周恩来叫来了机关的理发员曹庆维，给毛泽东理发。

毛泽东在延安时就认识曹庆维，每年也要让曹庆维给自己理几次头发。这次一边理着发，毛泽东一边问曹庆维："庆维呵，你也该成家了么？"

曹庆维给毛泽东修剪着头发，笑一笑说："等全国解放了就成家。"

卫士组的人都认识曹庆维，不仅知道他在黄河边长大，还知道他家里很穷。日本鬼子侵占到黄河边后，他离开爹娘参加了八路军。后来，组织上把他送到延安，他学会了理发，在中央机关一直为首长们服务。

8月下旬，雨还是下得很大。

滹沱河的水一下子涨了很多,往常干涸的河滩上早已涨满了洪水,一簇簇荆条枝子在水中摇摆浮动着,水面上只露出了一丛丛梢顶的枝叶。

前方的胜利消息似乎比雨水还多,捷报不断传向西柏坡,大家纷纷议论着将来夺取了大城市,如何建设新中国。

在西柏坡,中央机关里大部分是年轻人,人人都有股子争强上进的劲头。毛泽东很重视人们的文化学习,经常鼓励他身边的工作人员要奋发图强,要努力提高自己的文化水平和工作能力,在不久的将来能更好地为人民服务。

机关子弟学校任课教师韩桂馨,已经报名参加了专为中央机关工作人员举办的文化补习班。

由于是业余学习,文化补习班的功课只能留在晚上复习。白天,人们的工作都很忙,到了晚上,好在有了电灯,复习功课也就方便多了。

这天晚上,韩桂馨照看着李讷睡着了,便取出在机关子弟学校收的孩子们的作业本,在房间里的电灯下批改完了,又拿出自己在文化补习学校里的功课,准备认真复习一下。这时,熟睡的李讷翻了个身,睡态中的眼皮总是一动一动的。韩桂馨见了,意识到是电灯光晃的,孩子睡不香甜,便熄灭了房间里的电灯,拿着《自然》书悄悄走出了屋子。

在前院,为了卫士们工作方便,墙上也安了个电灯,每天都亮到很晚。韩桂馨捧着书坐在灯下,津津有味地默读起来……

不知不觉中,她耳边响起了一记熟悉的问话声:"小韩阿姨,这样晚了还在学习呀?"

韩桂馨急忙站起身来,见是毛泽东站在她面前,便回答说:"是呀,晚上安静。这会子也不困,想看会儿书再睡。"

毛泽东微笑着说:"这里灯光不好,会伤眼睛。年轻人要保护好视力,以后不要再这样了。"

韩桂馨说:"我以前从没有见过电灯,这比油灯亮多了！"

毛泽东说："电灯虽亮，但距离太远，是不适合看书的，时间长了，对视力是会有影响的。"

"嗯，我听主席的。"韩桂馨点点头，满心高兴地收起了手中的书，同时也感到毛泽东不但关心他身边工作人员的学习，而且还关心每一个人的身体健康。

8月末的一天，李银桥陪着毛泽东在村外散步，碰到毛岸英刚从邻村下乡回来。毛泽东远远地见了儿子，便迈步迎了上去。而毛岸英见了他父亲，转身想躲着走，被毛泽东叫住了。

"你莫躲我！"毛泽东抬手说，"你过来。"

毛岸英只得怏怏地走近了他父亲。毛泽东平心静气地问道："怎么，结婚的事想通了么？"

"想通了，"毛岸英垂头丧气地说，"是我不对。"

"思齐呢？"毛泽东又问。

"她也想通了。"毛岸英回答说，"我们已经商量好了，过年以后再结婚。"

"这才像我的儿子么！"毛泽东满意地摆了一下手，"你去吧。"

毛岸英看了他父亲一眼，然后对李银桥说了句："李叔叔，再见！"随即大步回村去了。

望着儿子离去的背影，毛泽东转身问李银桥："银桥，你说我跟儿子亲还是跟你们亲？"

李银桥想了想，回答说："主席跟我们接触多，感情也更深些。"

毛泽东不置可否，若有所思地说："我跟儿子难得见一面，就是到了一起，一年也难见几面。我和你们朝夕相处，形影不离……"

说着话，两个人开始往回走。走在路上，毛泽东又说："银桥呀，我和我家里的这点事，瞒天瞒地也瞒不过你们。我活着的时候你们不要讲，我死了以后可以讲，要讲实话。"

李银桥听了，心里感到酸酸的，很有一种说不上来的味道……

两天后的一个深夜，人们已经睡熟了，只有毛泽东、周恩来、刘少奇和任弼时的房间里还亮着灯。这时，中央首长房前的警卫人员们在照例值勤，村上的流动哨兵也警惕地四处巡视着……

雨又下起来了。

蚕豆大的雨点成串成串地从天上掉下来，刹那间变成了瓢泼大雨。就在这大雨滂沱的夜里，西柏坡村边山地上的两孔窑洞，因年久失修、土基松软，经不住如注的雨水从山坡上直灌下来，突然倒塌了。

流动哨及时发现了情况，立刻呼喊起来：

"快来救人呀！快来救人呀！窑洞塌了！"

有些人在大雨夜睡觉不安稳，听到喊声，立刻叫醒了睡觉的人们，一起冒雨朝塌方的地方跑去，边跑边呼叫着别的人：

"快去通知修缮队，叫他们带了工具来救人！"

顷刻间，塌了窑洞的山坡地上聚集了很多人。先来的人们都没有带上铁锹，只是空着手急切地跑了来，一见只凭着两只手扒土无济于事，便又纷纷跑回去取工具了……

不大一会儿，修缮队的人们扛来了铁锹和十字大镐，大家立刻投入了紧张的救人行动。

由于天黑雨大人多，谁也说不清楚塌了的窑洞下面究竟埋着几个人。有人说5个，有人说4个，还有的人说："别管几个，先都刨出来再说！"

是啊，现在也不是搞清人数的时候，当务之急是尽快把人都救出来，有几个算几个，一个也不能少！

大家正在连扒带挖的时候，周恩来也急匆匆地跑来了。他人还没到土坡地，声音先传了过来："怎么样，人救出来没有？"

有人回答说:"挖到现在了,还没见着人!"

还有人喊:"土层太厚,雨大不好挖!"

周恩来边跑边脱下穿在身上的雨衣,甩手扔在一边,向人要了把铁锹立刻上前奋力挖土,同时大声招呼人们:"大家快挖吧!一定要把我们的同志救出来!"

救人过程中,毛泽东卫士组的几个人也跑来了。几个人没带工具,便弯下身去直接用手扒泥扒土,有人打着手电给大家照明。

周恩来边挖土边对打手电的几个人说:"把手电打高些,大家注意不要伤着下面的同志!"

经过众人的奋力抢救,救出了三名干部和一名民工,机关事务处的理发员曹庆维同志因为被泥土埋得太深、埋的时间太长,扒出来时已经没有了呼吸。虽经众人一再采取急救措施,终因抢救无效,不幸牺牲了。

在挖土救人的时间里,有人跑去毛泽东的办公室,向依然未睡的毛泽东报告了塌房的情况。毛泽东顾不得穿雨衣就想往外奔,被阎长林和警卫排的几个人硬拦住了。阎长林说:"主席,雨这么大你就别去了!你去了也使不上劲儿!"

几名警卫战士也说:"卫士组的人已经去了!那里的人手已经够多了,周副主席正在那里组织抢救呢!"

毛泽东听说有周恩来在那里,似乎放了些心,终于勉强没有再往屋外闯……

卫士组的人一身泥一身水地回来了,毛泽东急切地询问塌房的情况。当他听到曹庆维被泥土压死了的消息,难过地沉默了好长时间,许久之后才沉痛地对他身边的几个人说:"小曹前几天还给我理发来着……多可惜呀……"

站在毛泽东面前的几个人都不说一句话,毛泽东又悲怆地说:"告诉机关的领导同志,一定要把曹庆维同志的后事处理好,我要去参加曹庆维同志的追悼会。"

第二天上午,雨停了。

伍云甫和叶子龙按着毛泽东和周恩来的指示，在西柏坡的大会堂里为曹庆维布置了灵堂。

下午，曹庆维的追悼会即将开始时，毛泽东从周恩来手中接过了东北野战军司令员林彪发来的一封电报。因为电报内容极为重要，毛泽东不能抽身去大会堂了，便赶忙提笔写了一副挽联，交给阎长林，让他立刻送到追悼会上去。

毛泽东亲笔写的挽联是：

　　哀悼曹庆维同志

追悼会上，工作人员挑了一个最大的花圈，在花圈上挂上了毛泽东写的这副挽联，庄重地摆放在了灵堂的正中央。

44. 辽沈战役揭序幕　济南战役又报捷

进入1948年9月，西柏坡来了许多人，都是中央政治局委员、中央委员、中央军委委员和各野战军的主要负责人。

这期间，华东野战军外线兵团在山东同山东兵团、苏北兵团会师后，遵照中央军委的作战意图，粟裕和谭震林组织发起了济南战役。

9月的西柏坡，雨下得依然很多，但需要毛泽东办理的事情简直比雨水还多。

9月7日，毛泽东把工作重点放在了为中央军委给东北野战军的林彪、罗荣桓起草的一封电报上。

电报内容是关于辽沈战役的作战方针，毛泽东明确提出了辽沈战役的作战方针和作战方法，要求林彪"置长春、沈阳两敌于不顾"，集中主力先"歼灭锦州"之敌；同时晓谕林彪：

> 今年九月至明年六月间的十个月内，你们要准备进行三次大战役……

并指示说：

> 你们应当注意：（一）确定攻占锦、榆、唐三点并全部控制该线的决心。（二）确立打你们前所未有的大歼灭战的决心。

电报中，毛泽东还明确指出了各野战军在今后一年内的时间里所担负的作战任务：

今年七月至明年六月，我们希望能歼敌正规军一百五十个旅左右。此数分配于各路野战军和各兵团①。要求华东野战军担负歼灭四十个旅左右（七月歼灭的七个旅在内），并攻占济南和苏北、豫东、皖北若干大中小城市。要求中原野战军担负歼灭十四个旅左右（七月已歼灭两个旅在内），并攻占鄂豫皖三省若干城市。要求西北野战军担负十二个旅左右（八月已歼灭一个半旅在内）。要求华北徐向前、周士第兵团歼灭阎锡山十四个旅左右（七月已歼灭八个旅在内），并攻占太原。要求你们配合罗瑞卿、杨成武两兵团担负歼灭卫立煌、傅作义两军三十五个旅左右（七月杨成武已歼一个旅在内），并攻占北宁、平绥、平承、平保各线除北平、天津、沈阳三点以外的一切城市。

9月8日，从这一天开始至13日，毛泽东在机关小食堂里主持召开了中共中央政治局会议（通称九月会议）。

到会的除政治局委员外，还有十几位中央委员、候补中央委员及华北、华东、中原和西北的党和军队的主要负责人。

李银桥注意到，这是他跟随毛泽东以来见到的到会人数最多的一次中央会议。因为在这以前，绝大多数中央委员都分散在各个解放区从事紧张的解放战争和土改运动，而且交通十分困难，不可能举行这样的大会。

---

①1948年11月1日，中共中央革命军事委员会根据中共中央政治局9月会议的决定，把原各大战略区的部队划分为野战部队、地方部队和游击部队三类。将野战部队编为野战军。野战军以下辖兵团。兵团辖军（即原来的纵队），军辖师，师辖团。各野战军以其所在的地区分为中国人民解放军西北野战军、中原野战军、华东野战军、东北野战军、华北野战军。各野战军所属兵团、军、师的数目，依各大战略区具体情况而定。后来，西北野战军改为第一野战军，辖2个兵团；中原野战军改为第二野战军，辖3个兵团；华东野战军改为第三野战军，辖4个兵团；东北野战军改为第四野战军，辖4个兵团。华北野战军的3个兵团，直属中国人民解放军总部。

这些天毛泽东一直忙得很，李银桥和卫士组的人们也就更忙了：不仅要照顾好毛泽东的个人生活起居，还要协助阎长林和汪东兴他们做好中央首长们的保卫工作。

一天晚上开会回来，天下着雨，毛泽东穿着雨衣在前面走，李银桥打着把雨伞、亮着手电跟在一旁为毛泽东照路。由于风吹伞晃，李银桥两只手顾得了打手电顾不了打雨伞，毛泽东便夺过手电筒说："还是让我来给你照路吧！你好好打伞，不要被雨淋了！"

李银桥急了，干脆收了雨伞说："那怎么行呢……"

毛泽东大声说："你为我服务，我也可以为你服务么！"

回到住处，李银桥深深感到：毛泽东真是没有一点首长架子呢！

这次政治局会议，会前先开了预备会议。会议首先听取了毛泽东的报告，接着以毛泽东提出的"军队向前进，生产长一寸，加强纪律性，革命无不胜"为中心议题，检查过去的工作，规定今后的任务。

会议提出了打倒国民党反动派的总方针和具体任务，并为落实这些任务做出了组织纪律上的保证，使全党全军进一步明确了前进的方向，实际上就是对各战略区打大规模歼灭战下达了动员令。决议要求将一切可能和必须集中的权力集中于中央和中央代表的机关手中，加强中央的统一领导，为有条不紊地夺取全国政权做了极为重要的准备。

会中，毛泽东与各战略区的主要领导一一做了非常必要的谈话。

那天，李银桥跟随毛泽东和周恩来，在西柏坡机关小食堂的会场外，见毛泽东约见了中原野战军的邓小平。

在与邓小平谈话时，毛泽东注视着他说："我们每年见一次面，每次见面都有很大变化，明年我们再见面时，应该有一个根本性的变化。"

邓小平语气坚定地表示说:"毛主席、党中央高瞻远瞩,我回去和伯承、陈毅同志研究一下,我们应该发挥更大的作用。主席给我们的任务,我想一定能够完成。"

周恩来在一旁一手叉着腰,一手比画着说:"你们的位置太重要了,要靠你们去消灭国民党蒋介石的命根子,消灭他的主力部队,还要去剿蒋介石的老窝呢!"

邓小平点头说:"希望这一天能早点到来。"

会中,毛泽东还代表党中央做了《若干重大决策与事件的回顾》的报告,明确了陈独秀、王明、李立三、张国焘等人在中共历次路线斗争中所犯的"左"倾或者右倾错误的性质以及给党和革命事业所造成的危害和重大损失,同时指出在不久的将来要建立的国家政权的根本性质:

> 我们政权的阶级性是这样:无产阶级领导的,以工农联盟为基础,但不是仅仅工农,还有资产阶级民主分子参加的人民民主专政。

> 我们采用民主集中制,而不采用资产阶级议会制。议会制,袁世凯、曹锟都搞过,已臭了。在中国采取民主集中制是很合适的。我们提出开人民代表大会……不必搞资产阶级的国会制和三权鼎立等。

并且指出了将来国家经济的存在与发展形式和经济性质:

> 新民主主义中有社会主义的因素,在政治、经济、文化各方面都是这样,并且是领导的因素,而总的说来是新民主主义的。

> 在我们社会经济中起决定作用的是国营经济、公营经济,这个国家是无产阶级领导的,所以这些经济都是社会主义性质的。农村个体经济和城市私人经济在量上是大的,但是不起决定作用。我们国营经济、公营经济,在量上较小,但它是起决定作用的。我们的社会经济名字还是叫"新民主主义经济"好。

> 资产阶级民主革命完成之后,中国内部的主要矛

盾就是无产阶级与资产阶级之间的矛盾，外部就是与帝国主义的矛盾。

我们努力发展国家经济，由发展新民主主义经济过渡到社会主义……至于经济成分的分析还要考虑。

9月12日，当西柏坡的中共中央政治局会议还在进行中，东北野战军根据毛泽东和党中央的统一部署，集中了主力12个纵队和1个炮兵纵队，连同地方武装共53个师，70余万人，在东北广大人民的支援下，对收缩在长春、沈阳、锦州3个孤立地区的国民党军队的14个军共44个师，发起了声势浩大的辽沈战役，意在全歼东北境内的国民党守军，不使其南下入关或向东从海上逃窜，以迅速解放整个东北。

与此同时，华东野战军在粟裕和谭震林的指挥下发起的济南战役，也正在紧张激烈地进行当中。激战中，人民解放军"打进济南府，活捉王耀武"的口号喊得震天响，简直赛过了枪炮的轰鸣声……

会议结束后，各野战军的负责同志肩负着党中央和毛泽东的重托，陆续离开西柏坡，迅速奔赴各自的战略区组织实施中央统一部署的战略任务去了。

9月9日，恰值朝鲜人民在金日成的领导下宣告成立了由朝鲜劳动党组建的人民政府，毛泽东和朱德联名，代表中共中央给朝鲜的金日成发去了贺电。

9月20日，毛泽东为中共中央起草的《关于健全党委制》的决定正式颁发。这个决定，对加强共产党的集体领导制度将起到十分重大的作用。

这时，毛泽东接到粟裕、谭震林从济南发来的电报，报捷称华东野战军经过8昼夜的连续突击，业已攻克山东省会济南，歼国民党守军10万余人，俘国民党第二"绥靖区"中将司令官王耀武以下中、少将高级军官34名，夺得了济南战役的全面胜利。

济南战役的胜利之大是空前的，对正在进行的辽沈战役的我军的士气产生着巨大的推动和鼓舞作用，同时也令华北和中原的国民党军队感到了触动心弦的震惊和恐慌。

毛泽东代表中共中央在给粟裕、谭震林发去的贺电中说：

庆祝你们解放济南，歼敌10万的伟大胜利……胜利影响动摇了蒋介石军队的内部，这是两年多革命战争发展给予敌人的最严重打击之一。

然而粟裕的战争脚步并没有因此而稍微滞怠，他又给中共中央和毛泽东发来电报，建议华东野战军和中原野战军协同作战，在苏、皖、鲁、豫之间大打一场不亚于辽沈战役之规模的淮海战役！

毛泽东接电后兴奋得深夜更睡不着觉了，立刻派李银桥去请来了周恩来。

两人见面后，周恩来也十分兴奋地说："打下济南对蒋介石的震动很大，粟裕他们现在是胜利之师，正是锐不可当，我军若乘胜南下，再加上中原野战军的协同作战，可一鼓而定中原！"

毛泽东神情振奋地一笑说："粟裕还真能打哩！现如今东北战场上打得正酣，我们再在徐州一带摆他一个战场，叫蒋介石做梦也去出冷汗吧！"

周恩来敦请说："主席，下决心吧！"

一直侍卫在一旁的李银桥知道，中央书记处五大书记的分工，是由毛泽东在周恩来的协助下负责全国的军事指挥。现在，该是毛泽东表示战略决心的时候了。

对于周恩来的敦请，毛泽东这一次发话道："现在到了最后的决战阶段，仗越打越大，都是关系全国全局的大仗，不要我一个人说了算，重大决策还要集体研究决定为好。"

站在一旁的李银桥听了，知道毛泽东在以后的一段时间里更是没有觉可睡了……

45. 战略指挥达通宵　电示林彪攻锦州

1948年九月会议以后，毛泽东把极大的精力投向了东北战场。

这时，邓小平已经赶回了河南宝丰县的皂角树村，同刘伯承、陈毅一起，遵照毛泽东的指示，回电正在鲁南的粟裕和谭震林，共同策划在鲁、豫、苏、皖之间打一场不亚于东北战场的大战役了。

在接下来的日子里，毛泽东和其他中央首长们更忙了。

以前，毛泽东也经常召开书记处会议，虽然有时也开长会，甚至连续开，但次数毕竟不太多。这时的会议可就比以前多多了，几乎天天开。

在夜里工作是毛泽东常年养成的习惯，不容易改。毛泽东身为书记之首，其他书记都围绕着他转，工作时间一律随着他的时间安排而安排。转战陕北时，周恩来、任弼时都随着毛泽东改成了夜间办公。现在，在毛泽东要求集体办公开会时，朱德和刘少奇也只好改变了各自以往在白天办公的习惯。

每天晚上夜幕降临时，周恩来、朱德、刘少奇、任弼时都赶着时间来到毛泽东的办公室，和毛泽东一起开会商讨军情大事。

周恩来作为协助毛泽东负责全国军事指挥的中央军委副主

席，又兼着中央军委总参谋长，尽管他已经随着毛泽东改为夜间工作，但白天还要开会布置其他工作，诸如外交、侨务、统战、新闻宣传等许多具体事务，但在夜里也好像有着用不完的精力。

五大书记夜夜开会，李银桥和阎长林他们也是夜夜值勤，在首长身边沏茶、倒水、接电话，忙里忙外地侍卫着。两个人发现，任弼时也已经习惯夜里办公了，开会时很有些精气神。刘少奇此时正值50来岁，精力充沛，随毛泽东一起在夜间工作也很能适应。

朱德就不同了。李银桥和阎长林都知道，朱德总司令多年来养成了早起早睡的习惯，每天早晨起床后先散步打拳，晚上10来点钟洗澡睡觉，生活很有规律。现在他的这一套生活习惯全被打乱了，再加上他已年过花甲，对夜间开会还是不大适应。但这时开的会都是关于打大仗的会，他也总是坚持参加。

毛泽东担心朱德的身体吃不消，有时劝他几句："总司令啊，你年纪大了，可以早一点回去休息。"

朱德坐在那里总是摇头说："这么重大的事，我回去也睡不着。"

话虽这么说，但连续开会毕竟太疲劳，有时夜深了，会开着开着他就睡着了。

有人想叫醒朱德，毛泽东轻轻摆手说："不要叫了，让他休息一会儿，决定重大问题时再叫他也不迟。"

朱德醒后抱歉地对大家说："哎呀，糟糕！我睡着了！"

周恩来关心地说："没关系，你休息一会儿，就能坚持到底了。"

毛泽东也关切地说："咱们这一段时间会议多，为的是彻底打败蒋介石。事情多，又很重大，少数人做主不行，咱们一起打一段时间的疲劳战。总司令开会时稍微休息一会儿，精力更充沛，这是一件好事么！"

说着，毛泽东又指一指周恩来和任弼时："我们三人打疲劳战习惯了，在陕北打了一年多，打败了蒋介石妄想消灭我们的野心。现在咱们再在一起打一段疲劳战，彻底打败蒋介石，解放全中国！"

刘少奇笑着说："我们几个人熬熬夜是应该的，总司令年纪大了，休息一下也是应该的；弼时同志患有高血压，过度紧张了会头晕，也可以闭上眼睛养养神。"

毛泽东也说："是么！弼时同志也可以早些回去休息，不要把身体搞垮了，土改工作还有很多事情需要你办哩！"

任弼时连连摆手说："我比你们都年轻，你们坚持工作，我回去休息怎么行呢？我应该比你们多做点事情才对。"

就这样，五个人稍事休息后，又继续开会了……

在办公室里，毛泽东和周恩来他们研究着全国的军情大事；院中的值班室内，李银桥和阎长林他们就议论着哪个野战军包围了哪个地方、歼灭了多少敌人，再就是议论哪个野战军的指挥员最敢打、最善打……

一天下午，毛泽东对李银桥说："银桥呀，晚上开会前，你去给我搞碗红烧肉吧。"

"是！"李银桥转身去通知了厨师高经文，回到院子里又遇上了阎长林。阎长林知道后说："不能让主席总吃肥肉吧？咱们得变变花样才好。"

李银桥问他："主席就爱吃红烧肉，你还有什么新花样？"

阎长林想了想说："我叫上几个人去打猎，看能打回点什么来吧！"

李银桥赞同道："这个办法不错，到时候我也去！"

阎长林高兴了："还非得你去，你是咱们这伙儿人里的神枪手呢！"

一天，阎长林还真就叫上了警卫排的几个人，又特意招呼来李银桥，一起到村外的山间去打猎。

走在滹沱河边时，李银桥弯腰捡了一些鹅卵石放进衣袋里。阎长林问他:"你捡石头干什么?"

"有用。"李银桥神秘地一笑,"到时候你就知道了。"

几个人持枪走在山林间,好长时间连一只野鸡、野兔都没见着,孙勇有些沉不住气地说:"干脆回去骑马吧,进山兴许能打着条狼呢!"

正说着,阎长林眼尖,发现草丛中跳动着一只斑鸠:"注意,有目标了!"

几个人同时亮了驳壳枪,李银桥低声说:"杀鸡不用牛刀,看我给咱们省几发子弹……"

说时迟,那时快,只见李银桥从衣兜里掏出两粒石子,用眼睛瞄瞄准,飞手将石子打了出去。前一粒石子打点,后一粒石子打物,一只斑鸠应声倒在了草丛中!

大家立刻跑了过去,阎长林捡起了斑鸠,高兴地问李银桥:"光知道你枪打得准,什么时候练的这一手呀?"

李银桥憨笑道:"我小的时候在家淘气,净用土坷垃打有钱人家的鸽子,还被我爹打过好几回呢!"

孙勇也很钦佩地说:"李组长,什么时候你也教教我吧!"

"行!"李银桥爽快地答应说,"到时候就怕你练得喊膀子疼。"

又打了几只斑鸠后,几个人高高兴兴地回到了村上。

9月25日,毛泽东批准了粟裕提出的进行淮海战役的建议。

在接下来6天的时间里,毛泽东吃了两次红烧肉,还吃了李银桥和阎长林他们打来的炒斑鸠肉。

1948年10月1日,周恩来拿给毛泽东看了海外侨团发来的一封电报,毛泽东代表中共中央很高兴地给海外侨团写了复电:

诸先生与各界侨胞对于召集新政治协商会议的各项具体意见,尚望随时电示,以利进行。

10月3日,毛泽东再发电报批评和纠正了林彪在辽沈战役中攻锦打援上的犹豫和动摇，一再向其阐明了必须攻打锦州的战略意义。

部署辽沈战役，毛泽东的战略决策是首先强攻锦州。这个决心是不好下的。打锦州就是摆出了关门打狗的态势，就是下决心用差不多相同的兵力一举吃掉敌人的40多万大军。毛泽东面对的不单是国民党的这40多万大军，还必须考虑东北野战军司令员林彪的意见。

锦州，处在北宁线上，是连接东北和华北的一个战略要地。防守锦州地区的敌人是东北"剿总"副总司令范汉杰指挥下的8个师10余万人。打下锦州是辽沈战役的关键。

林彪一开始就不想打锦州。他顾虑打锦州会受到锦西和沈阳的敌人合围攻击，使其骑虎难下。他更多的考虑是从东北这个战略区出发，而不是从全国的整个战势出发，他强调仗怎么好打就怎么打，意在从北往南追着敌人打，这样仗打起来容易得多，取胜的把握也大得多。

但毛泽东是从全国考虑问题。他不能眼看着关外的敌人跑到关内来，他需要的不是一般的胜利，而是前所未有的大歼灭战。他需要的也不是东北一个战场上的胜利，而是不使敌军入关而增加华北或淮海战场上的压力，是要全歼东北之敌进而围歼华北之敌和夺取淮海战役的全面胜利！

为此，毛泽东先后发了20多封电报，一再说服林彪，严令其暂撤对长春的重兵围困，除留以1个纵队和7个独立师继续围困长春之敌外，以6个纵队和1个炮兵纵队、1个坦克营围攻锦州，另以2个纵队配置于锦州西南的塔山、高桥地区，3个纵队配置于黑山、大虎山、彰武地区，分别阻击由锦西、葫芦岛方向和沈阳方向救援锦州的敌军，务必全歼锦州之敌！

毛泽东等五大书记对战争的部署是严格保密的，但对胜利的消息是不保密的，会随时告诉全体机关人员，让大家一道分享胜利的快乐。

一天，机要秘书徐业夫来毛泽东的办公室里取电报稿，临走时悄悄对李银桥说:"蒋介石这老小子到沈阳了,这下东北该解放了!"

李银桥也喜上眉梢地说:"蒋介石到哪儿哪儿不行,净瞎指挥!"

这时,毛泽东走出办公室来散步了,听到李银桥和徐业夫的议论,疲倦的脸上露出了笑容,发话道:"是么!蒋介石飞到了沈阳,这下子我们就更有胜利的把握了!"

周恩来也从毛泽东的办公室里走了出来,随着毛泽东的话说:"蒋介石到哪个地方,哪个地方的仗就好打,他历来就是瞎指挥,还自以为是!"

毛泽东索性开怀大笑起来:"连我们的卫士和秘书都晓得蒋介石是瞎指挥哩!"

1948年10月7日,日理万机的毛泽东又给中央政治局委员、中央组织部部长彭真写了一封信,强调了各级组织部门的请示报告制度:

> 中组部应发一指示给各中央局、分局的组织部,规定请示报告制度,其中规定若干项重要事项必须报告和请示的,尔后不断督促,建立起中组部的业务来。

10月10日,毛泽东为中共中央起草的《关于九月会议的通知》向全党全军予以颁发。《通知》为夺取全国革命的最后胜利,从多方面做出了安排,及时地指明了党和军队工作的方针和任务。

同一天,毛泽东又给东北野战军的林彪发去了电报,再一次强调了强攻锦州的必要性和进一步坚定林彪的决心。电报最后说:

> 你们的中心注意力必须放在锦州作战方面,求得尽可能迅速地攻克该城。即使一切其他目的都未达到,只要攻克了锦州,你们就有了主动权,就是一个伟大的胜利……

10月11日，毛泽东继续为中央军委起草了给华东野战军和中原野战军合发的电报《关于淮海战役作战方针及淮海战役后的作战计划》，指示要采取集中优势兵力、中间突破的方针，攻点打援，先歼灭蒋介石的黄伯韬兵团和杜聿明兵团的三个兵团，并以适当兵力南下围歼黄维兵团和阻击李延年、刘汝明两兵团。

10月14日，林彪在毛泽东的20多次电令下，终于下令东北野战军强攻锦州。

经过31个小时的激烈战斗，全歼了锦州守敌，俘获了国民党东北"剿总"副总司令范汉杰、第6兵团司令卢浚泉以下10余万人。

10月15日晚上，李银桥正在院中准备茶具等候着中央首长们来开会，毛泽东兴高采烈地站在办公室门前的台阶上说："银桥呵，锦州解放了！你快去告诉大家，要使机关的同志们都知道，解放锦州这是一个大胜利！"

李银桥高兴得直蹦高，立刻喊着叫着向院外跑去："锦州解放了！锦州被我们打下来了！"

46. 一纸吓退傅作义　辽沈战役炮声隆

这时，东北战场上，由于锦州被解放和国民党东北"剿总"副总司令郑洞国的率部投诚，固守在长春的国民党第6军军长曾泽生在解放军强大的军事和政治攻势面前，考虑再三后率部起义，投向了人民解放军的阵营。

1948年10月19日，在人民解放军攻克锦州、东北敌军全部动摇的形势下，长春的国民党最高指挥官"剿总"副总司令郑洞国，率领所部第1兵团直属机关部队和新7军的全部官兵，在解放军面前放下了武器。

10月22日，中原战场上，河南郑州解放。

同日，毛泽东电勉吴化文将军率部起义：

中国共产党站在人民立场上，对于任何国民党军队的官兵们，不问其过去行为如何，只要他们能够在人民解放战争的紧要关头幡然觉悟，脱离国民党政府的反动领导，加入人民解放军阵营，坚决反对美国帝国主义及其走狗国民党反动派，即表示热烈欢迎。

10月26日，东北野战军在攻克锦州后，立即按照毛泽东的战略部署向东北方向回师，从黑山、大虎山南北两翼包围了国民党军的第9兵团。

同一天，毛泽东在西柏坡为经过中央修改过的张闻天写的《关于东北经济构成及经济建设基本方针的提纲》一文,以书面形式致函刘少奇,着重讲了"引导私人资本纳入'国计民生'的轨道之上"的意见。

1948年10月27日,毛泽东代表中共中央给曾泽生的通电起义复电:贵军在长春起义,加入人民解放军,使长春获得有秩序的解放,深堪欣慰。贵军长等此次行动,应当为东北与全国一切愿意觉悟的国民党军队官兵所效法。

同一天,毛泽东还为新华社写了两篇文章:

一篇题为《东北我军全线进攻,辽西蒋军五个军被我包围击溃》,另一篇题为《华北各首长号召保石沿线人民准备迎击蒋傅军进扰》。

10月28日,毛泽东又为中央军委拟写了引证不良战例以为鉴戒的通知:

> 关于作战在以迅速动作将敌分割包围之后,不要慌忙攻击,要待准备好了之后,然后举行攻击一项问题,请你们加以注意……请你们在全军干部中进行教育,引证不良战例以为鉴戒。

同一天,毛泽东和周恩来等人接到电报,得知蒋介石已电令国民党华北"剿总"总司令傅作义率包括骑兵在内的大军从北平、保定出发南下,意欲夺回早已被解放军解放了的石家庄,还企图偷袭中共中央和解放军总部的所在地西柏坡。

也是在10月28日,毛泽东还接到东北野战军发来的电报,称围歼国民党第9兵团的战斗在黑山、大虎山、新民地区取得全线胜利,全歼该敌10余万人,并俘获了其兵团司令廖耀湘、军长李涛、向凤武和郑庭笈。

对于西柏坡来说,时下最大威胁的是袭来的傅作义的敌军。从北平到保定、到石家庄,解放军从来没有部署过主力部队,傅作义的骑兵在华北平原上又很有些名声,行动迅速。这样一来,西柏坡的形势顿时变得险峻了。

周恩来审时度势,即刻派了汪东兴和中央警卫团的干部,带着两个步兵连和一个骑兵排,奔赴西柏坡东北方向的行唐一带警戒,命令他们遇到敌人进攻要坚决抵抗,以掩护毛泽东和党中央安全转移;同时,周恩来开始安排中央各机关的工作人员准备紧急疏散的具体事宜……

这时毛泽东的主要精力,依然注视着东北战场上战事发展的态势,再次电示林彪和罗荣桓、刘亚楼等人,立即抽调几个纵队兼程东进,歼灭从沈阳溃逃之敌。同时将注意力转向淮海战场,而对于傅作义的聚重兵来袭,似乎根本没有放在心上。

敌情愈来愈紧,周恩来和朱德、刘少奇、任弼时一连几天守在毛泽东那间用来办公的简陋的平房里,共同商讨着对付傅作义的办法。

10月30日,毛泽东平心静气而又出人意料地给曾任晋绥边区临时参议会副议长的刘少白写了一封信,因其在土改中被错误批斗,不久被中央发现并纠正后给毛泽东曾写来一信,毛泽东偏偏在这个时候认真地给他回信了:

> 我们的工作是有错误的。好在现已一般地纠正,并正在继续纠正中,正如你在五事中第二项所说那样。情形既已明白,则事情好办,你也就可以安心了。大函已转付彭真同志,党籍一事,请与彭真同志商酌。

这时节,工作在毛泽东身边的人们都很着急地想:这都什么时候了?傅作义的部队早已从保定出发了,毛泽东怎么还这样沉得住气呢?

10月31日,这又是雨后的一个深夜,一封封告急的敌情通报,接连不断地送到了毛泽东的办公桌上。

毛泽东先让李银桥收起了铺在桌上的徐州、淮北、宿州、蚌埠和淮南一线的地图,又告诉他准备好纸和笔、墨。

"看来傅作义还真要学司马懿呢!"毛泽东拿起笔,只说了这么两句话,"给他点颜色看看。"

这时，雨又下了起来。毛泽东在雨夜里，在周恩来、朱德、刘少奇和任弼时的注视下，为新华社写了一篇题为《评蒋傅军梦想偷袭石家庄》的述评，写好后命令电台全文广播，而且马上就播。

毛泽东在述评里用尖锐辛辣的语气讥讽敌人：

> 这里发生一个问题，究竟他们要不要北平？现在北平是这样的空虚，只有一个青年军208师在那里。通州也空了，平绥东段也只稀稀拉拉几个兵了。总之，整个蒋介石的北方战线，整个傅作义系统，大概只有几个月就要完蛋，他们却还在那里做石家庄的梦！

述评广播以后，吓得傅作义的部队一枪未放便惊惧万状地撤回了北平。不久，连驻守在保定的敌军也向北平退缩了。

毛泽东一纸吓退了傅作义的10万大军！

这是令许多人没有料想到的事情，但这是事实，很有些《三国演义》中诸葛亮设"空城计"智退司马懿的意境。也许是吧，难怪毛泽东在得到傅作义急速撤兵的消息后，也情不自禁地放开他那浓重的湖南乡音，又唱了一嗓子京剧《空城计》里诸葛亮的唱段：

> 我正在城楼观山景，
> 耳听得城外乱纷纷。
> 旌旗招展空翻影，
> 原来是司马发来的兵。
> 我也曾差人去打听，
> 打听得司马领兵就往西行。
> ……
> 尔到此就该把城进，
> 为什么犹豫不决、
> 进退两难？
> 所为的是何情？

我左右琴童人两个，
　　我是又无有埋伏又无有兵！
　　……

毛泽东唱到这里，对侍卫在身边的李银桥和阎长林笑了笑，又继续唱下去：

　　你就来来来，
　　请上城来听我抚琴，
　　诸葛亮缺少个知音的人！
　　……

唱罢一段，毛泽东似乎意犹未尽，又加唱了一段也是《空城计》中诸葛亮的唱段：

　　我本是卧龙岗散淡的人，
　　论阴阳如反掌博古通今。
　　先帝爷下南阳御驾三请，
　　算就了汉家业鼎足三分。
　　官封到武乡侯执掌帅印，
　　南北征东西剿保定乾坤。
　　……

傅作义的敌军被毛泽东的一篇述评吓退了，接下来的尽是各战略区发来的告捷电报。

1948年11月1日，毛泽东接到粟裕和谭震林于10月31日发来的电报，鉴于即将举行的淮海战役规模很大，建议请陈毅、邓小平统一指挥。

毛泽东立即回电，同意了粟裕和谭震林的建议，决定"整个战役受陈、邓指挥"，并指示华东、中原两野战军组成以邓小平为书记，刘伯承、陈毅、粟裕、谭震林为委员的总前委，统一指挥作战。

同时电示粟裕，一旦发起战役，宜首先歼灭敌之黄百韬的指挥所。

11月2日，东北野战军报捷：解放沈阳，再歼敌14.9万余人。

至此，毛泽东亲自部署和指挥的辽沈战役胜利结束。整个战役进行中，毛泽东先后发了70多封指示电报，保证了战役的顺利进行，东北全境解放。

整个辽沈战役，总计歼敌47万余人。

当天晚上，毛泽东、周恩来、朱德、刘少奇和任弼时各自穿着棉衣聚在一起，叫来各自的厨师在一处共同做了一顿丰盛的晚餐。

毛泽东是老习惯了，就是要吃碗红烧肉，还指明了要肥些的，说是吃了好好补补脑子。

那天晚上，饭桌上还摆上了米粉肉和酸菜炒肉丝，有滹沱河里的鱼，有机关事务处养的鸡，还有李银桥和阎长林他们再次打来的斑鸠。

毛泽东抓起筷子，先讲了一句："东北告捷，蒋介石完蛋的日子就不远了！"

站在一旁的李银桥见毛泽东开始吃饭了，便用手指了指桌上的酒瓶，提醒毛泽东等人喝点酒庆祝胜利。

毛泽东问周恩来："喝口酒么？"

周恩来摆了摆手，表示不喝。

吃饭中，周恩来和刘少奇劝毛泽东多吃一些别的菜，可毛泽东却说："我几十年的农民生活习惯了，你们不要强迫我……"

朱德笑道："老毛呵，斑鸠肉还是要吃些的，这也是银桥和长林他们的一片心意！"

毛泽东转脸对李银桥说："你也告诉阎长林，你们不要为我吃东西费心费力，一个星期给我吃两次肥肉足矣！"

李银桥回答："这事我们早都记着呢！"

在座的人们听了，都爽朗地笑起来……

饭后，五大书记叫来作战部的有关同志，又连夜开会，研究淮海战役了。

李银桥想：怪不得周恩来不喝酒呢！

1948年11月4日，河南南阳解放。毛泽东向指挥中原野战军对敌作战的刘伯承、陈毅和邓小平等人拍发了贺电。

同一天，毛泽东还向斯大林拍发了电报，庆贺十月革命节。

11月6日，震惊中外的淮海战役打响了！

此时，国民党集结在徐州一带的军队有徐州的"剿总"司令官刘峙、副司令官杜聿明指挥下的4个兵团和3个"绥靖区"部队，连同从华中赶来增援的敌军黄维兵团，共5个兵团和3个"绥靖区"部队，总计国民党的精锐部队22个军、56个师，合计55.5万余众。人民解放军参战的部队有华东野战军的16个纵队，中原野战军的7个纵队和华东、中原军区、华北军区所属冀鲁豫军区的地方武装，共计60余万人。

此时此刻，敌我双方百万大军云集华中，方圆百里的地面上烟尘蔽日。毛泽东和周恩来等人在西柏坡运筹帷幄，谈笑风生；粟裕、谭震林和刘伯承、陈毅、邓小平等将领指挥若定，对峙敌军持之以智以勇……

对于淮海战役的取胜把握，毛泽东是在深思熟虑后进行了周密部署的，对华东、中原两野战军前委指挥员的临战指挥，是完全放了心的。

11月8日，毛泽东对华北局的工作指示说：

蒋介石的国都在南京，他的基础是江浙资本家。
我们要把国都建在北平，我们也要在北平找到我们的基础，这就是工人阶级和广大的劳动群众。

同一天，毛泽东又以书面形式，给刘少奇等人写了一份工作函件：

北平、天津、唐山、张家口解放在即，即须准备接管干部及党政机构的配备，务于一个月至多一个半月内准备完毕。平、津、张三城当然要华北局负责准备，是否要东北局协助？唐山是否由华北局负责，还是由东北局负责？解放后冀东、察北两区应划归华北局管辖，如果决定这一点，应不待平、津解放，该两区即应重划隶属关系，干部及粮食诸问题方利统筹。

事先调查政治、经济、文化诸种情况，拟订处理方案。

也是在11月8日，毛泽东又收到了华东粟裕等人的来电，告之国民党第三"绥靖区"两位副司令长官何基沣、张克侠率一个军部和三个师、一个团共两万余人，于徐州东北贾汪地区起义，投向了解放军；同时建议在歼灭黄伯韬兵团后立即向徐州、蚌埠线进攻，将国民党军主力歼灭在长江以北。

11月9日，毛泽东代表中央军委复电粟裕：

应极力争取在徐州附近歼灭敌人主力，勿使南窜。

11月11日，毛泽东致电各中央局、各野战军前委，果断指出原先政治局会议所做的用5年左右的时间从根本上打倒国民党蒋介石的估计及任务，因九、十两个月的伟大胜利，已显得是落后了。指出：

我全军九、十两月的胜利，特别是东北及济南的胜利，业已从根本上改变了敌我形势……根本上打倒国民党……大概只需再有一年左右的时间即可达到了。我军大约再以一年左右的时间，再歼其一百个师左右即可能达成这一目的。但要全部解决国民党并占领全国，则尚需要更多的时间。我党我军仍须稳步前进，不骄不躁，以求全胜。

11月13日，毛泽东接淮海战区来电，报告了国民党第一绥靖区副司令长官兼第107军军长孙良诚率该军军部和一个师共5800人，在江苏睢宁西北地区向解放军投诚。

11月14日，毛泽东为新华社写了一篇题为《中国军事形势的重大变化》的评论文章。

在这篇评论文章里，毛泽东指出人民解放军不但在质量上早已占有了优势，而且在数量上现在也已经占得了优势，这是中国革命的成功和中国和平的实现迫近的标志。

毛泽东在文章中说：

现在看来，只需从现时起，再有一年左右的时间，就可能将国民党反动政府从根本上打倒了。

文章最后说：

敌人是正在迅速崩溃中，但尚需共产党人、人民解放军和全国各界人民团结一致，加紧努力，才能最后地完全地消灭反动势力，在全国范围内建立统一的民主的人民共和国。

47. 江青无意出恶语　淮海战役大鏖兵

　　1948年11月的中下旬，西柏坡已是秋末冬初的季节。

　　毛泽东住的院子里的那棵梨树上的梨早已熟了，黄澄澄的梨挂在树上，十分惹人喜爱。

　　房东老乡一直不来摘梨，毛泽东特意嘱咐李银桥和韩桂馨："等哪天你们把梨子摘下来吧，数好了数给房东老乡送去。"

　　韩桂馨和李银桥满口答应着，原先还想找机会给李讷摘一两个吃，现在也不敢了。

　　江青见毛泽东这几天总吃肥肉，私下里对韩桂馨说："老板总爱吃肥肉，对身体不好呢！"

　　韩桂馨说："主席说是为了补脑子。"

　　江青不屑一顾地说："那是他土，不懂得科学，不懂得营养。总吃大肥肉，能补什么脑子？还容易把脑子里的毛细血管吃堵了呢！"

　　韩桂馨不置可否地对江青说："那你怎么不劝劝主席？"

　　"我劝？"江青淡淡地说，"我哪能劝得了呀？还有他那爱留长头发的习惯，我也劝不了呢！"

　　韩桂馨也觉得毛泽东的头发这些天长得太长了，但体谅到毛泽东正在指挥着打大仗，是他没时间理发。韩桂馨虽然不懂得什么营养学，但江青那种埋怨毛泽东的劲头，她从心里不但看不惯，而且也接受不了。

闲下来的时候，韩桂馨在院子里将江青埋怨毛泽东的话对李银桥讲了。李银桥斜了西屋一眼，悄声说："你别听她的，就她会讲究！我就看着主席哪儿都顺眼！"

其实，韩桂馨和李银桥并不是真的讨厌江青讲究，而是讨厌她挑剔；两个人也不是喜欢毛泽东的不讲究，而是喜欢他的温厚和平易近人。

两个人都觉得毛泽东很亲切，倒是江青有些难伺候。

但不伺候也不行，那是工作。好长一段时间了，每天早晨，江青醒来后总是先不下床，而是围着被子坐在床上，按电铃叫卫士给她打洗脸水和漱口水。洗漱完了，再让卫士用托盘把早饭端进房里，伺候她在床上吃早点。

江青对她身边的人们讲，外国人都是这样的。卫士组的人听了，谁也没当一回事儿。大家看在毛泽东的面子上，谁也不同江青计较这些小事。再说大家也习惯了，因为在陕北的杨家沟时，江青就已经这样做了。

来到西柏坡以后，江青按电铃的次数比毛泽东多得多了。她越来越习惯支派人、指使人了。卫士们看在眼里，记在心上，思想上反感并暗自叹口气，而表面上是默默地接受、执行罢了。

这段时间，毛泽东和周恩来、朱德、刘少奇、任弼时每天夜里开会，工作确实很累。为了给中央领导同志们增加些营养，机关后勤部门特意养了一头奶牛，每天挤些牛奶给中央领导同志每人喝一些。

韩桂馨虽然不是负责毛泽东生活的工作人员，但李银桥和卫士组的人们忙不过来的时候，她也上前去帮着干一些事情。

11月中旬的一天早上，天很冷，韩桂馨起床后来到西间外屋毛泽东的书房里，帮着卫士组的人在火上为毛泽东热牛奶。由于以前没干过，不懂得怎样做，她把牛奶锅放在火上以后，以为和烧开水一样，奶开了再回来取就是了。

南屋的李讷在喊"小韩阿姨"，韩桂馨便转身去照看李讷了。哪知再回到西屋一看，奶锅已经烧红了，而锅里的牛奶全烧干了，只有一屋子的糊焦味，特别难闻。

一想到毛泽东喝不上牛奶了，韩桂馨急得哭了。从外面刚刚散步回来的江青见了，冲着韩桂馨大发脾气："你不会干就别干！充什么有本事的人？你以为是个人就什么都能干了？"

毛泽东听到江青的吵嚷声后走出了办公的房间，江青立刻不说话了。毛泽东问清了事情的原委，安慰韩桂馨说："莫哭，莫哭！没什么，下次注意就是了，以后就有经验了。"

毛泽东返回房间去以后，江青又召集了毛泽东身边的工作人员训斥说："你们是为我和老板服务的，只要我和老板不高兴，就是你们的工作没有做好！"

卫士们都不说话地听着，韩桂馨还在一旁悄悄地抹眼泪，张天义将眼睛瞪上了天，孙勇低着头看蚂蚁，李银桥在江青的背后悄悄撇了撇嘴⋯⋯

江青离开后，李银桥冲着江青的背影小声说："你和主席吵架也是我们的工作没做好呀？"

张天义气不平地说："到主席那儿去告她一状，准够她受的！"

孙勇也说："对，叫她吃不了兜着走⋯⋯"

李银桥立刻制止说："快拉倒吧！大决战已经开始了，你们就别给主席添乱了！"

1948年11月18日，毛泽东接华东野战军粟裕来电，报称国民党第44军第150师师长赵璧光率残部2000余人在徐州以东的碾庄地区向人民解放军投诚。

11月20日、21日，接连两天，毛泽东分两次电令林彪、罗荣桓和刘亚楼，要东北野战军先以4个纵队的兵力迅速隐蔽南下入关，抓住时机围歼北平、天津之敌。

11月22日，淮海战场前委来电称：

华东野战军在中原野战军的配合下，在徐州以东的新安镇碾庄地区，围歼了敌军黄百韬兵团，击毙其兵团司令黄百韬，解放了碾庄以东陇海路两侧和津浦路徐（州）蚌（埠）段两侧、徐州以西以北的广大地区；国民党第三绥靖区的3个半师，共计23000余人，在台儿庄、枣庄地区起义。

11月23日，淮海战场前委继续来电向毛泽东报告战况：

中原野战军在华东野战军主力配合下，在徐州以南的宿县地区开始对从中原前去增援敌军的黄维兵团展开围歼战……

11月24日，毛泽东第三次电示东北野战军司令员林彪、政委罗荣桓、参谋长刘亚楼，命令他们务必尽快率部入关，暂不理会山海关、秦皇岛之敌，协同华北野战军围歼傅作义在北平、天津、塘沽、张家口和新保安之敌。

在这些时日里，毛泽东夜夜劳神，白天休息时，他总是拖着疲惫的身躯躺倒在藤椅上，让李银桥给他篦篦头发。

李银桥站在毛泽东的身后，看着微微闭目养神的毛泽东，心中充满着敬佩和感叹。他先用木梳后用篦子小心翼翼地给毛泽东篦着头发，梳齿和篦齿从头发间轻轻地拢过，发出"沙沙"的声响……

每当这时，李银桥总在想：毛泽东已是55岁的人了，每日每夜指挥着前线的诸路大军作战，精力还如此充沛，身体还如此健康，真是中国劳动人民的好福分啊！

也是在11月24日这一天，毛泽东因曾看过历史学家吴晗写的《朱元璋传》一书，对其在写作方法上有些意见，便利用指挥前线大战的休息间隙，提笔给吴晗写了一封信：

此书用力甚勤，掘发甚广，给我启发不少，深为感谢。有些不成熟的意见，仅供参考……此外尚有一点，即在方法问题上，先生似尚未完全接受历史唯物主义作为观察历史的方法论。倘若先生于这方面加力用一番功夫，将来成就不可限量。

在这段时间里，毛泽东还约见了中共中央华北局第一书记、解放军华北军区政委薄一波，同他进行了一次关于城市接收工作的谈话。

在办公室里，毛泽东一边吸着烟，一边对薄一波说："城市接收工作主要是接收官僚资本；对民族工商业要好好保护，接收工作要'原封原样，原封不动'，让他们开工，恢复生产，以后再慢慢来。"

薄一波坐在沙发上回答说："我回去以后马上具体布置。"

毛泽东边说边打着手势："做好城市工作要依靠工人阶级，还要团结好民族资产阶级，跟他们保持长期的统一战线。现在是人民民主专政，不是搞无产阶级专政。"

薄一波再一次表示说："主席的话我记下了。"

11月27日，毛泽东在西柏坡代表中原野战军的刘伯承和陈毅两位将军，向增援国民党徐州刘峙兵团已进至徐州以南宿县西南方向双堆集地区的黄维兵团写了一篇措辞严厉的电台广播讲话稿，十分有效地威慑了敌兵团司令长官黄维和副司令官吴绍周，并敦使其第85军第110师师长廖运周，在收听广播后率该师师部和两个整团共5500人，于宿县西南的罗集起义、投向了人民解放军。

11月29日，继辽沈战役之后，在淮海战役的激烈鏖战之中，又一场围歼国民党军队的重大战役——平津战役，在毛泽东的运筹帷幄中和统一部署下，打响了！

夺取了辽沈战役全面胜利的东北野战军，遵照毛泽东近期的多次电报指示，迅速挥师入关，同聂荣臻指挥的华北野战军的两个兵团紧密配合，开始合力围歼华北的国民党军队。

这时，在国民党华北"剿总"总司令傅作义指挥下的60余万国民党军，被人民解放军在东北战场取得的胜利所震慑，慌忙收缩了兵力，企图从天津、塘沽海运南逃或从陆路西窜绥远。解放军以神速将敌军分割包围在了北平、天津、张家口、新保安和塘沽5个据点，完全截断了敌军南逃或西窜的通路。

平津战役打响后，在西柏坡稳操胜券的毛泽东给因病休养而急于请缨出战的华北军区副司令员、华北野战军第1兵团司令员兼政治委员的徐向前写了一封诚挚的规劝式的回信：

闻病极念，务望安心静养，不要挂念工作，前方指挥由周、胡、陈①担负。你病情略好能够移动时即来中央休养，待痊愈后再上前线。总之，治疗和休养是第一等重要，病好一切好办。

在这期间，毛泽东还给欧洲共产党和工人党情报机关刊物《争取持久和平，争取人民民主》写了纪念苏联十月革命31周年的论文《全世界革命力量团结起来，反对帝国主义的侵略》。

毛泽东在论文中指出：

中国共产党的任务，是在全国范围内团结一切革命力量，驱逐美国帝国主义的侵略势力，打倒国民党的反动统治，建立统一的民主的人民共和国。

毛泽东在文章的最后写道：

人们不要很久就可以看到，国民党的全部反动统治将被中国人民所彻底地打碎。中国人民是勇敢的，中国共产党也是勇敢的，他们一定要解放全中国。

---

①周、胡、陈：周，指周士第，当时任华北野战军第1兵团副司令员兼副政委；胡，指胡耀邦，当时任华北野战军第1兵团政治部主任；陈，指陈漫远，当时任华北野战军第1兵团参谋长。

48.傅作义平津累卵　江青赴济南奔丧

1948年11月末，华北大地已呈现出一派即将入冬的寒冷景象。

大地上的枯草在冷风中瑟瑟地摇曳着单薄的茎，落了叶的树枝凄凄地仰望着深邃天际中的淡淡的浮云，入夜的猫头鹰忽闪着它们的大眼睛飞落在已经结了一层薄冰的河面上，借着清冷的月光机警地寻觅着尚在四下里找食的小田鼠……

此时，华北野战军的杨罗耿兵团已接到毛泽东的电令，以9个师的兵力迅速包围了困守在新保安的国民党第35军军部和其所统的3个师，并以2个纵队的主力部队阻住了慌忙南逃的国民党军第104军。

在同一时间里，林彪和罗荣桓指挥的东北野战军的主力部队也已遵照毛泽东的指示，以5个纵队和1个炮兵纵队的优势兵力，急速向唐山西北方向的玉田一带集结；并以三纵、四纵、五纵和十一纵4个纵队的重兵威逼北平，以六纵、七纵、八纵、九纵和十纵5个纵队的兵力围向了天津、塘沽、芦台和唐山一线……

国民党华北"剿总"总司令傅作义在北平如坐针毡，面对人民解放军如此强大的攻势，深感他所处的境况已是危若累卵，慌忙召集部属连夜开了战前会议，命令其第35军死守新保安，务必保持与北平的通路不被解放军截断；命令其第11兵团严防张家口，以待北平危急时备作西窜的通道；命令陈长捷指挥他的13万人马据守天津，同时命令塘沽的5万守军做好一切接应其从海上南逃的准备……

此时此刻的傅作义，在北平仅留下了20余万人马，面对以排山倒海之势突如其来的解放军主力部队，惊吓得坐不安席、睡不安枕、食不甘味，再也没有了前些时日曾夸口说"共产党如果能够取得胜利，我傅作义甘愿给毛泽东去当秘书"的神气和妄图夺取石家庄、偷袭西柏坡的胆量了……

在西柏坡，毛泽东依然日夜密切关注着淮海、平津两大战略区的每一处的战机和战况。在他居住兼作办公用的低矮的房间里，两大战略区每天发来的电报总要有几十份，每一份都等着他的决断和指令。

周恩来、朱德、刘少奇和任弼时夜夜聚守在毛泽东用来办公的小平房里，几个人常劝毛泽东注意休息，总要保重一下身体。毛泽东又总是摇摇头，对四位中央书记处的书记说："最要紧的还是打仗么！蒋介石打不倒，么事也干不好呢！"

自从打响了辽沈战役，凡是关系全局的大仗都要书记处的五大书记共同研究讨论、决定作战方案和对敌之策。平时则主要是由毛泽东和周恩来商量决定，意见一致后就发电报，有时是周恩来起草，毛泽东改定；有时是毛泽东口授，周恩来写好后，毛泽东再推敲审定。

三大战役开始后，毛泽东与周恩来几乎一刻也不曾分开。侍卫在毛泽东身边的李银桥见到，周恩来与毛泽东两个人配合得非常好，事事协商、件件共议，一同指挥着前线的百万大军与国民党反动派一决雌雄……

恰在这时，江青接到她同父异母的哥哥李干卿和姐姐李云露的来电，告知她的生身母亲在济南去世了。

江青要求去一趟济南为她的母亲奔丧，毛泽东考虑后同意了，并派了李银桥、阎长林、周西林和孙勇陪同她一起去。

12月初，江青坐上周西林开的美制中吉普车，在李银桥、阎长林和孙勇的陪同下，一起离开了西柏坡。

江青一行人乘汽车一路向东南方向行进，很快到了石家庄。

在早已于1947年11月12日被人民解放军攻克了的石家庄，江青等人受到了军管会人员的热情接待和协助，周西林将中吉普车开上了火车的平板车厢，然后同江青等人一起乘火车从石家庄出发，一路向东前往山东省境内的德州。

第一次乘火车，对偌大的火车能在两条细细的铁轨上飞速行驶和火车厢里的一切，李银桥和阎长林等人都感到很新奇，也很兴奋。

在火车上，江青向陪同她的人详细讲了火车在铁轨上奔跑的原理，讲了蒸汽机车的构造和性能，讲了铁路沿线各站点和道岔的调控作用，同时向大家详细讲了她的身世：

江青的生身父亲叫李德文，娶了两房妻室，江青是小老婆生的，是为侧出，不算嫡生，又是个女孩子，母女二人在李家根本没有什么地位。

江青记得她5岁的时候，那年人们正在欢欢喜喜地过元宵节，不知她父亲为了什么事情，突然抓起一把铁锹，追赶着拍打她的母亲。江青扑上去保护她母亲，被撞坏了一颗牙。

江青讲她父亲比她母亲大好多岁，在济南开着一间木匠铺。他父亲长得很凶，嗜酒如命，脾气很暴躁，而且习武，时不时地虐待她母亲。因此，她父亲在她的脑海里没有留下一点好印象，她只爱她母亲。

自从那年元宵节她母亲被打之后，江青就跟着她母亲离开了济南，去到她的出生地诸城谋生。她的母亲在诸城给人家做保姆，曾先后在好几处有钱人的家里干过活。

她母亲给人家干过活的地主中，有一户大地主姓张，这家的二少爷就是现在在中共中央华东局任第二副书记的康生。

后来江青的父亲害伤寒病死了，她们母女俩这才又回到济南，投奔在江青的姥姥家生活。母女俩相依为命，全靠她母亲为别人家帮工挣点钱艰难度日。

这样悲苦地过了好几年，在江青12岁的时候，她母亲听说她同父异母的姐姐李云露在天津嫁给了军阀部队里的一个军官，便带着江青离开济南到了天津，投靠在江青的姐姐家谋生。

在天津，江青没能继续上学，她母亲和她姐姐、姐夫又都不同意她去烟厂当童工，她只得在她姐姐的家里帮忙，打扫打扫屋子、洗洗衣服、上街为姐姐家买点东西什么的，一家人的生活来源全靠她那个在军阀部队里当军官的姐夫。

这样在天津过了一年多，江青又同她母亲回到了济南。在江青的记忆中，一直对她的这个姐姐抱有好感，因为她的这个姐姐在天津曾养活了她们母女两个人。

这时，江青的这个当军官的姐夫已经死去了，她姐姐在天津失去了依靠，也回到了济南，一个人拉扯着儿子，生活过得很艰辛。

话说到这里，江青的脸上露出了怅惘的神情，带了凄楚的语气说："到了济南，我一定去看看我姐姐……"

李银桥一直不说什么话，样子像是在听江青讲述她的身世，眼睛看着车窗外随着火车行进而移逝的路景，心里却想着到了济南该要办的事情……

火车到了德州，几个人又坐上了随火车一同运来的那辆中吉普，由周西林驾驶着一直朝济南进发。

此时的济南早已解放了，济南市的一切政务全都掌握在共产党人的手中。

到了济南，江青一行人受到了市长姚中明和市政府办公室主任陈秉忱的热情接待。这时，江青的母亲早已被安葬了，江青立刻去济南公墓给她的母亲上了坟。

李银桥和阎长林等人都知道江青是曾经当过演员的人，感情很丰富，也富于表现，见她在她母亲的坟前一把鼻涕一把眼泪地哭得很伤心的样子，但又不失大雅……

济南是江青曾经生活过的地方，故地重游，免不了生出许多感慨。李银桥是第一次进入大城市，在济南逗留的日子里，也找机会上了几趟街，浏览了几处市景，到几家书店想给韩桂馨买本《唐诗三百首》，却一直没买到，想买别的诗集又不知道韩桂馨爱看不爱看，便只好舍弃了买诗集的念头，到别处给韩桂馨买了件毛背心和一些小日用品，还特意留心给毛泽东买了几包"大前门"牌子的香烟。

李银桥在毛泽东身边工作，实行的是供给制，身上根本没有钱。但他是个"残废军人"，那还是他在晋绥军区当战士的时候，一年冬天和日本鬼子作战，他和他的战友们被围困在了山上，天下起了鹅毛大雪，深山雪岭里冷得人们完全是靠毅力勉强维持着生命，但大家依然坚持战斗。由于天寒地冻、雪大路艰，日本鬼子人生地疏，只得撤走了，而被困在山上的八路军战士们，这时有人已经被冻掉了耳朵，有人被冻坏了手，李银桥也被冻掉了一个脚趾头。因此，李银桥被组织上确定为"残废军人"，每月发给他一小笔残废金。

自从和韩桂馨确立了恋爱关系，李银桥每次领到残废金，便都给韩桂馨买了东西：有时买个脸盆，有时买条毛巾，有时买双袜子、手绢什么的，令韩桂馨很是心满意足。

在济南停留的日子里，恰巧赶上了江青同父异母的哥哥李干卿再次结婚，江青便带着她的陪同人员一起去祝贺了一番。

江青的哥哥李干卿已经50多岁了，在济南的铁路上工作，再娶的新娘子是个30多岁刚刚被共产党改造过来的妓女，长得浓眉大眼的，嘴巴有些大，身体胖胖的，模样还算是漂亮。江青买了礼品，还当面送了些钱，向她哥哥和新嫂子表示了庆贺。

离开她哥哥家，江青向李银桥和阎长林等人撇了撇嘴，开始褒贬起了她这位新嫂子。江青说她看不惯她嫂子涂口红，看不惯她嫂子涂胭脂抹粉的那副样子，满带着鄙夷不屑的神态尖刻地批评说："没文化的人就这样，越打扮越俗气！"

相比之下，江青对她姐姐李云露的态度就好多了。在李云露家，李银桥等人见江青对她姐姐很亲热。她姐姐比她大10岁，长得没有江青漂亮，但待人很热情，也比江青厚道、诚恳。

李银桥等人还见到了李云露的儿子王博文，正在济南上中学，读书很知道刻苦用功，对人很讲礼貌，也挺招李银桥、阎长林他们的喜爱。

在李云露清冷的家中，江青同她姐姐相处了几天，姐妹俩的感情更加深切了。江青见她姐姐孤儿寡母的在济南难以为生，便劝说和动员她姐姐带了儿子，随她到西柏坡去。

这样，江青到济南的时候是5个人，在离开济南的时候，中吉普车上坐着的就是7个人了。

49. 西柏坡卫士结婚　杜聿明战败投降

江青回到西柏坡后，向毛泽东讲了她姐姐李云露一个人带着儿子在济南生活很艰难，所以随同大家一起来了西柏坡。毛泽东很同情，表示同意李云露留下来，可以帮着韩桂馨照看李讷，李云露的儿子王博文可以到学校去读书。

这样，李云露和她的儿子王博文就留在西柏坡了。

李银桥回到西柏坡，先和阎长林一起进了毛泽东的办公室，向毛泽东汇报了随江青去济南一行的工作情况，毛泽东听后很满意，同时关切地问李银桥："银桥呵，你去济南也算是进了趟大城市，没给小韩阿姨买些什么回来吗？"

李银桥实话实说："买了。"

毛泽东微微一笑，又问："都买了些什么呀？"

李银桥回答说："给她买了件毛背心和一些日常用的小东西……"李银桥说着，将准备好的几包大前门牌香烟从衣袋里取出来，伸手递向毛泽东，"我没多少钱，只给你买了这几包烟。"

毛泽东又是微微一笑："感谢你想着我！"接过烟后又说："你哪有什么钱么！你那点儿残废金，应该多给小韩买些礼物。"

李银桥只是腼腆地笑着，没再说什么。

毛泽东随手打开一包烟，取出一支夹在手上，李银桥立刻上前去划着了火柴。毛泽东吸燃了烟，深吸一口气说："烟这个东西，还真能提神哩！"

李银桥收了火柴说："打进了北平，我多想办法去给主席买好烟吸。"

"我吸的烟不用你去买。"毛泽东说，"我们现在实行的是供给制，留着你那点儿残废金备急用么！再说，以后你和小韩还要过日子哩！"

李银桥憨笑道："过日子也是供给制，反正都一样。"

毛泽东再一次笑了："现在情况好了，形势也安定多了，你和小韩的婚事也可以办么！"

李银桥仍然憨笑着，腼腆地说："我看主席现在太忙，前方正在打大仗……"

一直坐着的毛泽东站起身来说："我们现在打的都是胜仗，现在结婚办喜事，正当其时么！"

李银桥心喜得咧开嘴笑道："那我去告诉小韩一声，就说主席说的……"

"去么！"毛泽东也笑起来，"两个人一起写个申请，拿去办公处批一下，我要喝你们的喜酒哩！"

李银桥高高兴兴地离开了毛泽东的办公室，快步走去南屋找了正在同李云露拉家常的韩桂馨。李云露见了，便起身到西屋找江青去了。

韩桂馨正想让李银桥坐下来，没想到李银桥先说了句："你等等！"随即转身去拿来了给韩桂馨买的毛背心和那些小日用品。

韩桂馨很高兴，觉得礼物虽小，情意却很重，这是李银桥的一片心啊！

李银桥将毛泽东同意他们俩结婚的事讲了，同时说："大伙儿对我们俩的事都挺关心的，我们向领导打个报告，把这事办了吧？"

韩桂馨红了脸说："毛主席都同意了，那就办吧……"

1948年12月10日，李银桥和韩桂馨向组织上递交了结婚申请书。

同一天，毛泽东向已于11月8日率部起义的原国民党军第三绥靖区的两位副司令何基沣、张克侠拟发了复电：

> 你们在徐州前线率部起义，加入人民解放军，极有助于革命战争的发展。希望你们团结一致，加强部队的政治工作，改进官兵关系与军民关系，以便早日出动与人民解放军并肩作战，为完成全国革命任务而奋斗。

12月11日，毛泽东代表中央军委向已经入关的东北野战军和已经进入战略地域的华北野战军部队发出了《关于平津战役的作战方针》的十六条电报指示。

12月13日，在西柏坡，满心喜悦的韩桂馨认真收存了已经批复的她和李银桥的结婚申请书，在人们的庆贺下高高兴兴地同李银桥结婚了。由于条件所限，两个人没有举行什么结婚仪式。

晚上，在毛泽东居住的房间里，五大书记临开会之前，毛泽东对依然侍卫在自己身旁的李银桥说："今日是你大喜的日子，'洞房花烛夜，金榜题名时'，放你的假，不要待在我这里了！"

周恩来也说："小李呀，快走吧！不然，小韩可要不高兴了！"

这时毛泽东又说："现在我们的条件不行，等明年条件好些了，你和小韩选个日子，把结婚仪式补了。"

李银桥说："现在前方正在打大仗，主席就别为我们这点小事操心了……"

这时朱德说："仪式总要补的，终身大事么！"

毛泽东笑着挥挥手说："银桥呵，你去吧！"

刘少奇和任弼时也笑着向李银桥摆摆手，示意他尽快离开。李银桥再次看一看毛泽东和周恩来、朱德,这才转身离开了毛泽东的办公室……

12月15日,毛泽东接到淮海战略区前委的来电,报告说中原野战军在华东野战军主力部队的配合下,在安徽省蒙城的东北方向亦即宿县西南方向的双堆集地区围歼了国民党军的黄维兵团,俘获了敌兵团司令黄维和副司令吴绍周,同时还歼灭了由徐州西逃的孙元良兵团,兵团司令孙元良只落得只身潜逃。国民党第85军第23师师长黄子华率该师师部和两个团的残部在双堆集向解放军投诚。

12月17日,鉴于淮海战略区的大好形势,毛泽东以中原人民解放军司令部和华东人民解放军司令部的名义,以拍发电报和电台公开广播的形式,向撤出徐州后聚集在毗邻安徽北部宿县、接近江苏北端徐州的河南省东部的永城东北方向青龙集、陈官庄一带的,国民党徐州"剿总"副总司令杜聿明、国民党军第2兵团司令邱清泉、国民党军第13兵团司令李弥和其所统的军长、师长、团长们发出了一份敦促其投降的呼吁书。

在呼吁书中,毛泽东对杜聿明等人说:

你们现在已经到了山穷水尽的地步……你们想突围吗?四面八方都是解放军,怎么突得出去呢?你们这几天试着突围,有什么结果呢?你们的飞机坦克也没有用……你们只有那么一点地方,横直不过十几华里,这样多人挤在一起,我们一颗炮弹,就能打死你们一堆人……

毛泽东还在呼吁书中明确指出:

我们这次作战才四十天……你们总共丧失了三十四个整师……你们应当学习长春郑洞国将军的榜样,学习这次孙良诚军长、赵壁光师长、黄子华师长的榜样,立即下令全军放下武器,停止抵抗,本军可以保证你们高级将领和全体官兵的生命安全。只有这样，才是你们的唯一出路。你们想一想吧……

自从辽沈、淮海、平津三大战役打响后，工作人员注意到毛泽东一是精神振奋，二是心情舒畅，三是工作劳累，四是一周吃两次红烧肉，而且喜欢吃五花肥肉。

江青几次劝毛泽东多吃些蔬菜，改变一下饮食习惯，毛泽东每次都摇摇头。江青有时用眼色示意站在毛泽东身边的李银桥，意思是让李银桥从一旁帮着她也劝一劝毛泽东，多吃点有营养的东西。

李银桥见到毛泽东那一副固执的神态，心里知道劝也没有用，但在江青的示意下，又不得不劝。一次，李银桥当着江青的面，试着劝说毛泽东："主席，江青同志讲的也有道理，你就多吃一些有营养的东西吧！"

毛泽东听了，先是皱着眉头看了江青一眼，又转脸对李银桥说："你不要劝我了。我是农民的儿子，自小过的就是农民的生活。我这样习惯了，你们不要勉强我改变，不要勉强么！"

江青怏怏地走出了毛泽东的房间以后，毛泽东又对李银桥说："银桥呵，你是答应了经常为我搞红烧肉吃的，今日怎么又劝我呀？"

李银桥只得吞吞吐吐地说："主席……我，我……主席……"

毛泽东很体谅人地笑了笑："我晓得你是看了她的眼色！"说到这里，毛泽东向屋外的西房看了一眼，继续对李银桥说，"你不要听她的么，一切照我讲的办！"

"是！"李银桥只好诚恳地答应下来，"我记住了！"

在平常的日子里，李银桥想：毛泽东的固执是任何人也无法改变的，他的道理又是轻易不好反驳的。

私下里，李银桥向韩桂馨讲起了毛泽东坚持每周吃两次红烧肉的事。小两口议论着毛泽东的脾气和性格，都感到毛泽东有时简直是个谜，若单从客观实际讲，多少次险情被毛泽东碰上，都是有惊无险或是被毛泽东从容不迫地化险为夷，多少次危难都是明冲着毛泽东来的，也被毛泽东坦然地一一排除在一旁，最终总以毛泽东的胜利和安然无恙而告结束。

韩桂馨感慨地说："主席就是主席，要不怎么能当全国人民的领袖呢！"

话虽这么说，但两个人又都感到：毛泽东从早到晚的工作量大得惊人，吃饭、睡觉、活动身体，都没有一点规律性，可他的身体却没有一点事儿，极少闹什么毛病，身体壮实得很，健康极了！

李银桥想起了任弼时曾多次向周恩来说过的一句话，便感慨地对韩桂馨讲："我听任弼时曾好几次对周副主席说，'中华民族有幸，出了个毛泽东'！"

韩桂馨也说："咱们中国要是没有毛主席，还真不行呢！"

李银桥说："是啊！中国要是没有毛主席，还真不行！"

50. 各个战场飞捷报　毛泽东踏雪谈诗

自从毛泽东给聚集在河南东部永城东北青龙集、陈官庄地区的国民党徐州"剿总"副总司令杜聿明等人发了敦促其率部投降的呼吁书后，新华社广播电台几经广播，杜聿明等人不仅不识时务地拒不投降，反而企图凭借他们手中配备的美械装备飞机、坦克、大炮，对解放军的重重包围进行负隅顽抗。对此，毛泽东断然做出决定，不失时机地电令中原野战军和华东野战军组织能攻善战的得力兵团，以强大的围攻之势，集中兵力聚歼这部分从徐州向西逃窜的敌军。

接电后，粟裕和谭震林指挥的华东野战军在刘伯承、陈毅和邓小平指挥的中原野战军的配合下，迅速以重兵围堵了杜聿明、邱清泉、李弥所统的两个敌军兵团，随时准备接毛泽东的电令向这股敌军发起强大的最后一击……

转眼进入了1948年12月下旬，这时华北大地上已经是天寒地冻、冰封河面了。

在西柏坡，村里村外的杨柳树早已落叶，槐树和榆树也早已只剩下了光秃秃的树枝，唯有村外坡地上的一株株古柏，在凛冽的寒风中傲然耸立，显示着它们那不畏霜雪严寒的气质和性格。

毛泽东又穿上了他那身补丁摞补丁的旧毛衣、旧毛裤，上身罩了他那件补有补丁的旧棉衣，深夜里同周恩来、刘少奇、朱德和任弼时一起，尽心费神地指挥着天津和淮海战略区的两大战役。

婚后的李银桥，只离开了毛泽东两个晚上，便又日夜不离地侍卫在毛泽东的身边了。

12月21日，毛泽东向11月27日在安徽宿县西南罗集率部起义的原国民党第85军第110师师长廖运周拟发了复电：你们是国民党嫡系部队，你们可以看到我们对待你们部队将和其他起义部队一样，和一切人民解放军一样，获得平等的待遇。

12月22日下午，李银桥正在毛泽东的办公室里烧开水，只见周恩来手上拿着一份电报兴冲冲地走进来说："小李同志，今天主席睡得好吗？"

李银桥站直了身子回答说："不好！好不容易吃了两片安眠药才睡着，到现在也就只睡了一个多钟头。"

周恩来收敛了脸上的笑容："那就让主席再多睡一会儿吧！"

"有什么要紧的事吗？"李银桥问，"看周副主席这副高兴劲儿，准是又有什么好消息，是哪儿打了大胜仗吧？"

周恩来笑一笑说："是啊！要是毛主席知道了，准又睡不着了……"

两个人正说着，里间屋响起了毛泽东那浓重的湖南腔："么事不让我晓得呀？凡是高兴的事，你们也不要背着我笑么！"

周恩来扬一扬他那两道浓厚的眉毛说："主席，平津前委来电，新保安被打下来了！"

毛泽东从卧室来到办公室，精神振奋地说："好么！平津战役又开了个好头，首战告捷，以后的仗就更好打了！"

周恩来向毛泽东递去了手中的电报："这是告捷电报。"

毛泽东接过电报，迅速看了一眼说："这样一来，傅作义就更逃不脱了！"

周恩来风趣地说："主席身边还给他留着'秘书'的位子嘛！"

毛泽东大笑起来："秘书我不要他做，就看他怎样走下一步棋了！"

周恩来说："傅作义的棋路，主席已经给他摆好了！"

这时，李银桥烧的水正好开了，李银桥便提了水壶开始给毛泽东和周恩来沏茶水。毛泽东对李银桥说："你去告诉大家，傅作义的'王牌'军第35军，已经被我们吃掉了！整整吃掉他们一个军部和两个整师，让大家都乐一乐！"

"是！"李银桥高兴地答应道，"我再去通知一下伙房，今儿晚上给主席做红烧肉吃！"

周恩来端起桌上的茶杯说："我看可以嘛，再炒些红辣椒。"

毛泽东对李银桥笑一笑说："你记得就好！"然后在办公桌前坐下来，又对周恩来说，"恩来呀，你看张家口的敌人会有什么动作呀？"

周恩来端着茶杯也在沙发上坐下来，胸有成竹地说："我军已经围了张家口，傅作义企图西逃的通路已经被我们彻底截断了！"

"好么！"毛泽东喝一口茶水，一连又说了三个"好"字，随即又说，"我估计用不了两三日，张家口也该拿下来了。"

"也就这两三天吧！"周恩来附和道，"新保安一丢，傅作义在张家口的第11兵团也就没了求援之想，已是瓮中之鳖了！"

毛泽东点头说："晚上总司令和少奇、弼时同志来了，咱们再好好研究一下下一步的打法。"

周恩来提醒说："主席，我看还是再注意一下徐州方面，杜聿明已经摆开了同我军顽抗到底的架势呢！"

李银桥见毛泽东将手中的茶杯用力往桌上一放，杯里的水被震出了不少："不识时务么！他杜聿明和邱清泉、李弥，哪是刘伯承和陈毅、粟裕的对手？这次是'司马师'碰在了'姜维'手上，被困在'铁笼山'了！"

周恩来笑起来，抬眼问李银桥："小李呀，你现在知道司马师是谁了吗？"

"知道了。"李银桥一边用抹布擦拭着桌上的水，一边回答周恩来的问话，"在主席和副主席身边，我能总不知道司马师是谁吗？"说着看了看毛泽东，又看了看周恩来，继续笑着说，"周副主席，我还是说司马师是'死马尸'，他杜聿明也快成'死马尸'了！"

"小鬼！"周恩来哈哈大笑，"你还真看了《三国演义》，也长了不少见识呢！"

"人总是要进步么！"毛泽东说完这句话，扭头看了门外的天气，又说，"银桥呵，你去吧！我看今日的天色不大好，像是要下雪的样子，你去多准备些木炭，每间房里多放一些，夜里不要让同志们冻着了。"

周恩来也嘱咐道："告诉大家防止煤气中毒，窗户上留个小口。"

"是！"李银桥满怀着喜悦的心情，高高兴兴地离去了。

备好木炭回来，毛泽东又问李银桥："你晓得今晚上吃么饭吗？"

李银桥回答："知道，吃'二米'饭。"

这时周恩来说："我们在陕北吃小米，没想到来了西柏坡能有大米吃呢！"

"是么，我也没想到西柏坡这地方还生产大米。"毛泽东感慨道，"全国就要解放了，将来全国的老百姓要是都能吃上这样的'二米'饭，那就不错了！"

"总会吃上的！"周恩来充满信心地说，"还要争取吃得更好些！"

"是么！"毛泽东说，"我们打天下，就是为了让全国的老百姓都有好日子过！"

午夜过后，天还真的下起了大雪。

天亮时，雪还没有停。

李银桥起床后，走出院子看着漫天的飞雪，不禁又想起了在晋绥军区当八路军时，一次和日本鬼子打遭遇战，自己和战友们被围在了山上，一连几天也是下着这么大的雪，那天可真叫冷啊！人们被困在山上，天寒地冻身上冷，要吃没吃、要喝没喝，战友们一个个被冻得简直受不了，但大家依然坚持着战斗，没有一个人因为天冷而胆怯。也还真亏了那场大雪，日本鬼子被一尺多厚的积雪封了山吓怕了，人生地不熟的不敢上山，又冷又冻地退缩走了。

那场雪，把困在山上的战友们冻得够呛，有人被冻僵了鼻子，有人被冻掉了耳朵。李银桥因为年龄小，不知道怎样活动手脚，结果被冻掉了一个脚趾头！

想到这些，李银桥回院拿了把竹扫帚，来到院门前开始扫雪。这时，卫士组的人们也拿来了扫帚和铁锹，和李银桥一起扫除地上的积雪……

临近中午，雪停了。一觉睡醒的毛泽东走出屋外，见到下了雪，虽然院中的积雪已被人们打扫干净了，但房顶上和院子里的那棵梨树下还是积了雪，毛泽东开始招呼李银桥："银桥，你来一下！"

"到！"李银桥闻声赶到了毛泽东的面前，"我去给你打洗脸水……"

"先不要忙！"毛泽东制止说，"我用湿毛巾擦把脸就行，你去书房拿了我那根柳木棍来，陪我到村外去走走吧！"

"村外的雪厚！"李银桥不解地说，"这冰天雪地的，又不是在五台山，有庙可去……"

毛泽东笑了："你不懂呢，我就是要到村外去看看雪么！"

没办法，李银桥只得让毛泽东用湿毛巾擦了脸，又去西屋的外间拿了毛泽东一直舍不得丢掉的那根柳木棍，陪毛泽东一起朝村外走去。

走在村上，中央机关的许多人都热情地向毛泽东敬礼、打招呼，毛泽东也和蔼地回问着每一个人好。这时，村上的老乡们已经都认得他就是毛泽东、毛主席了，也纷纷上前同他握手、说话。

毛泽东亲切地对乡亲们说："下雪了，来年要有个好收成呢！"

老乡们说："托毛主席的福，来年的收成一准儿好！"

毛泽东笑着说："麦田里还好说，稻田地里还要先育苗后插秧，不要再直接向田里撒稻种了。"

老乡们纷纷说："记着呢！我们村上的人都听说了，说是毛主席教的种稻子的方法，我们都照着办！"

还有的老乡说："别的村的人也都知道了！"

"那就好！"毛泽东高兴地说，"瑞雪兆丰年么，希望乡亲们迎来个好年景！"

老乡们说："有毛主席领导着我们，肯定一年比一年强！"

"我们共同努力吧！"毛泽东说着，和乡亲们分了手，继续向村外走去。

这时，韩桂馨抱着毛泽东的棉大衣追了来："主席，穿上大衣吧！"

毛泽东接过大衣，笑着对韩桂馨说："谢谢阿姨，你怎么晓得我们到村外了呀？"

韩桂馨跑得红了脸说："刚放学回来，我听卫士们说主席叫了银桥到村外去，我见主席的大衣还放在办公室里，就追来了。"

毛泽东穿上大衣说："你现在有什么事么？"

韩桂馨说："没什么事，李讷回来被她大姨叫去了，我这才跑来了。"

"那好！"毛泽东向村外一挥手说，"我们三个一起到村外去！"

"行！"韩桂馨高兴地答应着，看了看李银桥，跟毛泽东一起向村外走去。

来到村外，但见漫山遍野一派雪的世界！山上白了，地上白了，四下里的树上也白了。毛泽东小心翼翼地踏着地上的积雪，一步一个雪脚印地向着雪地的深处走着。

李银桥和韩桂馨一左一右地跟在毛泽东的身旁，李银桥提醒说："主席，前面的雪太厚，小心有坑，少走两步吧！"

毛泽东又向前走了好几步，在一处坡地前停住了脚，抬眼望着面前一片白雪皑皑的世界，感慨道："这里也是一派北国风光啊！"

韩桂馨接话说："我知道这是主席写过的一首诗，我还会背呢！"

"你是怎么晓得的呀？"毛泽东依然望着眼前的雪景问。

"是江青同志写给我的。"韩桂馨回答说，"江青同志知道我喜欢诗，就写了主席的这首诗送给我，我还教过银桥背这首诗呢！"

毛泽东笑了笑，若有所思地说："那是三年前的事情了。1945年8月，蒋介石三次向延安发电报，要我去重庆'和平谈判'，我是一定要去呢！当时我们党内许多人不同意我去，说蒋介石摆的是'鸿门宴'，担心我去了有危险。我料蒋介石也想不到我会去，他只是想搞些舆论，想把以后打内战的罪名推到共产党人头上罢了。"

韩桂馨看着毛泽东的脸说："我知道主席去了呢！"

李银桥也说："我在358旅时，也学习了主席写的《关于重庆谈判》的小册子。"

毛泽东继续说:"在重庆,柳亚子①先生向我要诗,我写了这首《沁园春·雪》给他,他竟拿去报上发表了,闹得许多人都晓得了。"

李银桥问:"那主席在诗里说的'数风流人物,还看今朝',指的是什么人呢?"

毛泽东转过头来,对李银桥和韩桂馨说:"风流人物,是说我们共产党人,说我们这支由共产党领导的工农革命队伍啊!"

李银桥和韩桂馨点点头,李银桥若有所悟地说:"噢,是说我们共产党,说我们这支革命队伍……"

毛泽东开始移动埋在雪中的脚,又说:"这是一首词,也是诗吧,是我十多年前刚到陕北时,看到大雪后写的。"

韩桂馨感慨道:"主席的诗写得真好!"

毛泽东开始往回走:"银桥呵,你很爱学习,是件大好事。小韩阿姨喜欢诗,也是件大好事,我也晓得的。"

李银桥和韩桂馨跟着毛泽东的脚步往回走,李银桥说:"我去趟济南,也没见着什么地方卖《唐诗三百首》的,也没找见别的诗集。"又说,"主席,请你给小韩写几首诗吧。"

毛泽东边走边说:"这样吧,我回去以后,找时间将我去年在转战陕北时写的两首五言诗,写给小韩阿姨,你们一起看看吧。"

"太好了!"李银桥高兴了,看了韩桂馨一眼,急忙跟上毛泽东的脚步说,"谢谢主席!"

韩桂馨也紧走两步说:"谢谢主席了!"

---

①柳亚子,民主主义者,诗人。

51. 攻克张家口唱戏　淮海战役后抒情

1948年12月24日，毛泽东到西柏坡村外看雪后的第二天，平津战略区的进展情况正如毛泽东和周恩来所预料的那样，人民解放军的华北部队在东北野战军的密切配合下，一举攻克了华北重镇张家口，全歼了傅作义命令死守在那里的国民党军第11兵团所属的1个军部和7个师，共计歼敌54000余人。

捷报发到西柏坡，人们都高兴极了。连日来，胜利的消息一个接着一个，令西柏坡的军民们欢欣鼓舞。中央机关办公处的人想组织几场文艺演出来庆祝一下，伍云甫和叶子龙便去请示了周恩来。

周恩来听了，表示赞同说："电影大家都看过几场了，舞会大家也跳过几场了，这次要我们警卫团的演出队和华北军区的演出队搞一搞联合演出，一是庆祝前线的几次大胜利，二是迎接新一年的到来嘛！"

演出的事情定下来以后，人们就忙着在西柏坡村后的小东沟临时建起来的一座大礼堂里开始布置剧场了。

毛泽东住处的房东，在毛泽东来到西柏坡以前，为了给中央机关腾房子，一家人都搬到村西去住了。他们家有两个男孩子，大的七八岁，小的也就是五六岁，特别活泼好动，都天生的一副闲不住的样子。两个孩子有时也跑到老院来找李讷玩一会儿，三来两去的就跟李银桥、韩桂馨和卫士组的人们混熟了，后来同李云露和江青的外甥王博文也熟了。

冬天了，村上的学校里放寒假，小哥俩各自背了个小柳条筐子，每人手上再拿个竹耙子，到村外滹沱河边的小树林里去拾柴禾搂草。

田野上的积雪渐渐地化开了，两个孩子在雪少的小树林里搂拾了两筐柴草，坐在向阳的坡地上晒太阳。这时，弟弟眼尖，看见从正东方向的小路上走来了一队人，有抬箱子的，有背大鼓的，男男女女的说说笑笑着。小哥俩认出了走在人群中的中央警卫团演出队里的大老张，这位老张同志曾到西柏坡的村剧团去教过戏，所以村上的许多人都认识他。

大老张见坐在坡地上的这两个小男孩直愣愣地看着他们，不由得留意多看了小哥俩两眼，也认出了他们是毛泽东的小房东，便高兴地对他们喊道："这一次我们是和军区演出队联合演出，你们想看吗？"

小哥俩站起身来大声说："想看！可想看了！"

大老张又对他们说："那你们去告诉乡亲们，就说演出队新添了个名演员，是在石家庄唱河北梆子的'金刚钻儿'！我们明后天就要演出了，你们快去告诉大家，让大家都来看戏吧！"

小哥俩一听高兴得不得了，立刻背上各自的柴草筐子，拿上耙子，一溜小跑地向村上奔去。这时，两个孩子背着的柴草掉了不少，大老张赶忙追上去，一边为小哥俩拾着柴草，一边喊他们回来："别跑了，你们搂的柴快掉光了！"

小哥俩听了，这才返回身来收拾柴草，随后又兴冲冲地跑去了。

不料想，第二天演出时，大礼堂里早早坐满了人，小哥俩和他们的爷爷，还有许多老乡都没能挤进去看戏。

大礼堂里欢快的锣鼓声、悠扬的琴声和二胡声、清脆的梆子声响，一阵阵传出来，引得小哥俩在礼堂外边心痒痒的一阵儿赛过一阵儿……

12月26日这一天早晨,许多老乡没能看上戏的情况被毛泽东知道了。他叫来李银桥,吩咐他去中央机关办公处拿些戏票,分头给没能看上戏的老乡们送去。

李银桥去拿了一沓子戏票,开始给老乡们送票了。先给村支书家的小樱姑娘送了两张,又来到村西头,随脚拐进了小哥俩的家门,见两个孩子满脸不高兴的劲头儿,正坐在门槛上生闷气呢!

两个孩子见到李银桥,也不像往常那样张口就叫"李叔叔"了,故意一起噘着小嘴不理人。

李银桥知道他们是昨晚上没能看上戏的缘故,也不作声,故意东看看、西瞧瞧,装出一副像是在找什么东西的样子。

小哥俩见了,憋不住劲儿了,哥哥先开口说:"你今天又想借什么呀?"

弟弟也问:"又想借铁锹去干活儿呀?"

李银桥装作一本正经的样子点点头:"嗯。"

哥哥很干脆地说:"不借啦!"

弟弟也紧随其后说:"铁锹我们家还用呢!"

李银桥问:"你们干什么用啊?"

哥哥昂着头说:"那你就甭管了!"

李银桥又问:"为什么呢?"

哥哥还是昂着头说:"我有意见。"

弟弟也噘着嘴说:"我也有意见!"

"什么意见?"李银桥正色对他们俩说,"提吧!"

"昨天为什么不让我们看戏?"大孩子大声说。

"就是,为什么不让看?"小孩子也抬了头说。

李银桥逗他们说:"不借我铁锹可以,戏看不上咋办?"

大孩子斩钉截铁地说:"我们去找毛主席!"

小孩子也态度坚决地说:"就是,我们去找毛主席!"

"毛主席开会去了。"李银桥继续逗他们说,"不在家。"

"那怎么办呢?"小孩子先急了,两只眼睛直愣愣地望着他哥哥。当哥哥的也急了,站起身来看着李银桥直抓脑门儿,一时也想不出什么别的办法来……

李银桥不忍心再逗他们,不由得"扑哧"一声笑了:"毛主席临走时告诉我了,让我把戏票发给村上的乡亲们。"

两个小家伙一听高兴了,哥哥说:"真的呀?"

弟弟也问:"有我们的票吗?"

李银桥从衣兜里拿出了几张戏票,递给了小哥俩:"有你们的,还有你爷爷的,是毛主席让我给你们送来的!"

小哥俩拿着戏票高兴得直蹦高,一起大声喊了起来:"毛主席万岁!毛主席早就想着我们呢!"

这一天是毛泽东55岁的生日。当天晚上,毛泽东、周恩来、刘少奇、朱德、任弼时等人都到小东沟来了,在大礼堂里和乡亲们一起观看《木兰从军》。

由于中央首长们的到来,无论是台上的演员还是台下的观众,都情绪高涨。李银桥注意到,坐在靠前中间位置上的小哥俩看得特别来劲儿,就走过去悄悄问他们还有没有什么意见,小哥俩把头摇得像两个拨浪鼓,都觉得能和毛主席一起看戏真是太幸福了,昨天晚上的那点儿不满情绪早不知道跑到什么地方去了……

转眼到了月末。

12月30日,临近年底了。毛泽东为新华社写的1949年的新年献词《将革命进行到底》在《人民日报》头版头条的位置上发表了。

献词较为详细地总结了人民解放战争的伟大胜利,进一步揭露和批驳了美蒋反动派所玩弄的"和平"阴谋,明确指出了将中国革命进行到底的根本途径和方法。

新年献词的发表,极大地坚定了全国人民的革命决心,同时也教育和争取了中国社会各方面的进步力量，起着推动中国革命进程加速向前发展的巨大作用。

1949年到了。这将是中国人民在伟大的中国共产党领导下，向国民党反动势力夺取决定性最后胜利的伟大的一年。

1月1日，西柏坡村头锣鼓喧天，中共中央各机关的人们纷纷组织了锣鼓队、腰鼓队、秧歌队和高跷队上街了，警卫团的演出队和华北军区演出队的文艺战士们也都穿着彩装舞上了街头；西柏坡村上的小戏班子更是不甘落后，在村支书的带领下，人们也都穿上了戏装、扮上了彩脸，敲着锣鼓家伙，舞着扭着、打着小翻跟斗耍上了村上的中央礼堂……

这时的毛泽东，已电令平津战略区和淮海战略区的人民解放军部队暂缓对被围困的敌人的攻击，一是为了从战略上稳住北平、天津之敌不使其东撤从海上逃遁，二是为了从战术上调整一下对逃离徐州的杜聿明军事集团的分化瓦解，在重兵围困的情况下进一步加强政治宣传攻势，力争不战而屈敌之兵。

元旦这天，韩桂馨和叶子龙的夫人蒋英带着机关子弟学校的20多个孩子，一起到村上去看各路人马组织的表演，正巧看到中央办公厅组织的秧歌队打着腰鼓舞了过来。当她们看到秧歌队里还有周恩来时，都高兴地鼓掌、喊叫起来："太好了！太好了！"

20多个孩子也乱哄哄地喊起来："周伯伯好！周伯伯跳得真好！"

周恩来向围观的人们笑着，边舞边对蒋英和韩桂馨说："你们也到队上来跳一跳吧！叫孩子们也来！"

蒋英和韩桂馨听了，立刻组织孩子们跟在中央办公厅腰鼓队的后面，让孩子们踩着鼓点一起随着队伍扭秧歌。在这群孩子的队伍中，韩桂馨和蒋英见到李讷和燕燕、丽亚扭得最欢、最好，心想：大概是因为有她们俩跟在身后的缘故吧……

元旦过后，由于毛泽东的住处来了李云露，可以承担江青身边的一些事情，韩桂馨便抽出了更多的时间专心应对机关子弟学校的教学工作了。

1月3日，新华社发表了毛泽东写的评论文章《评战犯求和》，深刻揭露了国民党妄图利用和谈以保存反革命实力的阴谋。

同一天，毛泽东向淮海战略区野战军前委发出了围歼杜聿明军事集团的命令。

1月6日至10日，粟裕和谭震林指挥的华东野战军和刘伯承、陈毅、邓小平指挥的中原野战军紧密配合，在上百万豫、鲁、苏、皖老百姓的大力支援下，向被围在豫东永城东北青龙集、陈官庄地区的杜聿明指挥下的邱清泉、李弥两兵团发动了总攻击，在短短的4天时间里，一举围歼了该敌军，俘虏了身为国民党徐州"剿总"副总司令长官的杜聿明，击毙了国民党军第2兵团司令邱清泉，只有李弥在激战中化装潜逃了。

至此，曾一度借着美式的优势装备企图负隅顽抗的杜聿明军事集团在解放军的强大攻势下全军覆没，规模巨大的淮海战役随即以解放军的胜利宣告结束。

战役进行中，毛泽东多次同前线指挥员反复磋商，使战役中的每一个战略方针、作战计划都更加切合战场的实际情况。鲁、豫、苏、皖4个省的老百姓大力支援战斗在前线的人民子弟兵，百万民众保障了解放军的后勤供给。人民解放军和国民党部队共百十万大军云集华中，徐州、蚌埠一带方圆百里烟尘蔽日。两军相搏勇者胜，逐鹿淮海智为先，毛泽东在西柏坡运筹帷幄、谈笑风生，蒋介石在南京城面对着萧瑟的秋风一筹莫展。华东、中原野战军步步紧逼，敌军黄维兵团处处受阻，黄维和吴绍周双双被俘，黄伯韬绝望自戕，何基沣和张克侠率部起义，廖运周临阵倒戈，孙良诚战前投诚，赵壁光战败归降，黄子华在战场上也打出了白旗。人民解放军60万部队势如破竹，国民党军层层防守、步步后撤，22个军、56个师共计55.5万余众，除4个半师起义外全部被歼。

毛泽东起草的关于淮海战役作战方针电报的手稿。1948年11月6日至1949年1月10日，中原野战军和华东野战军共同发起淮海战役，歼灭国民党刘峙集团等55万余人。（历史照片）

纵观整个淮海战役，由于毛泽东的战略总决断和英明指挥，临战指战员的战前部署得当和战中英勇顽强，再加上地方政府和民众的全力支援，保证了整个战役的顺利进行，因而胜利比预期的更快、更大。这样，国民党反动政府的首都南京城就处在了人民解放军的直接威胁之下了。

在同一时间里，1月6日至8日，毛泽东在西柏坡主持召开了中共中央政治局会议并讲了话。

在讲话中，毛泽东强调了中华人民共和国成立后党对经济工作的指导思想。

会议通过了毛泽东起草的《目前形势和党在1949年的任务》的党内指示，重申了中国共产党人一定要将革命进行到底的坚定立场。毛泽东在指示中说：

> 1949年和1950年将是中国革命在全国范围内胜利的两年。我们必须将革命进行到底，而不容许半途而废。我们必须在党内，在人民解放军内，在人民群众中，有说服力地进行教育工作，在各民主党派、各人民团体的代表人物中进行解释工作，使大家懂得必须将革命进行到底，而不容许半途而废的理由。

同时，会议还决定了召开全国的政治协商会议、成立中华人民共和国和筹备召集党的七届二中全会。

中央政治局会议的召开和准备成立中华人民共和国的消息，再加上淮海战役传来的捷报，着实让西柏坡的人们可着劲儿地高兴了好几天。

1949年1月11日的晚上，也就是人们在得到淮海战役捷报的第二天，毛泽东将他去年在转战陕北途中写下的两首五言诗抄给了李银桥和韩桂馨，令夫妻两个捧在手上连夜看了好多遍。

第一首《五律·张冠道中》——写的是毛泽东于1947年转战在陕北的延川、清涧一带时的情景：

朝雾弥琼宇，征马嘶北风。

露湿尘难染，霜笼鸦不惊。

戎衣犹铁甲，须眉等银冰。

踟蹰张冠道，恍若塞上行。

第二首《五律·喜闻捷报》——是毛泽东于1947年在转战陕北时得到青化砭、羊马河、蟠龙战役三战三捷的胜利消息后写的一首诗，后来坐镇梁家岔得到彭德怀在沙家店战役中围歼了国民党的第36师、彻底粉碎了胡宗南对陕甘宁解放区的"重点进攻"后，又改写了首联和尾联：

秋风度河上，大野入苍穹。

佳令随人至，明月傍云生。

故里鸿音绝，妻儿信未通。

满宇频翘望，凯歌奏边城。

52. 刘邓西柏坡报捷　蒋介石南京下野

淮海战役胜利结束了。毛泽东的注意力一方面转移到了平津战略区对傅作义的战略作战上，另一方面开始集中考虑人民解放军如何渡长江南下、彻底打垮蒋介石、将中国革命进行到底的战略问题了。

这时的毛泽东，夜间仍旧同周恩来、刘少奇、朱德和任弼时开会研究对敌的方针和策略，白天有时则靠坐在办公室里的藤椅上，微闭着双目，让李银桥给他篦一篦头发。

每当这时，毛泽东总要同李银桥聊几句话，以缓解他日夜紧张的思绪。

一次，毛泽东一边让李银桥篦着头发，一边缓缓地说："银桥呵，淮海战役结束了，你说说看，这场战役哪个人的功劳大呀？"

李银桥思考着说："我说华野粟裕的功劳最大……"

"是么！"毛泽东平静地说，"淮海战役，粟裕立了第一功！"说着，毛泽东睁开了双眼，抬手指一指办公桌上的香烟，"给我吸一支烟。"

李银桥转身去拿了烟来，给毛泽东点着火。毛泽东坐在藤椅上，吸着烟又说："华东粟裕，很是个将才哩！淮海战役共歼敌55万，用了65日，单粟裕指挥的部队就歼敌44万，占了歼敌总数的80％，了不起么！"

李银桥说："我要是能上战场就好了，一定多打死几个国民党！"

毛泽东笑了说："你去不了呢，我这里需要你呢！怎么办呀？"

李银桥也笑了说："主席是解放军的大统帅，我在你身边，也就是上了前线。"

毛泽东又说："你很会考虑问题么！你是个老实人，也很爱学习，我身边确实需要你这样的人帮忙。现在与转战陕北时不一样了，形势变了，你看我再用一年半载，就能彻底打败蒋介石！"

李银桥问："南京解放了，我们把国都建在哪儿呀？"

"北平么！"毛泽东说，"建国都的事我已经讲过了。蒋介石在南京，依靠的是资产阶级、大资本家；我们把国都建在北平，要依靠广大的劳动人民。等全国都解放了，我们的人民政府，要想尽一切办法发展生产，让全国的老百姓都过上好日子。"

李银桥心想：毛泽东每时每刻都在想着全国的老百姓啊！

几天后，毛泽东在西柏坡会见了从前线到解放军总部来的刘伯承和邓小平。

平时，毛泽东每天早上不会客，主要是休息。这已是形成规律的事了。

这天下午4点多钟，刘伯承和邓小平走进了毛泽东住的院子，问李银桥："主席干什么呢？"

"等你们呢！"李银桥说罢，便领着他们走进了毛泽东的办公室。

这时，毛泽东还待在北屋里间的卧室内。李银桥先向刘伯承和邓小平让了座，然后对着里屋报告一声："主席，刘邓首长来了。"

里屋传出了毛泽东的声音："晓得了。"

听到毛泽东的声音，李银桥走出房间去沏茶水了……

当李银桥端着茶水再进屋时，见到毛泽东已经坐在藤椅上，正专心致志地听刘伯承汇报淮海战役的情况。

李银桥将茶水放在圆桌上，听刘伯承向毛泽东讲道："淮海战役，我们像嘴里含了个核桃，咬也咬不碎，吞也吞不进去。"

邓小平说："部队打得坚决，也很残酷。"

刘伯承接着说："最后到底还是咬碎了！"

毛泽东很关切地问："我们牺牲了多少人呀？"

刘伯承回答说："华野在战役中伤亡10万。"

毛泽东沉静了片刻，以很沉重的口气说："歼敌55万，消灭掉30万，还是值得的。"

邓小平慰藉毛泽东说："主席不要太伤感了，战争总会有牺牲。"

毛泽东唏嘘着说："要革命么，死人的事是经常发生的。"随即又说，"如果杜聿明早些放下武器，我们就不会伤亡这么大了。"

刘伯承补充说："华野的损失比我们的损失要大得多。"

邓小平也说："在淮海战役中，粟裕是立了大功的。"

"我晓得的。"毛泽东点点头，抬眼向办公桌望去。李银桥见了，知道毛泽东想吸烟了，立刻上前给毛泽东取了一支纸烟。

毛泽东吸着烟，又向刘伯承和邓小平问道："粟裕的身体还吃得消么？我晓得他经常头疼……"

刘伯承回答说："头疼病害得粟裕不浅，疼起来他说头晕目眩，恶心想吐，每根头发都像是钢针一样往肉里扎，碰都不敢碰……"

邓小平也以很沉重的语气说："他患了严重的高血压和心脏病，还有美尼尔氏综合征和肠胃病。"

"真够他受的呢！"毛泽东感叹道，"这样的身体状况还指挥着千军万马，战无不胜，是个奇迹呢！"

邓小平说："医生给他买了一个铝制的'健脑器'，有时还可以帮助头发散散热。"

"好么！"毛泽东说，"人才难得呀！粟裕常讲'华野离不开陈老总'，我看华野也少不得他粟裕么！"

直到这时李银桥才知道，原来身经百战而攻无不克、战无不胜的粟裕将军，身上竟还有这么多的疾病在残酷地折磨着他啊！

这时，李银桥又听毛泽东以很坚定的口气说："你们先好好休息一下，回去以后认真总结各方面的经验。告诉部队，休整以后，我们一定要打过长江去，解放全中国！"

"是！"刘伯承和邓小平齐声回答。

冬天天短。天黑时，毛泽东才结束了同刘伯承和邓小平的谈话。在这两个多小时的时间里，毛泽东招待他们的只是一杯清茶。

1949年1月14日，毛泽东接到平津战略区前线指挥部的来电，报称包围天津的解放军部队，在守敌指挥官陈长捷拒不放下武器的情况下，迫不得已向天津守敌发起了总强攻。

同一天，毛泽东以中共中央主席的名义，向南京国民党政府发出了关于时局的声明。

在声明中，毛泽东代表中共中央向国民党政府及其他任何国民党地方政府和军事集团提出了八项和平谈判的条件。

1月16日清晨，山野间寒冷的西北风凛冽地吹着西柏坡的大地，工作了一夜的毛泽东刚要离开办公室到卧室去休息时，离开此间不久的周恩来又快步返了回来："报告主席，又是一个好消息！天津解放了！"

"很快么！"毛泽东兴奋地说，"像天津这样的大城市我们都打下来了，那么北平和南京、上海和广州都将不在话下了！"

李银桥双手端着盛满了水的洗脸盆，高兴地说："这下子傅作义可没处跑了！"

毛泽东伸手示意周恩来在沙发上坐下来，说："对傅作义我们要缓一缓呢！"

周恩来说："或战或降，傅作义只有一条路可走。战，陈长捷就是他的榜样；降，可以保住北平的古建筑群，可以保住很多历史文化古迹，对他、对人民都是有很大好处的。"

"或降或战，由他选择！"毛泽东坚定地说，"北平我们是一定要进的！战，杜聿明和陈长捷就是他的榜样；降，我们可以给他开些更优待的条件，只要他不将北平城破坏掉。"

周恩来打着手势说："解放天津，我军只用了29个小时，歼灭了敌人的13万人马，活捉了陈长捷，傅作义在北平已经陷入绝境了！"

"这样一来，他傅作义只有投降了！"毛泽东微微一笑说。

"塘沽的敌人已经做好了从海上逃跑的准备，分析情况，就看北平的傅作义如何动作了。"周恩来提醒说。

"高树多悲风，海水扬其波。"毛泽东感叹道，"历史的潮流从来是不可抗拒的！我料想他傅作义不会到塘沽去，更不会跑去蒋介石那里找骂。"

这时，李银桥说："我去告诉大家天津解放了，让大家也都乐一乐！"

毛泽东点头说："去么！去告诉叶子龙和伍云甫，让他们电话各处通知一下。"

周恩来站起身来说："主席休息，我也该回去了。"

"那好。"毛泽东依然坐着说，"下午，你来，我们再研究一下调陈老总回华野的事，粟裕的身体不大好呢！"

"好的。"周恩来说罢，正想往外走，又被毛泽东叫住了：

"恩来呀，政治协商会议的事也要再议一议呢！"毛泽东站起身来，意犹未尽地说。

"好的。"周恩来回身说道，"主席，休息吧！"

"你们去吧！"毛泽东这才摆了一下手，示意周恩来和李银桥离开……

1月19日，毛泽东为着全国召开政治协商会议的事，给孙中山先生的遗孀宋庆龄写了一封邀请电函：

> 新的政治协商会议将在华北召开，中国人民革命历尽艰辛，中山先生遗志迄今始告实现，至祈先生命驾北来，参加此一人民历史伟大的事业，并对于如何建设新中国予以指导。

1月20日上午，李银桥趁毛泽东在卧室休息之际，开始收拾毛泽东办公桌上的笔墨纸砚，见到铺在桌上的竖条纸上，毛泽东用大笔写了《致司徒美堂》，有两三页纸，不规则地摆放着。李银桥将信稿收拾整齐，用石条镇纸压放在了桌子的一角。

司徒美堂，是曾任美洲致公党主席的爱国华侨领袖。毛泽东在写给他的信中说：

> 中国人民解放斗争日益接近全国胜利，召开新的政治协商会议，建立民主联合政府，团结全国人民及海外侨胞的力量，完全实现中国人民的独立解放事业，实为当务之急。为此，亟待各民主党派各界民主人士共同商讨。至盼先生摒挡公务早日回国，莅临解放区参加会议。

同日下午，李银桥见毛泽东又给爱国华侨陈嘉庚写了一封信：

> 中国人民解放斗争日益接近全国胜利，召开新的政治协商会议，建立民主联合政府，团结全国人民及海外侨胞力量，完成中国人民独立解放事业。为此亟待各民主党派及各界领袖共同商讨。先生南侨硕望，人望所归，谨请命驾北来，参加会议。

1月21日，毛泽东针对南京国民党政府行政院会议在1月19日上午做出的所谓"决议"，以中共发言人的名义，代表中共中央写了《中共发言人评南京行政院的决议》一文，有针对性地进一步揭露了国民党高唱"和谈"的虚伪嘴脸。

同一天，迫于全国战场上国民党军队的损兵折将和节节败退，迫于人民解放军即将渡江作战的强大态势，同时也是迫于美国、英国、法国政府的明确表态不再给予中国国民党政府以继续援助，迫于国民党内部各派系之间的勾心斗角、分崩离析，身为国民党政府总统的蒋介石无可奈何地辞去了"总统"的职务，宣告"引退"了。

蒋介石名义上辞去了"总统"职位，但并未放弃权力，依然担任着国民党中央"总裁"的职务，桂系军阀头子李宗仁也只是被推到了前台，当了国民党千疮百孔的政府的"代总统"。

1949年1月22日，毛泽东在西柏坡就蒋介石假"引退"、实顽抗的借以保存实力以求一逞的伎俩，向新华社写了《蒋介石"引退"真相》的评论文章。同日，困守北平的傅作义面对"无可奈何花落去"的形势，利用电台和报纸发布消息，说是为了"缩短战争，获致和平，借以保全北平故都基础与文物古迹"，宣布自22日上午10时起"休战"。

53. 江青乘兴话语多　米高扬到西柏坡

傅作义宣告"休战"，北平和平解放在即。

这时，国民党困守绥远、大同的部队，在解放军重兵围攻的态势下，也发出了"休战"待编、待遣的信息。

这些天，西柏坡的人们满怀着无比喜悦的心情，纷纷议论着北平快要解放了，过不了多久党中央就要迁往北平去了，毛泽东将在北平指挥解放军彻底打败蒋介石、解放全中国的战斗……

江青这些天也显得很高兴，精神也特别的好。在一次生活会上，她毫无节制地对工作在毛泽东身边的人们说了好多话、讲了许多事。

江青眉飞色舞地讲了她在1938年24岁的时候在延安同毛泽东结婚的情景，说虽然没有举行什么结婚仪式，但毛泽东邀请了不少人去到枣园的窑洞里，大家在一起吃了饭、喝了喜酒；还讲她在延安如何协助毛泽东抄写文稿，一抄就是大半夜，从来没有感觉到困和累；讲她如何帮助毛泽东组织材料撰写《中国革命和中国共产党》，并说："文章开头的第一段，就是我写的呢！"还讲她在1945年随毛泽东去重庆同蒋介石谈判，身在龙潭虎穴中的毛泽东如何泰然自若地对付各种复杂、危险的情况……

工作人员们听了，有人很感兴趣，也有人不以为然。李银桥听了，心想：我听说毛泽东去重庆谈判是为了国家的前途和人民的命运，你江青借口看牙医去重庆是为了重温一下大城市里的生活，根本是毫不相关的两码事，只不过是同时去罢了，为什么非要往自己的脸上贴金呢……

争强好胜的江青根本不理会听的人的心态，只顾自己绘声绘色地继续讲着，讲述她跟随毛泽东转战陕北时的许多故事，讲毛泽东如何胆量大、在大山中和敌人捉迷藏，牵制了胡宗南的主力部队；讲毛泽东化名"李德胜"，指挥西北野战军如何取得了青化砭、羊马河、蟠龙三场大战的胜利，歼灭了敌人的大股有生力量；还讲毛泽东如何在梁家岔坐镇，在距离敌人仅5公里的地方，指挥彭德怀在沙家店打了一个大漂亮仗，彻底粉碎了胡宗南对陕甘宁解放区的"重点进攻"；讲她如何在艰难困苦的境况下，照样坚持爬山、徒步行军……

李银桥心中暗自嘀咕：你怎么不讲讲如何同毛泽东吵架、如何强行留下贺老总送的好马自己骑的事啊？

李银桥觉得江青有着很强的表现欲，说起话来好像没完没了，依旧滔滔不绝地讲着她自己如何协助毛泽东做了多少工作，讲述毛泽东在百忙中如何同时密切注视华北、华东、中原和东北几大战场的情景，讲毛泽东如何指挥各野战军部队同国民党的几百万军队作战。江青讲述这一切的主要目的，还是讲她如何日夜协助毛泽东处理忙不过来的工作……

李银桥心想：毛泽东总是夜里工作，你江青是夜里睡觉；毛泽东习惯每天上午休息，你江青每天上午都是到各处去溜达，怎么能讲你日夜都在协助毛泽东呢？

江青正讲着，她姐姐李云露找来了，这才将江青不胜其烦的话语截断了。

江青离开后，人们又议论起了毛泽东的家事，说全国就要解放了，毛泽东的四个儿子和两个女儿，大儿子岸英和小女儿李讷已经在身边了，二儿子岸青和大女儿娇娇也该从苏联回来了,三儿子岸龙和贺子珍随红军长征时托养在赣南的儿子也有找回来的希望了……

这时有人说:"贺大姐如果从苏联回来了,江青怎么办?"

有人笑了说:"组织上肯定有办法!再说毛主席能指挥千军万马,还处理不了这点小事儿?你别瞎操心了!"

在座的人都笑起来。这时李银桥看了看坐在众人身后的韩桂馨,两个人的心中都在想:要是毛泽东和他的这些孩子都团聚了,该是多么幸福的事啊!

这期间,毛泽东代表中央军委签署了命令:

改西北野战军为中国人民解放军第一野战军,改中原野战军为第二野战军,华东野战军为第三野战军,东北野战军为第四野战军,华北军区的三个兵团为中国人民解放军总部的直属部队。

1949年1月25日,毛泽东以中共发言人的名义,就国民党迫于形势、再次提出"和谈"的建议,向新华社记者发表了谈话。指出:

我们允许南京反动政府派出代表和我们谈判,不是承认这个政府还有代表中国人民的资格,而是因为这个政府手里还有一部分反动的残余军事力量。如果这个政府感于自己已经完全丧失人民的信任,感于它手里的残余反动军事力量已经无法抵抗强大的人民解放军,而愿意接受中共的八个和平条件的话,那么,用谈判的方法去解决问题,使人民少受痛苦,当然是比较好的和有利于人民解放事业的。

关于谈判地点,毛泽东在谈话中说:"要待北平完全解放后才能确定,大约将在北平。"

1月26日,毛泽东再一次约见了新华社的记者,要他们宣传自己在1月14日以中共中央主席的名义发表的《关于时局的声明》,宣传在声明中所提出的关于和平谈判的八个条件,"不要另提口号"。同时，毛泽东还就华中某分区地委一级同志不向上级请示，擅自回答从广州来的一个外国记者及从上海来的一个中国杂志社记者很多带有侦察性和挑拨性的问题一事，告诫新闻工作者，"勿擅自向外表示态度"。

1月28日，已经是农历的腊月三十了。

毛泽东在辞旧迎新的这一天，以中共发言人的名义向外界发表了《关于命令国民党反动政府重新逮捕前日本侵华军总司令冈村宁次和逮捕国民党内战罪犯的谈话》。

谈话中指出，冈村宁次是"日本侵华派遣军一切战争罪犯中的主要战争罪犯，今被南京国民党反动政府的战犯军事法庭宣判无罪。中国共产党和中国人民解放军总部声明：这是不能容许的"。"我们现在向南京反动政府的先生们提出严重警告：你们必须立即将冈村宁次重新逮捕监禁，不得违误。"并告诫说，"其他日本战争罪犯，暂由你们管押，听候处理，一概不得擅自释放或纵令逃逸，违者严惩不贷。"

谈话中还再一次指出了国民党假和谈的阴谋，重申了共产党意欲和谈的诚意，并要求国民党以李宗仁为"代总统"的现政府"必须立即动手逮捕一批内战罪犯"，其主犯尤其是"蒋介石、宋子文、陈诚、何应钦、顾祝同、陈立夫、陈果夫、朱家骅、王世杰、吴国桢、戴传贤、汤恩伯、周至柔、王叔铭、桂永清等人[①]"。

对于蒋介石，毛泽东还着重指出：

> 特别重要的是蒋介石，该犯现已逃至奉化，很有

[①] 宋子文，国民党财阀，曾任国民党政府财政部长、行政院长、外交部长、驻美国特使等职；陈诚，曾任国民党参谋总长，当时任国民党政府台湾省主席；何应钦，曾任国民党参谋总长和国防部长；顾祝同，当时任国民党军队参谋总长；陈立夫、陈果夫、朱家骅都是国民党CC派的主要头目；王世杰，曾任国民党政府的外交部长；吴国桢，当时任国民党政府的上海市长；戴传贤，即戴季陶，长期充当蒋介石的谋士，当时是国民党中央常务委员；汤恩伯，当时任国民党京沪杭警备总司令；周至柔，当时任国民党空军总司令；王叔铭，当时任国民党空军副总司令兼参谋长；桂永清，当时任国民党海军总司令。

可能逃往外国，托庇于美国或英国帝国主义，因此，你们务必迅即逮捕该犯，毋令逃逸。此事你们要负完全责任，倘有逃逸情事，必以纵匪论处，决不姑宽，勿谓言之不预。

1949年1月29日，是农历牛年的正月初一，春节到了。

1949年1月31日，即农历正月初三。凌晨，一架苏联的军用飞机降落在了河北省的石家庄机场。

乘飞机来中国的苏联代表人物是苏共中央政治局委员米高扬，其他人员还有苏联在中国东北铁路局的格瓦洛夫，以及翻译格瓦廖夫、警卫员共四人。他们是奉了苏联共产党中央总书记和苏联红军最高统帅斯大林的派遣，来中国同毛泽东和共产党人进行秘密访问与商谈事情的。

毛泽东早已得到消息，这一天派了中共中央办公厅副主任兼俄语翻译师哲和中共中央机关办公处副处长汪东兴带了吉普车同去石家庄迎接苏联客人。

米高扬等苏联客人一走下飞机，立即由师哲和汪东兴陪同，乘坐吉普车向西柏坡疾驶。

吉普车驶到毛泽东住处门口时，穿了件旧棉大衣的毛泽东立刻热情地迎了上去，同米高扬亲切地握手说："欢迎！欢迎！"

师哲在一旁翻译着，侍卫在毛泽东身旁的李银桥见米高扬一边同毛泽东握手寒暄，一边用他们的话说什么"司巴塞巴、司巴塞巴"，师哲翻译说是"谢谢、谢谢"的意思，毛泽东才热情地大笑起来。

李银桥又听米高扬对毛泽东说"兹特拉司特乌依节，普列些达节里毛"，还说"奥琴，普里亚特那"什么的，反正是俄语，一句也听不懂。师哲翻译说是："毛主席，您好！非常高兴见到您！"

毛泽东爽朗地大声笑道："米高扬同志好！我们都是共产党人，一律称同志，不要称我主席么！"

师哲将毛泽东的话翻译了，米高扬随即改口说："兹特拉司特乌依节、达瓦里西毛泽东！"

师哲又将米高扬的话翻译了："毛泽东同志，您好！"

毛泽东笑着说："这就对了么！"

李银桥见米高扬穿戴得很气派，圆领皮大衣，圆筒皮帽子，显得很神气。而毛泽东穿的那件旧棉军大衣既没棱也没角，衣袖上还堂而皇之地补着块旧补丁。

进院后，毛泽东卫士组的人们早已为苏联客人准备好了腾着热气的洗脸水；洗脸后，米高扬等人走进了毛泽东那简陋的办公室，坐下来开始喝茶水、休息。

这时，周恩来、朱德、刘少奇和任弼时都来了，每个人身上穿的也都是旧棉军衣。担任工作翻译的依然是师哲，毛岸英也来了，他的任务是为苏联客人担任生活翻译。

李银桥侍卫在毛泽东的办公室里，为毛泽东等中央首长和米高扬他们倒茶水、点香烟。

米高扬通过苏联翻译对毛泽东说："斯大林同志讲，毛泽东同志和中共中央的其他领导同志在残酷的战争中，亲临前线指挥部队作战，只用了两三年的时间就打了这么多的大胜仗，解放了大半个中国，真为你们的胜利感到高兴！"并说，"向你们祝贺，向你们致敬！"

毛泽东很客气地笑着通过师哲翻译说："谢谢斯大林同志的关心，谢谢斯大林同志派你们来和我们一起研究我们的意见。"

米高扬继续说："我们是受了斯大林同志的委托，来听取中共中央和毛泽东同志的意见的，回去以后如实向斯大林同志汇报。我们只带了两只耳朵来听，不参加讨论决定性的意见，希望能得到中国同志们的谅解。"

毛泽东挥着手说："我是想要到苏联去的，同苏联同志谈谈，同斯大林同志谈谈，以便你们能很好地了解我们的实际情况。我等斯大林同志的答复，现在斯大林同志派了你们到中国来听取我们的意见,这样安排也很好。"

米高扬通过翻译解释说:"斯大林同志是很关心中国革命形势的发展的,经过研究,认为中国人民解放战争正处在关键时刻,毛泽东同志是不可以离开指挥作战的统帅岗位的。同时,中国境内的交通也不大便利,还要通过敌人的封锁线,往返苏联的时间会很长,也不安全,恐怕影响毛泽东同志的身体健康。所以斯大林同志决定派我们来这里,听取兄弟党和毛泽东同志的意见。"

毛泽东表示很理解:"好么!米高扬同志来了,我们可以认真谈一谈,好好谈一谈么!"

同一天,也就是在米高扬到达西柏坡的时间里,在人民解放军重兵围困和强大的政治攻势面前,经由毛泽东多次电示和前线指挥部的努力争取下,北平20余万国民党军在傅作义将军的率领下终于接受了解放军的和平改编。解放军部队随即于当日整装列队进入北平,北平宣告和平解放了。

至此,整个平津战役以人民解放军的胜利宣告结束。

在这一战役中,人民解放军共歼敌和改编了国民党军队52万余人。

喜讯传到西柏坡,毛泽东很高兴,周恩来、刘少奇、朱德和任弼时一起聚在毛泽东的办公室里,心情振奋地畅谈起了发生在三大战役中的许多事情。

由于有苏联客人的到来,中共中央的五大书记缩短了对三大战役中诸多事情的谈论,开始陪同米高扬他们喝酒吃饭去了……

54. 中苏会晤谈国事　辣椒比酒味更浓

1949年2月1日，毛岸英辞去了为苏联客人担任生活翻译的临时任务，随即陪同两位扫雷专家，带领着华北军区的一个工兵排，作为中央机关的先遣队，首批赶赴北平了。

从2月1日开始，在一周的时间里，中共中央的五大书记同斯大林派来的代表，在西柏坡举行了三次正式会谈。

由于毛泽东习惯了上午休息，所以苏联客人也遵从了毛泽东的习惯，每次会谈从下午3时左右开始，一直谈到深夜12点钟。

其间，毛泽东和其他中央书记，分别到米高扬住的后沟去进行了礼节性的探望，米高扬也几次来到毛泽东的住处看望了毛泽东。

会谈中，毛泽东向米高扬认真详细地解释了中国革命的特点，着重强调了中国与苏联及东欧诸社会主义国家不尽相同的独特国情，一切应该也必须从中国的具体实际情况出发。毛泽东几次恳请米高扬回国以后转告斯大林，关于中国革命的特点和实际情况，希望兄弟党的同志们予以了解、理解和支持，无须有任何不切合实际的疑虑。

谈到中国的土地改革运动，米高扬很委婉地表示，把在革命战争中用武力手段好不容易才没收来的地主的土地又毫无代价地分给农民，未免太可惜了。他说按照马克思和列宁主义的观点，集中起来的土地和农民，应该在共产党的领导下办集体农庄，才是最为适当的道路和方法。

毛泽东微笑着，极其耐心地向米高扬解释了中国解放区的实际情况，着重强调了中国虽然是一个农业大国，但在半封建、半殖民地社会的长期统治下，农业经济是落后分散的自然经济，实际上是一种不能自给自足式的小农经济，遇到自然灾害根本无法抵御。成千上万的农民长期生活、生长在贫穷、落后的偏僻农村，有着根深蒂固的封建传统和农民意识，农民只有分到了土地才会感到真的翻身得到了解放，才会相信共产党人领导的革命事业是为了全中国的劳苦大众。从他们的切身利益出发，要保卫分得的土地，就会踊跃参军参战，用胜利来保卫自己的家园，建立向往的美好生活。

毛泽东通过翻译向米高扬讲，中国人民的解放战争，就是因为有了两百万农民的积极参军，近千万农民的后方保障和自愿支援前线，才取得了今天这样伟大的胜利，才有可能在不久的将来夺取全国范围内的最后的彻底胜利。

在会谈中，米高扬等人又流露出苏联方面希望看到中国共产党不要再打下去的意向，就此以长江为界与国民党南北分治，表示担心继续打下去会引来美国的直接军事卷入。

翻译把米高扬等人的意向讲了，在座的周恩来、刘少奇、朱德和任弼时的脸上都露出了不悦的神色。毛泽东却哈哈大笑起来，随即以不容质疑的语气果断表示，中国共产党人一定要将中国的革命事业进行到底，国民党反动派如不投降，就将命令人民解放军奋勇前进，坚决、彻底、全部、干净地歼灭中国境内一切敢于顽抗的敌人；中国人民一定要解放全中国，一定要保卫中国主权的领土完整。

谈到美国可能军事卷入，毛泽东又精辟地阐述了他的关于"一切反动派都是纸老虎"的著名论断，并且通过师哲翻译说："我们攻打济南，已经进入青岛等地的美国第七舰队就没敢动么！我们打天津，驻在塘沽的美国舰队没等我们打就逃跑了。"

说到这里，周恩来和刘少奇、朱德、任弼时都爽朗地笑起来，米高扬等苏联客人也只得随着笑了。毛泽东继而挥着大手告诉米高扬说："请斯大林同志放心，如果美国人和我们作战，我们会毫不客气地消灭他们！"

米高扬通过苏联翻译表示，他们是受了斯大林的委托来听取中共中央毛泽东主席的意见的，回去以后会将中国共产党和毛泽东主席的见解如实向斯大林汇报。

毛泽东在向米高扬解释中国革命的特点和理由时强调，中国即将成立的民主联合政府，与苏联及东欧各社会主义国家的组成形式有很大不同，但这个政府的性质和宗旨仍然是在共产党的统一领导下，坚决走社会主义与共产主义的道路。这一点，特别希望能够得到斯大林和兄弟党同志们的了解和支持。

米高扬说他只是带着耳朵来听的，不参加讨论中共任何决定性的意见，希望毛泽东和中共领导同志们能够予以谅解。

毛泽东高兴地说："那好么，我们吃饭！"

从2月1日到2月6日，中共中央的五大书记一共招待米高扬等苏联客人吃了三次饭。

米高扬他们带来了很多的罐头食品，还有不少的伏特加酒，每次拿出来都要摆满一桌子。西柏坡是个偏僻的小山村，没有什么好的吃食用来招待客人。毛泽东便让厨师杀了自己人养的猪、宰了鸡，再就是派人去滹沱河里捕来了新鲜的活鱼。

在酒席上，苏联人虽然不会用筷子，但却很能喝酒。米高扬用了一只玻璃杯喝中国的汾酒，就像喝凉水似的，大半杯子酒一口气就灌进肚里去了。中共的五大书记中，只有周恩来有些酒量，此时却也不敢与端着玻璃杯"咕咚咕咚"直往肚里灌的米高扬比。毛泽东是位历来沾酒就脸红的人，朱德正害着喉炎不能喝酒,刘少奇平时就喝不多,现在也只是用小酒盅喝那么一点点白酒,任弼时患有高血压,就更不能喝了。

酒席上,整个气氛是很愉快的。可毛泽东不大喜欢看苏联人喝酒的那种大出风头的神态,所以每次敬酒要不了多长时间,他就招呼李银桥等人盛饭:"吃饭了,吃饭了!尝尝我们滹沱河里的鱼么!"

每次苏联人喝酒似乎都未能尽兴,对此未免有些遗憾。但当他们品尝着中国人做的红烧鱼和熘鱼片时,又都赞不绝口地夸奖说:"哈拉少,奥琴哈拉少!"

李银桥听师哲翻译,不是说"好,非常好!"就是"好吃,真的好吃!"

米高扬夸赞说:"人们都说中国的饭菜好吃,我们就是不会做。将来中国革命胜利了,我们要派人来中国学习做饭烧菜,增加西餐的花样。"

米高扬的话被师哲译成汉语后,毛泽东很高兴地说:"我相信,一个中药,一个中国菜,这将是中国对世界的两大贡献哩!"

这时,苏联翻译指着桌上的红烧鱼问:"这是从河里新捞上来的活鱼吗?"

当苏联人得到了肯定的答复后,他们才用叉子叉了又叉地将鱼肉往各自的嘴里送。毛泽东见了,轻声向李银桥说了几句话以后,便抬眼皮看了看狼吞虎咽的苏联人,不再说什么了。

再上菜时,桌上摆上了一大盘红红的炒辣椒,油光光的很诱人。米高扬示意翻译问一问这是道什么菜。翻译问了,毛泽东先是用筷子夹一大口津津有味地嚼在嘴里,然后才说:"这在中国叫作炒辣椒,是我们湖南的家乡菜,好吃得很哩!"

说罢,毛泽东亲自动手用另一双筷子为米高扬夹了一大撮辣椒,并且打趣说:"在我们这里,不能吃辣椒就是不能革命哩!"

翻译将毛泽东的话翻译了,米高扬先是点头笑着将毛泽东夹给他的辣椒统统送进了口中,没等嚼上几口,便辣得他张大了嘴巴直哈气,连眼睛里都被辣出泪水来了。毛泽东笑道:"你们能喝酒,比不过我们能吃辣椒。辣椒比酒味儿更浓么!"

师哲将毛泽东的话翻译成俄语后,米高扬略显尴尬地不知说什么好,周恩来急忙缓和气氛说:"在我们的革命队伍里,也有许多同志吃不了辣椒呢!在中国,只有湖南、四川两地的人,才敢像毛主席那样吃辣;别的地方的人,很少有不怕辣的。"

米高扬听翻译解释后,连忙用俄语说:"涅特,涅特!"

通知厨房做了炒辣椒的李银桥这时听师哲翻译说是"不,不!"

米高扬随即又说:"我们领教了毛主席的厉害了!"

当翻译将米高扬的这句话用汉语讲出后,在座的人都放声大笑起来……

米高扬住在后沟,当毛泽东再一次去看望他时,两个人谈了有半个多小时的话。米高扬一再表示非常敬佩毛泽东,说:"我们回去以后,马上将中国的情况向斯大林汇报。"

毛泽东说:"希望我们以后在北平再见面。"

当苏联人在西柏坡的日子里,毛泽东依然为中国的革命事业做着大量的工作。

1月31日,在会见米高扬的当天,也正是解放军进驻北平的日子。毛泽东向新华社送交了《中央社窜改中共发言人声明用意何在》和《北平解放》两篇文章。

2月1日,毛泽东将他写的《北平问题和平解决的基本原因》一文送交新华社。

2月2日，毛泽东又给已经到了解放区的在各方面都较有影响的爱国人士李济深、沈钧儒、马叙伦、郭沫若写了一封长信：

> 中华民族与中国人民的解放斗争，百余年来，前仆后继。无数先烈的鲜血，洒遍了锦绣山河，亿兆后起的人民，表现了英雄气概。此次人民解放战争之所以胜利，是由于全国人民不畏强御，团结奋斗，各民主党派各人民团体一致奋起，相与协力，从而使人民解放军获得各方面的援助，使人民的敌人完全陷于孤立，胜负之数，因以判明。现在残敌尚存，诡谋时作。求喘息谓为求和平，待外援名曰待谈判。口诵八条①，手庇战犯，眼望美国，脚向广州②。欲求人民解放斗争获得最后胜利，必须全国一切民主力量同德同心，再接再厉，为真正民主的和平而奋斗。诸先生长期为民主事业而努力，现在到达解放区，必能使建设新中国的共同事业获得迅速的成功。

2月5日，毛泽东以中共发言人的名义发表了《关于和平条件必须包括惩办日本战犯和国民党战犯的声明》。

2月6日，米高扬等苏联客人离开了西柏坡。

---

① 八条，指1949年1月14日中共中央主席毛泽东提出的关于同南京国民党反动政府进行和平谈判的八项条件。
② 脚向广州，指当时国民党反动政府的行政院和立法院已离开南京迁往广州。

第六篇

开七届二中全会告诫全党　沐春风踏征途毛泽东进京

◎ 毛泽东太疲劳了，便抽时间在藤椅上坐下来，让李银桥给他篦篦头发，说这是一种休息脑子的好方法，也是一种"享受"。毛泽东的另一种"享受"是吃红烧肉，再一种"享受"就是让人陪他去散步。

◎ 1949年2月中旬的一天下午，李银桥又一次给毛泽东篦头发时，忽然发现了一根白发。"哎呀！"李银桥这是第一次见到毛泽东有了白头发，不由得叫了一声，"主席，你有白头发了！"李银桥见毛泽东的眉梢稍稍动了一下，却没有说话。李银桥小声问："拔下来吧？"毛泽东沉静了片刻，说："拔么！"

55. 毛泽东关心战士　小组会议论江青

自从1948年9月12日辽沈战役打响，一直到1949年1月10日淮海战役结束和1月31日平津战役结束，三大战役共计历时4个多月。周恩来、刘少奇、朱德、任弼时等人一直工作在毛泽东那间仅有20平方米的办公室里，伴同毛泽东一起度过了141个不眠之夜，取得了人民解放军建军史上空前的伟大胜利。

这时，苏联人已经离开了西柏坡。

毛泽东太疲劳了，便抽时间在藤椅上坐下来，让李银桥给他篦篦头发，说这是一种休息脑子的好方法，也是一种"享受"。

毛泽东的另一种"享受"是吃红烧肉，再一种"享受"就是让人陪他去散步。

1949年2月7日下午，李银桥和阎长林陪着毛泽东到村外去散步，三个人走在割了稻子的田边上，毛泽东忽然问道："你们晓不晓得张瑞歧呀？"

李银桥回答说："知道，就是大老张。"

阎长林也说："他是在陕北参军的，今年都30多了。"

"哦。"毛泽东边走边问，"他走了没有哇？"

"没有。"阎长林回答。

毛泽东又问："他家里不是给他说下一个媳妇么，为么事还不回去呀？"

阎长林说："他说不走了，他要把主席送到北平去。"

毛泽东停住了脚步，感慨地说："他这个同志，都30多了，还没顾得结婚。我们离开陕北时，我曾劝他不要过黄河，他说要把我送到河北再回去。我同意了，答应他来看看河北的大平原，如今他又要送我去北平，真是个好同志呢！"

在李银桥的脑子里，张瑞歧是个30来岁的老警卫战士了。知道他参军前是一个地地道道的农民，常年在黄土地上辛勤劳作，风吹雨打太阳晒，皮肤显得有些黑也有些粗糙，他显得比实际年龄大些，所以大家都习惯地喊他"大老张"。

张瑞歧确实是个老实人，可以说是个典型的西北汉子。中央机关快要离开陕北东渡黄河的时候，毛泽东曾经让各单位的领导同志征求一下人们的意见，有愿意留在陕北的同志，可以不到河东去。战友们听说老张的家里已经为他说好了一房媳妇，准备等他回家去结婚呢，就纷纷同他开玩笑逗他。这件事传到了毛泽东的耳朵里，毛泽东特意找来张瑞歧关切地问他："瑞歧同志，家里不是给你定亲了么？"

"是的。"张瑞歧也承认确有其事。

毛泽东当时就对他说："你已经30多岁了，还顾不得结婚，你不要去了。"

"我不走了。"张瑞歧一是舍不得离开毛泽东，二是舍不得离开部队，就说，"我要把主席送到河北再回去。"

毛泽东同意了："那就照你说的办，去看看河北的大平原吧！"

直到现在，来西柏坡的时间已经10个多月了，北平也已经解放了，毛泽东没想到张瑞歧还没回去成亲，又听说了他还要坚持再送自己到北平去，便笑着对阎长林说："你去把张瑞歧同志叫来，我要同他谈一谈呢！"

李银桥陪毛泽东散步回到村上，阎长林已经把穿着一身灰布军棉衣、打着裹腿的张瑞歧叫到了毛泽东住的院子里。

张瑞歧走进了毛泽东的办公室，毛泽东仍是以很关心的语气，问着一年前的同一个问题："瑞歧呀，大家都叫你大老张，说明你比他们都大一些。现在北平解放了，离全国解放的日子也不远了，你可以回陕北成亲去么！"

"我不走了。"张瑞歧回答的似乎也还是一年前的话，"我要把主席送到北平再回去。"

"为么事呀？"毛泽东又问。

"我们家乡的人都没有走出过山沟沟，我要去看看皇上住的地方，好回去讲故事。"张瑞歧思考着说。

毛泽东沉静了片刻，然后亲切地对他说："反正很快要到北平了，你去北平看一看也好么，回去以后好好对你的老人和未婚妻讲一讲北平的故事。"

这样，张瑞歧又留了下来。

2月8日，毛泽东在他的办公室里为中央军委起草了回复给人民解放军第二、第三野战军的电报，指示要把军队变为工作队。

这个电报，同时发给了其他有关的野战军和有关的中央局。

毛泽东在这个电报里充分估计到在三大战役以后，严重的战争时期已经过去，因而及时地提出了人民解放军"不但是一个战斗队"，同时必须"是一个工作队"，而且在一定的条件下要主要地担负工作队的任务。

1949年2月中上旬的一天，在一次党小组会议上，工作在毛泽东身边的人们认真学习讨论了毛泽东要"把军队变为工作队"的指示，大家都认为这个方针对解放区干部问题的解决和人民革命事业的顺利发展一定会起到十分重要的作用。

党小组会讨论休息时，李银桥走去毛泽东的办公室里看一看有没有什么需要办的事情，其他的人不知怎地议论起了江青的一些情况。

先是有人说："全国快解放了，贺子珍大姐要是从苏联回来了，我看江青怎么办。"

"你操那份心干啥！"有人制止说，"党中央和毛主席自然会有好办法。再说了，听说贺大姐早在1947年秋天，就带着女儿随着中共驻共产国际代表团的团长王稼祥和夫人朱仲丽，从莫斯科回到了哈尔滨。"

又有人说："哪儿呀！贺大姐现在带着女儿早就到沈阳了！"

还有人说："先不说贺大姐的事，还是说说江青吧——也不知道她到底是哪一年生的人，多大岁数了。"

有人笑了说："女人的年龄本身就是个猜不透的谜！"

"你瞎说什么呀？"坐在人后的韩桂馨说，"不是每个人的年龄都保密！"

"不能简单地这样看问题。"提出问题的人说，"她自己有时说是1912年，有时又说是1914年，也不清楚她到底生在哪一年。"

"这事儿也不用你们操心！"韩桂馨忍不住又说，"毛主席肯定清楚，组织上也肯定知道。"

"嘿，还有她的党籍问题！"有人发话说，"江青曾说她是1932年入的党，有人传说她是1934年入的党，也不知道她究竟是哪一年入党的。"

这时有人解释说："在延安整风时，康生在中央党校，证明过江青是1933年入的党。"

"这就奇怪了！"有人不理解地说，"一个入党时间问题，怎么会出了三个年头？"

有人说："康生和江青都是山东老乡呢！"

还有人说："江青她妈在康生家里当过保姆呢！"

又有人说："康生是江青她妈当过保姆这家人家的二少爷！"

有人问韩桂馨："李组长跟江青去了趟济南，能不清楚这事？"

"跟江青去济南的人多了，反正我什么也不知道。"韩桂馨不置可否地说。

有人又说："她说她1932年入的党，可她又说她的入党介绍人王某不知跑到哪儿去了！"

有人解释说："她的入党介绍人不姓王，姓王的那个人是他们的党支部书记；她的入党介绍人姓黄，叫黄敬，听说他们是在青岛时认识的。"

这时韩桂馨也说："我也听江青同志说起过黄敬这个人。"

李银桥回来了，他一听大家在议论江青，立刻瞪了眼睛说："你们吃饱了撑的？没事干了？都给我闭嘴！"

有人争辩道："这是党小组会，又不是犯自由主义……"

"这是扩大了的小自由主义！"李银桥毫不客气地批评说，"没有组织上的意见，党小组会上也不准瞎议论！"

又有人不服气地说："既然是在党小组会上公开讲，就不能算是犯自由主义。"

李银桥毫不容情地说："在这个问题上，没有上一级领导的布置，就是犯了自由主义！"

进行争辩的人又说："那有些问题，总该搞清楚吧？"

李银桥不留余地地说："那也得看是哪些问题，在这个问题上，党小组没有讨论的必要！"

石国瑞说："李组长，你今天这是怎么了？别是从哪儿吃了枪药了吧？"

"我就是从你们这儿吃了枪药了！"李银桥武断地说，"大家都听我的，从现在起，这事儿以后不准再议论！"

孙勇附和道："算了，算了！大家都听组长的，以后不再议论这件事了！"

这样，人们一时都不吭气了。过了一会儿，小组会继续学习讨论毛泽东关于"将革命进行到底"和"把军队变为工作队"的指示……

坐在众人身后的韩桂馨心里知道，江青身上确实有好些谜，尤其对她30年代在上海时的一些事情，江青一直讳莫如深；但韩桂馨也明白，李银桥这样做是为了维护毛泽东的声誉，也是为了遵守党的纪律，同时也是为了党小组的每一个人，免得传扬出去被江青知道了，说不准该着谁要挨批评呢！

到了晚上，当小两口单独在房间里时，韩桂馨责怪李银桥说："你看你白天在党小组会上那个态度，有话就不能好好说？"

"好好说？"李银桥反驳道，"我瞪着眼说他们还不听呢！再好好说，他们就更不听了！"

"这他们就听你的了？"

"他们总会听的。"李银桥无可奈何地说，"我也是为了大家好，这事儿要是让江青知道了，那还得了？在杨家沟有人议论了她的党籍问题，恨得她牙根痒痒的跟什么似的，这次要是再被她知道了，还不把人活吃了！"

韩桂馨笑了："看你说的，把江青同志说得也太厉害了！"

李银桥也笑了："息事宁人吧！现在全国快要解放了，大家也快要进北平了，我可不愿意看到有谁在这个时候，跟随毛主席多少年，就因为一时的不注意，说了一两句不该说的话而进不了北平！"

"毛主席的度量大得很呢！"韩桂馨说。

李银桥点头说："可江青不是主席啊！我们总得为主席的声誉着想吧？这事儿周副主席早就嘱咐过我，你以后也得小心在意呢！"

"嗯。"韩桂馨也点头说，"我听你的……"

56. 热情会见傅作义　统一待命整行装

1949年2月中旬的一天下午，李银桥又一次给毛泽东篦头发时，忽然发现了一根白发。

"哎呀！"李银桥这是第一次见到毛泽东有了白头发，不由得叫了一声，"主席，你有白头发了！"

李银桥见毛泽东的眉梢稍稍动了一下，却没有说话。

李银桥小声问："拔下来吧？"

毛泽东沉静了片刻，说："拔么！"

李银桥这才小心翼翼地择出了那根白发，用两个手指捏紧了，猛地一拔——凑近眼前看了看，连头发根都拔出来了。

李银桥将拿在手上的那根白发送到毛泽东的面前，轻声说："主席，你看。"

毛泽东用眼睛看着那根白发，眼皮都不眨一下，皱紧的眉头渐渐舒展开来，但没有动手接。

李银桥收回手，听毛泽东轻轻呼出一口长气，用略带沙哑的声音笑了说："噢，白了一根头发，胜了三大战役，值得！"

李银桥悄悄地将那根白发放进了自己的衣袋里，继续为毛泽东篦头……

回到自己的"小家"以后，李银桥同韩桂馨讲了这件事，并拿出了那根白头发让韩桂馨看。韩桂馨见李银桥又在为毛泽东的辛苦和生活的无规律而感慨，便伸手接了那根头发，随即喊着逗他说："银桥，你好大胆！竟敢在主席头上拔毛！"

李银桥无心思和她逗，只是深深地叹了一口气说："唉，主席真是太辛苦了……"

事实情况也正如李银桥所感慨的那样，身为共产党中央主席的毛泽东为了中国人民的解放事业，的的确确是太劳神、太辛苦了……

2月15日，毛泽东为新华社再一次写了揭露国民党"和平"阴谋的评论文章《四分五裂的反动派为什么还要空喊"全面和平"？》。

2月16日，毛泽东又为新华社写了《国民党反动派由"呼吁和平"变为呼吁战争》的评论。

2月18日，毛泽东针对国民党行政院长孙科在广州为其国民党反动政府推卸战争罪责写的一篇广播演说，以十分锋利的笔触和非常辛辣的语调，为新华社再一次写了嘲讽国民党假和平、真内战的评论《评国民党对战争责任问题的几种答案》。

在这期间，毛泽东的评论一经广播和发表，令世人深深感到中国共产党是一贯力主和平的，挑起全国内战的罪魁祸首是国民党反动政府，一切战争责任必须由国民党中的主要战争罪犯来承担；同时，也令世人感到毛泽东的笔锋委实厉害，喜怒笑骂皆成文章，更令国民党反动派面对残局而坐卧不宁。

2月22日，毛泽东和周恩来等人在西柏坡接见了以"上海人民和平代表团"的名义访问北平继而又赶来访问西柏坡的颜惠庆、章士钊、邵力子、江庸等四人，就国共和平谈判及南北通航、通邮等问题，广泛交换了意见。

在这四人当中，章士钊曾资助过青年时期准备赴欧洲寻求进步思想的毛泽东路费；邵力子曾任过国民党陕西省政府主席，中国共产党中央和毛泽东在延安时曾与之有过多次友善的交往。

同一天，毛泽东和周恩来等人还在西柏坡会见了在北平和平起义的国民党爱国将领傅作义。同傅作义一起来的还有国民党的另一起义将领邓宝珊。对于傅作义和邓宝珊二人，抗战时期毛泽东代表中共中央就与之有过多次书信往来，当时傅作义曾任过国民党绥远省政府的主席和国民党军第35军的军长，邓宝珊曾任过国民党军第21军团的军团长兼新1军的军长、晋陕绥边区总司令。

现在，两个人都率部起义了，毛泽东自然对他们表示欢迎。还是在北平时，傅作义就提出了一个请求，要亲自拜见毛泽东。中共中央请示毛泽东后，同意了他的这个请求。

傅作义到达西柏坡后沟的招待所时，首先受到了周恩来的真挚欢迎。傅作义愧疚地对周恩来说："我戎马半生，除抗日战争外，我是罪恶累累，罪该万死；今后我要在共产党领导下，立功赎罪，以求得到人民的宽恕。"

下午，待毛泽东起床后，周恩来去办公室里将傅作义的态度向毛泽东讲述了一遍。毛泽东听后很高兴，说："我去看他。"

"我先去通知一下。"周恩来说罢先走了。

当毛泽东乘坐的吉普车来到后沟时，身穿简朴军棉衣的傅作义和邓宝珊在周恩来的陪同下，已经等候在招待所的门口了。

汽车一停，傅作义急忙迈着大步向毛泽东迎去，同时伸出双手，一把握住了走下汽车来的毛泽东的大手。

"我有罪！"这是傅作义说的第一句话。

"你有功！"这是毛泽东说的第一句话。李银桥紧紧跟随在毛泽东身后下了汽车，又听毛泽东真挚地对傅作义说："谢谢你，你做了一件大好事！人民是永远不会忘掉你的！"

在招待所里，毛泽东、周恩来同傅作义、邓宝珊商谈了解决绥远问题的方针和相关的具体事宜。

商谈之余，周恩来笑着谈起傅作义曾夸口说"如果中共在中国真能够取得胜利，我甘愿给毛泽东当个小小的秘书"的传言，傅作义在毛泽东的面前红了脸说："惭愧呀，惭愧！我很没有自知之明，就是毛主席现在愿意我给他当个秘书，我也深感担当不起呀！"

毛泽东笑着将大手一挥说："过去的事，就莫再提了，今后我们就是一家人了，不晓得傅将军还愿意带兵么？"

李银桥见傅作义正襟危坐着说："败军之将，不敢再提带兵了。"

周恩来诚心试探道："傅将军是率部和平起义，算不得败军之将嘛！如果傅将军想继续带兵的话，还是可以的。"

毛泽东也点头表示说："你是有功之人，还应当留在政府里做官，为人民服务么！"

听周恩来和毛泽东这样一讲，傅作义先是看了看周恩来，继而又看了看毛泽东，说："我对江河湖海感兴趣，如果需要我为人民立功赎罪，我可以到海上去。"

傅作义内心的本意是想去搞海军建设，毛泽东机智地说："傅将军有志于水利工作，将来可以当个水利部长么！"

周恩来也笑了："主席说得对！傅将军可以搞一搞水利工程，中国的水利工作是很需要有志向的人下大力气认真抓一抓的！"

傅作义也只得略带了拘谨的语气说："谢谢毛主席和周副主席对我的信任！"

这时，侍卫在一旁的李银桥心中想笑，但脸上又不敢表露出一丝笑意来……

1949年2月24日，毛泽东、周恩来与以私人身份会见前来访问的颜惠庆、章士钊、邵力子、江庸等四人，达成了关于国共和平谈判的八点非正式协定。

北平是和平解放了，傅作义也来西柏坡拜见了毛泽东，中共中央机关办公处向所属各单位的工作人员发出通知说，要做好进北平的一切准备。这项工作分两个方面,一是物质上的准备,如借用房东和老乡们的东西要抓紧时间送还,用小米算还各自的房租费用,暂时不用的东西或处理掉、或收拾起来打捆待运;二是思想上的准备,要求大家认真学习城市里的各种生活知识,进行党的优良传统教育,部队还加强了组织纪律方面的再教育。

1949年2月下旬的一天,韩桂馨在接到准备进城的通知后,便将她和李讷的被褥全都拆洗了一遍,把她们两个人穿不着的衣服也都打好了包。

韩桂馨心想:自己从冀中到延安去的时候,就是一路徒步行军,那时自己才16岁,又过交通沟又过封锁线,在日本鬼子的子弹和刺刀底下闯到了冀西,过了黄河又走过了八百里的秦川地,再加上去年间转战陕北时的锻炼,自己对行军还是不犯难的。再说了,现在有了汽车,行军条件要比以前强多了!

看着韩桂馨收拾行装,江青在一旁责怪说:"阿姨呀,你那些穿不着的破烂军装还留着干什么?干脆扔了算了!进了北平,还怕没你的好衣服和新衣服穿?"

韩桂馨心里舍不得丢弃这些伴随她度过多年军旅生涯的旧军衣,又想到毛泽东至今穿的衣服也还是补丁撂补丁,就更不愿将自己这些还能穿的旧军衣扔掉了,便对江青说:"这些衣服都还能穿,能省就省些吧!"

"你和老板一样,就是土!"江青不屑一顾地说,"四野给中央机关送了很多东西,有的是上好的衣服料子,还有很多的将校呢子布,还怕没你穿的?"

韩桂馨笑了笑:"那你可以大显身手做新衣服了,我还要跟你好好学学手艺呢!"

江青无可奈何地也笑了:"真拿你们这些农村出来的人没办法,也真是'江山易改,本性难移'呢!"

见到韩桂馨收拾行装,李讷走过来乖巧地说:"小韩阿姨,到了北平你还教我学习吗?"

"教你！"韩桂馨抱起了李讷，亲吻着她的小脸蛋说，"阿姨一直陪着你上中学，上大学！"

"阿姨可不许走呢！"李讷歪着头，很认真地说，"等我长大了，还要孝敬阿姨呢！"

韩桂馨眼里不由得噙了泪花："我的好乖乖，有你这句话，阿姨就知足了……"

57. 开七届二中全会　不学李自成进京

在1949年2月末、3月初的几天时间里，西柏坡村上来了不少人，都是共产党中央分散在各中央局和各部委工作的领导同志，还有各野战军的主要首长、各兵团的主要指挥员。

在这些人当中，打胜了三大战役的四野的林彪、罗荣桓和东北局的高岗来了，二野的刘伯承和邓小平来了，三野的陈毅、粟裕和谭震林来了，解放军总部和直属部队的叶剑英、徐向前、滕代远、萧克和杨得志来了，就连一野的彭德怀、张宗逊和王震等人也来了……

来的人员当中还有老资格的董必武、谢觉哉、王稼祥、李维汉、张闻天、林伯渠、陆定一等人，就连在去年夏天和毛泽东吵过架的王明也来了……

看到这么多重要的人物都来到小小的西柏坡，李银桥心想，准是又有很重要的会议要召开了。

果不其然，3月5日，中国共产党的第七届二中全会在西柏坡的中央小礼堂里召开了。

凡是来到西柏坡村上的人，并不是都有资格参加中国共产党的中央全会。出席这次会议的有身为中共中央委员的34人，候补中央委员19人，列席会议的人员11人，共计64人，因为交通困难等原因缺席会议的中央委员和候补中央委员共20人。

这是一次极其重要的会议，是在中国人民革命即将在全国取得决定性胜利的前夜召开的。

在会议开幕的前一天，中央小礼堂的前面就挂上了标志着中国共产党带有锤头镰刀式样的鲜红党旗和毛泽东与朱德的大幅照片。会议开幕的那天，毛泽东穿了一件深色的棉衣在前台主持会议并作了重要的工作报告。

在这个报告中，毛泽东向大家提出了促进中国革命迅速在全国取得胜利和组织这个胜利的各项方针；说明了在全国胜利的局面下，共产党的工作重心必须由农村转移到城市，以后的城市工作应以生产建设为中心；规定了共产党在领导人民夺取全国革命胜利以后，在政治、经济、外交等方面应当采取的政策，以及使中国如何由农业国尽快转变为工业国、由新民主主义革命转变为社会主义革命和建设的总任务和总途径。

在这个报告中，毛泽东特别警告全党，全国革命胜利以后，资产阶级的"糖衣炮弹"将成为无产阶级所面临的主要危险，要求全党同志务必保持谦虚、谨慎、不骄不躁和艰苦奋斗的作风。

毛泽东在大会上挥着手说：

> 可能有这样一些共产党员，他们是不曾被拿着枪的敌人征服过的，他们在这些敌人面前不愧英雄的称号；但是经不起人们用糖衣裹着的炮弹的攻击，他们在糖弹面前要打败仗。我们必须预防这种情况。夺取全国胜利，这只是万里长征走完了第一步……

同一天，毛泽东还同来到西柏坡进行采访的新闻工作者进行了以"新闻工作要为生产建设这个中心服务"为内容的重要谈话。

党的七届二中全会一共开了9天。在这期间，由于来的人多，只有少数人是乘汽车来的，多数人还都是骑着马赶到村上的。有时，有人不经意地将马栓在了毛泽东住的院子里的那棵梨树上，马啃坏了树皮。毛泽东从外面回来后见到这种情况，立刻派人到村上去调查，并按照房东老乡的意见进行了认真的赔偿。

3月13日，党的七届二中全会在西柏坡结束了。

在向全会做的工作报告中，毛泽东特别着重分析了中国经济各种成分的现状和共产党所必须采取的正确政策，指出在中国实现社会主义改造的必由之路，批判了在这个问题上的各种"左"右偏向，并且确认中国的经济发展将有较高的速度。毛泽东还向全党估计了中国人民民主革命胜利以后的国内外阶级斗争的新形势，并在第二次全体会议上做出的总结报告中提出了今后"党委会的工作方法"，有针对性地讲了12条内容。

在做总结时，毛泽东还强调指出：我们党的理论水平低，所以要普遍地宣传马克思主义。他说，对毛泽东思想的提法应该是：马克思主义的普遍真理与中国革命的具体实践的统一。并批评王明所说的"毛泽东思想是马列主义在殖民地半殖民地的应用和发展"，指出"这种提法不妥当"。他说，马恩列斯是先生，我们是学生；现在编了12本干部必读的书，如果在3年之内，能有3万人读完这12本书，有3000人读通这12本书，那就很好了。

七届二中全会以后，西柏坡的各中央机关便开始做进驻北平的具体准备工作了。

一天，在跟随毛泽东去村外散步的途中，毛泽东问李银桥："银桥，要进城了，你和小韩准备得怎么样啊？"

李银桥充满了信心地说："东西都收拾好了，保证随时可以行动。"

毛泽东笑一笑，然后指着李银桥头部的太阳穴说："这里呢？"

李银桥一时未解其意，毛泽东便停住了脚步："小心哟！不要中了资产阶级的糖衣炮弹，不要当李自成呢！"

李银桥听了毛泽东的话，像是听到警钟一样肃然了。他立刻以坚定的语气说："请主席放心，我决不当李自成！决不中资产阶级的糖衣炮弹！"

"这就好！"毛泽东满意地说，"现在全国胜利在即，中央机关要进城了，我们共产党人必须牢记李自成的历史教训啊！"

"嗯，我一定记着，还要告诉党小组的人都记着！"李银桥态度肯定地说。

散了一会儿步，毛泽东开始往回走。当他进到自己住的院子里时，听到警卫战士们正在值班室里议论着大城市里是个什么样子。跟在毛泽东身后的李银桥想进房间去通知大家一声，却被毛泽东挥手制止了。

值班室里，大家只顾着七嘴八舌地议论了，毛泽东静悄悄地站在房间外面，不动声色地听着人们的谈话。

"听说大城市里的人特别多，房子也多，不像咱们的小村子，城里的村子都连成片了。"这是卫士张天义的声音。

"城里尽是楼房。"这是警卫排里孙勇的声音，"就是城里的平房也全都是一道街一道街的，可那不是连成片的村子。"

又有人接了话茬说："听说城里的马路又宽又平，汽车还特别多。进了城咱们可得少出门，免得被汽车撞了……"

毛泽东看看身边的李银桥，忍不住走进了值班室："么事这样热闹呀？是开会吧？"

屋里的人立刻起身给毛泽东让座，毛泽东在一把木椅子上坐下来，笑着对大家说："我听有人说进城以后要少出门，那不对么！"

很显然，毛泽东抓住了刚才那位战士的话把："你们应当多见世面，这样才能长知识，不要不敢出门么！"

大家听了毛泽东的话，都开心地笑起来。

毛泽东点着了一支烟，又问大家："你们还有么想法？都可以讲一讲。"

孙勇说："进城以后，不能看太阳的起落上下班，要看表按时间的点数办事情，进城后要买一块手表。"

张天义说："进城后先给家里人写封平安信，让家里人放心，我们不再打仗了。"

毛泽东说："给家里人写封信是应该的，但仗还是要打的，全国还有好些地方没解放么！"

又有的同志说："进城以后就要吃白面大米了，多少有点粗粮也行。这些年咱们吃的小米饭和加黑豆的二米饭，大概是不用再吃了吧？我这些年吃小米饭实在是吃伤了，一看到小米饭不吃就饱了。"

还有人说："人家城里的人皮肤又白又嫩，不像咱们一个个的这么黑。"

毛泽东听着，觉得大家的话说得差不多了，便用手指灭了烟头，很严肃地说：

"大家讲了这么多，思想上还是反映出了不少问题嘛！有了钱买块手表是可以的，那是为了掌握好工作时间。我们队伍中的人脸黑怕什么？说明大家在革命的斗争中经受了锻炼。小米饭我们吃了那么多年，不要忘掉我们是用小米加步枪，打败了日本侵略者和美蒋反动派的。就是革命胜利了，进了大城市，也不是想吃什么就吃什么，还要看到摆在我们面前的许多实际困难，还需要我们大家共同艰苦奋斗。"

屋子里的人一个个都笔直地站立着，谁也不说话了，全都一心一意地听毛泽东继续讲着："你们首先应当晓得，我们进城以后还要建立新中国政府，很多人会在政府里当官哟！但是，无论谁当了多么大的官，做什么样的工作，都是为人民服务，都是革命工作，都需要继续努力奋斗。可不要以为当了官了，就可以不求上进，不愿再过艰苦的生活了；那么，就和李自成差不多了，千百万人用生命和鲜血换来的胜利，千百万人用了几十年乃至上百年才取得的革命成功，就会失败呢！"

见大家听得都很认真，毛泽东站起身来又说：

"你们要牢牢地记着，我们是共产党人，我们是共产党领导的队伍，要经过我们这一代人和下一代人的共同努力奋斗，把我们的国家建设成为繁荣富强的新中国！"

"请主席放心！"李银桥第一个表示说，"我们一定努力奋斗，也教育下一代共同努力奋斗！"

大家也纷纷表示说："请主席放心，我们一定牢记着您的话，进城以后决不当李自成！""我们一定继续艰苦奋斗，跟着您建设新中国！""教育下一代，和我们一起建设新中国！"……

毛泽东离开警卫值班室以后，回到他的办公室里去继续工作了。

在毛泽东住处的里院，李银桥遇上了警卫排长阎长林，向他讲了毛泽东在警卫值班室里讲的话，阎长林感慨地说："老头子为了中国人民的解放事业，操劳了大半生，现如今要进城了，还是这样念念不忘艰苦奋斗、念念不忘建设好新中国，真是全中国人民的好领袖，是全国人民的好福气呀！"

李银桥笑了说："要不歌里怎么唱'他为人民谋幸福，他是人民的大救星'呢！"

回到自己的住处，李银桥很有感触地对韩桂馨讲了毛泽东说过的一些话。韩桂馨听了，忽然向李银桥冒出了一句："到了大城市，你会不会变心？"

李银桥立刻说："不会的！我要是变了心，也对不起毛主席呀！"

58. 领袖告别西柏坡 夜宿淑闾村抒怀

1949年3月23日凌晨3时,毛泽东上床休息了。

入睡前,毛泽东放下手中的书籍,吩咐侍卫在身边的李银桥说:"9点钟以前叫我起床。"

天亮了,这一天的天气很好。

临近上午9点钟了,李银桥正想去叫醒毛泽东,却被走来的周恩来阻止了。周恩来担心毛泽东休息不好,在去北平的路上太疲劳,便告诉李银桥让毛泽东多睡一会儿,等到10点钟时再去叫醒他。

10点了,李银桥去叫醒了毛泽东。毛泽东一看时间,有点不高兴了:"让你9点以前叫我,为么事现在才叫呢?"

李银桥只得将周恩来的吩咐讲了,毛泽东听后也就不再说什么了。

就要出发了,人们早已把行装准备好了。毛泽东住的院外,汽车的马达声轰鸣作响。

中共中央的几位领导人都聚在毛泽东住的院子外面,等候着毛泽东出来一起行动。

毛泽东穿着棉大衣,迈着稳健的大步走出了院门。一见人们都在等他,便用诙谐的语气说:"今日是进京的好日子,不困觉也高兴啊!"

周恩来笑着答道:"睡睡觉精神会更好嘛!"

毛泽东边迈步边说:"今日是进京赶考么,进京赶考去,精神不好怎么行啊?"

毛泽东的话,把等在外面的人都说笑了。周恩来又说:"我们应当都能考试及格,不要退回来。"

"退回来就失败了,我们决不当李自成!"毛泽东走向汽车,临上车又说,"我们都希望考个好成绩!"

毛泽东信心十足地上了他那辆还是由周西林驾驶的美制中吉普,中央领导人的11辆吉普车和中央机关的10辆大卡车随即都发动了。

这时,中央首长的家属们都上了汽车。韩桂馨和江青、李讷,还有江青的姐姐李云露和江青的外甥王博文,也都早早地坐在了指定的汽车上。

这时的西柏坡村上,早已里三层外三层地围了众多前来送行的乡亲们。人们高兴地笑着,又恋恋不舍地挥动着手臂,向即将离去的亲人们惜惜告别……

当毛泽东上了中吉普后,周恩来、刘少奇、朱德、任弼时和陆定一、胡乔木、伍云甫、叶子龙他们,也都纷纷上了各自乘坐的汽车。

毛泽东在汽车上再一次同西柏坡的乡亲们挥手告别。他推开了汽车门,对送行的乡亲们大声说:"再见了,开春种稻子莫忘记育苗插秧啊!"

乡亲们纷纷说:"放心吧!我们早都记着哩……"

这时,毛泽东房东家的两个小男孩也跑来给毛泽东送煮鸡蛋了。当哥哥的说:"毛爷爷带在路上吃吧!这是我爷爷让我俩送来的!"

毛泽东辞谢说:"谢谢你们了!留下你们吃吧,我们在路上有的吃呢……"

弟弟也说:"那就让李叔叔他们吃,反正我们是不拿回去了!"

"谢谢你们俩,谢谢你们全家!"毛泽东只得收下了煮鸡蛋说,"要好好学习,长大了欢迎你们到北平去!"

小哥俩齐声高喊着:"我们一定去!"

这时,吉普车队一起开动了。毛泽东随即将大手一挥,对车里车外的人们说:"走,赶考去!"

车队出发了。驶在最前面的是一辆小型吉普车,第二辆就是毛泽东乘坐的中吉普。

中央领导机关的吉普车队,终于在欢送的人群中浩浩荡荡地驶离了西柏坡村。

远离了送行的乡亲们,车队开始在山间的崎岖道路上向着东北方向行进。

一路上坑坑洼洼,汽车颠簸得很厉害,开起来也不快;再加上都是土路,汽车行进中荡起的尘土很大,车与车之间渐渐拉开了距离,同时更加放慢了速度。

就是这样,在韩桂馨乘坐的汽车里,人们还是被弄得满身满脸都是土。江青捂紧了头上戴的帽子,脸上戴了大口罩和眼镜,就连脖子上也围了条厚厚的毛围巾。

在毛泽东车上,李银桥和阎长林等人也不得不让毛泽东戴上了眼镜和口罩,以防飞进车里的尘土,后来还给毛泽东披上了件棉大衣。

虽说一路颠簸,但车上的人们心情都很好。不料车队行至途中,陆定一一家人乘坐的汽车不小心翻到了路边上,车队只得停下来等待。毛泽东关切地派人去查看情况,当得知陆定一一家人全都平安无事时,毛泽东才放了心……

等陆定一的车子再开上来以后,整个车队才继续前进了。

渐渐地,车队开始进入华北大平原了,大家的情绪随即活跃起来,摘掉了口罩的毛泽东话也多了起来。

"现在又是3月份了,我们为什么总在3月份有所行动呢?"毛泽东问坐在车上的随行人员。

"3月里是好天气,是正当春暖花开的好时节!"李银桥第一个回答说。

"你们还都记得这几次行动的时间么？大家都说说看。"毛泽东又说。

"1947年的3月18号撤离延安！"警卫排长阎长林说。

"去年3月份呢？"毛泽东继续问。

"去年3月22号，由陕北米脂县的杨家沟出发，向华北前进啊！"李银桥回答说。

"今日是3月23日，与去年3月22日只差一日，我们又出发向北平前进了！"毛泽东抬手扑一扑沾在额头上的尘土说，"三年三次大行动，都是在3月份，明年3月份应该解放全中国了。等全国解放了，我们就再也不搬家了！"

后一句话，毛泽东说得特别认真。李银桥感到毛泽东的话认真到带有几分稚气的味道，逗得全车的人都笑了起来。

笑声停下来以后，毛泽东又兴致浓厚地问大家："去年3月间，我们从陕北到达了晋西北，到了华北军区，又到了西柏坡。那时你们一路上的感觉，和今日有什么不同的地方？你们每个人都有些什么感想？大家都说一说么！"

经毛泽东这样一启发，车上的人们立刻你一言我一语地说开了。由于跟随在毛泽东身边的卫士们大都是河北人，说来说去都是说平原比山区好得多，而且越说越起劲儿。大家讲平原上的风景好，一眼望不到尽头，干什么都痛快，打起仗来不用穿鞋也能走上它几天几夜……

毛泽东插话说："谁都说自己的家乡好么！"

人们又都起哄说："实事求是嘛！"

最后，毛泽东带总结性地对大家讲了很长的一段话："大家讲得都不错么！你们讲平原的优点也是事实，讲山区的缺点也是事实，但有一个很重要的问题，你们没有谈到。你们想一想么，中国革命战争的胜利，是靠共产党领导下的人民军队打出来的。我们的军队，从无到有，从小到大，从弱到强，直到取得今日的胜利，这一切都是在山区和边沿地区敌人不注意的地方，敌人最不愿意去的和去不了的地方才发展壮大起来的。因为我们是劳苦大众的军队，所以我们的军队能吃苦，能克服困难，才会有今日的胜利。如果我们的军队都在出产丰富、交通便利的平原地区和敌人进行战斗，敌人来进攻，我们就和他们对垒作战，或是利用村庄和城镇进行巷战。那样，大家可以再想一想，到现在我们可能是个么样子啊？是强了呢还是弱了呢？是胜利了还是失败了呢？"

毛泽东的话，深深地触动着车上每一个人的心扉，令大家都冷静下来，细细琢磨着毛泽东这番话里的深刻含意……

汽车驶上了一段较为平坦的大道，这时李银桥问："主席，那到底是平原好还是山区好呢？"

毛泽东笑了笑说："不能绝对地讲呢！山区有山区的好处，平原有平原的特点。比如讲，汽车在平原上跑得快，我们在山区打仗就比敌人多掌握些主动权。天时、地利、人和，单讲地利，对于敌人来讲不利的地方，对于我们来讲就可能很有利呢！"

听毛泽东这样一讲，大家又都七嘴八舌地议论开了。张天义问："主席，那你也给我们肯定地说说，到底是山区好还是平原好？"

"这里面有个哲学问题哩！"毛泽东笑了笑说，"么问题都不可以绝对性呢！等你们再多学了知识，自然会晓得了！"

大家不由得又笑了起来。笑声稍止，毛泽东又问："北平我们是要进的，但也没想到会这样快，你们想到么？"

阎长林说："我们也没有想到撤离延安两年后就进北平了。"

毛泽东沉静了片刻，然后说道："我们没有想到，蒋介石更没有想到，就连美国人和苏联人也没有想到呢！蒋介石天天想消灭我们，反而被我们消灭了！"

李银桥听着毛泽东的话，忽然想到了一个词，连忙说：

"这就叫'得道多助,失道寡助'吧?"

"是啊!"毛泽东高兴地笑了,"银桥进步很快呢!人心向背,这就决定了我们必定的胜利,蒋介石必定的失败!"

毛泽东开始吸烟了。由于汽车行进的速度慢,天黑下来的时候,车队停止了前进,人们住在了唐县以北的淑闾村。

在淑闾村,当人们给毛泽东借好了房子、打来了洗脸水,等毛泽东洗过脸之后,李讷跑过来找她爸爸了。李讷也已经洗了脸,只是由于担心会感冒没有洗头,所以头发上还挂了一些路上的灰尘。

毛泽东一边轻轻拍打着女儿头发上的尘土,一边笑着对她说:"我的好娃娃,乖娃娃,坐汽车累不累呀?"

李讷摇头说:"一点儿也不累,我觉得可好玩呢!小韩阿姨抱着我坐在汽车前头,我可见到大平原是什么样儿了!"

毛泽东问她:"那你说说看,大平原是么样子啊?"

李讷很认真地说:"一眼看不到边,再使劲儿看也看不到边。路上的柳树绿了,地里的麦苗也绿了,天上还飞着小鸟呢⋯⋯"

毛泽东高兴地抱起了女儿,称赞道:"我的大娃娃,很会观察事物了么!"

这时,韩桂馨来找李讷去吃饭,李讷只得随韩桂馨暂时离开了她爸爸。

晚饭后,周恩来和刘少奇来找毛泽东谈了一些事情,时间不长就离去了。韩桂馨带着李讷又来到了毛泽东的身旁。

毛泽东住家的房东叫李大明,是一位很老诚的庄稼人。在房间里,毛泽东问韩桂馨:"明日就到保定了,你和银桥都是安平县人,离保定近些,你们在保定有什么亲人么?"

韩桂馨说:"听说我二姐和姐夫都随部队到了保定,还有我的几个同学也随着孙毅将军打进了保定城。"

"不错么!"毛泽东高兴地说,"你们是革命的一家人呢!晓得他们住在哪里吗?进了保定城可以去看一看他们么!"

"我倒是想去呢!"韩桂馨笑着说,"可一时又不知道谁住在什么地方,再说了,保定也是才刚解放几个月,咱们在保定也只能是停一下,以后再想办法同他们联系吧!"

"也好。"毛泽东点头说,"战争岁月,我们四海为家。等进了北平安顿下来,就有办法同亲人们联系了。"

韩桂馨说:"主席要办的大事多着呢,别为我们的这些小事操心了。等全国解放了,任谁家的亲人就都能团聚了!"

"是么!"毛泽东很感慨地说,"我记得两首唐诗,很能表达你现在的这种心境。"又说,"家事也不都是小事情,谁都有亲人啊!"

韩桂馨拉着李讷的手,请毛泽东给她说一说这两首唐诗。李讷依偎在韩桂馨身边,也眨着两只大眼睛,想听她爸爸讲诗。

毛泽东沉思了一下,随即以很低沉的语气吟道:"一首是杜甫的《月夜忆舍弟》,'戍鼓断人行,边秋一雁声。露从今夜白,月是故乡明。有弟皆分散,无家问死生。寄书长不达,况乃未休兵'!"

韩桂馨问:"还有一首诗呢?"

毛泽东继续说:"还有一首是李益的《喜见外弟又言别》,'十年离乱后,长大一相逢。问姓惊初见,称名忆旧容。别来沧海事,语罢暮天钟。明日巴陵道,秋山又几重?'"毛泽东吟罢说,"诗里讲的是李益见到他的表弟后,第二天又要分别时的心情。"

这时韩桂馨联想起了毛泽东的两个弟弟毛泽民和毛泽覃,都在革命战争的进程中过早地牺牲了,不由得为毛泽东此时此刻的心境紧张起来。毛泽东见韩桂馨不说话了,似乎也察觉到了她的感情变化,便伸手拉了李讷到怀中,将话锋一转说:"红军不怕远征难,万水千山只等闲……"随即又说,"'大风起兮云飞扬','安得猛士兮守四方'……"

韩桂馨这才说:"主席,我知道前两句诗是你写的,可后两句我就不知道是谁写的了,也听不懂。"

这时,李讷发话说:"我也会背爸爸的诗!"

毛泽东微微地笑了,一边抚着女儿的头,一边对韩桂馨说:"后两句是汉高祖刘邦打败了楚霸王项羽后,回家乡沛县时吟唱的《大风歌》,他也希望国家平定了,再不要发生战争呢!"

韩桂馨听了毛泽东的话,既钦佩毛泽东学识的渊博,又为毛泽东的胸怀宽广而赞叹,并由此而深深地增添着对毛泽东的敬仰之情……

在淑闾村的这一夜,住在村民李大明家的毛泽东没有休息。

韩桂馨领着李讷走后,毛泽东在前半夜先是认真地同村干部进行了座谈,了解村中的土改情况;后半夜又独自一人坐在小凳子上,在用砖头撑着的门板上,赶写到保定后需要发出的文件……

59. 古城保定听汇报　一路北上笑谈声

就要到保定了，离自己的家乡很近了，韩桂馨的心绪一直很不平定。

由于是行军途中，为了照看李讷，韩桂馨带着李讷和江青的姐姐李云露借住在了同一间农舍。

夜里，李讷很快睡着了。两个大人却一时睡不着，在李云露的询问下，韩桂馨讲述了自己的家乡和童年……

人们在唐县的淑闾村住了一夜，第二天天一亮，吉普车队又继续出发了。

中午，毛泽东一行人到达了河北省的省会保定市。

在保定，当毛泽东和周恩来等人在省委大院里听取冀中区党委书记林铁和省军管会主任兼河北省军区司令员孙毅将军的工作汇报时，韩桂馨和中央机关的几位女同志就去保定城里逛街了。

临行前，韩桂馨约江青的姐姐李云露一同去街上转一转、看一看，可江青却阴阳怪气地说："保定是日本鬼子待了八年的地方，遍地都是汉奸特务狗腿子，是个藏污纳垢的坏地方，姐姐不要去了！"

李云露只得听了江青的话，留下来照看李讷。

韩桂馨因为有亲人在保定，虽然一时还不知道他们住在哪里，但总想到街上去转一转，看一看城市里的街景到底是个什么样子……

韩桂馨和她的女友们一起到了南大街，在南大街北口看了大慈阁，向西走过古莲花池门口，因时间短促而没来得及进去，接着向北拐进了"马号商场"，出来后看了矗立在原直隶总督署衙门前的两根高高的大旗杆，然后北行穿过繁华的西大街，走出大西门，顺着古老的城墙，沿着清澈的护城河向南走进了省军区的大院，这里过去曾是国民党时期的第四监狱所在地。

在保定，毛泽东知道了他在阜平县城南庄时，被敌人的飞机投弹轰炸确实是有坏蛋告了密才造成的。

1948年5月18日早晨，敌人派飞机轰炸城南庄这件事，聂荣臻命令华北军区的保卫部门查了很长时间，一直没能够解开这个谜。直到解放军解放了保定城，通过查阅敌伪军的档案，才把这个案子彻底搞清楚了。

原来，毛泽东在城南庄召集中央工作会议期间，来了很多各地的首长。当时华北军区司令部管理处在王快镇开设了一个大丰烟厂，这个厂的经理孟宪德被国民党特务所收买，暗中加入了敌特组织。后来，孟宪德把在军区司令部小伙房里当司务长的刘从文也拉了进去，发展成国民党的特务，二人都被国民党的特务机关任命为上尉谍报员。当刘从文得知共产党中央在城南庄开会的消息时，他立刻设法通知了大丰烟厂的孟宪德。孟宪德立即匆匆忙忙地赶到了刘从文的家中，两个人开始密谋往饭菜里下毒，意欲毒死共产党的中央首长和华北军区司令员聂荣臻。可是聂荣臻早已派了可靠人员，专门负责为毛泽东等中央首长做饭，一日三餐防范很严，使特务分子无法下手。况且，凡是送毛泽东吃的食品，总要先经过李银桥和他领导的卫士组之手，而且毛泽东有自己从延安一直带在身边的厨师高经文，很少吃别人做的饭菜，故此敌特分子根本无法实现毒害毛泽东等中央首长的阴谋。在这样的情况下，孟宪德和刘从文认为别无它计可施，两人商量后便暗中传送了情报，让敌人派飞机来轰炸城南庄。

情报送到了保定的特务机关，又向南京城里蒋介石的保密局做了详细汇报。保定城隍庙街的特务机关接了南京保密局的指令，转向北平的特务机关作了报告，这样，国民党军队派出了轰炸机轰炸了城南庄。

经查对，犯罪证据确凿，华北军区保卫部的许部长请示了聂荣臻，立刻逮捕了犯罪分子孟宪德和刘从文。在铁的事实面前，罪犯对他们所犯的罪行均供认不讳。

案情大白后，由华北军区政治部副主任张致祥主持，经过正式审判，依法判处反革命敌特分子孟宪德和刘从文死刑。案子报到聂荣臻那里，聂荣臻见一切都符合法律手续，就批准了交送这两个人的死刑报告。

张致祥接到批准后的复件，立刻主持召开了公审大会，枪毙了这两个罪大恶极的敌特分子。

毛泽东在得知了详情后，对汇报人说："像这样的敌特分子，是很不能留在世上的！"

李银桥和阎长林听了，也相互拍手称快道："这两个狗日的也太猖狂了，一抓起来就该枪毙！"

毛泽东对他们两个人说："总要有合法手续呢！"

江青知道了这件事，更是恶狠狠地当着毛泽东和工作人员的面说："早就听人说保定城里没好人！尤其是城隍庙街紫河套，净是些汉奸特务王八蛋！"

毛泽东却说："不要打击面太宽了。日本人在保定城里待了八年，他们的侵华军总司令部就设在保定城，汉奸特务能少么？后来国民党又占了保定，是敌人在冀中进行反革命活动的大本营，敌特分子也就更多了。现在保定解放了，已经是人民当家做主人了，要镇压一切反革命分子，改造城里一些人的旧思想、旧观念，是我们党进城后必须做的工作。可能也会有极少数的坏人最终改造不过来，但马克思那里是不会要他们的，就只好让他们去见上帝了！"

1949年3月24日中午，毛泽东将他写给国民党重庆起义官兵的复电发了出去：

> 中国人民必须建设自己强大的国防，除了陆军，还必须建设自己的空军和海军，而你们将是参加中国人民海军建设的先锋。

同一天，中国妇女第一次全国代表大会在北平隆重举行。毛泽东接到电报通知后，对周恩来和刘少奇等人说："不要住了，我们要急着赶路呢！"

下午，吉普车队从保定一路向北出发了。

驶离保定，道上的路面依然时好时坏，汽车依然颠簸得厉害。这时，坐在车后的张天义有些晕车想呕吐，毛泽东知道了，立刻让司机周西林停了车，硬是下命令让张天义坐到汽车前面他坐的位子上去："坐前面好一些，这是命令，必须执行呢！"

张天义怀着激动的心情坐到了毛泽东的位子上，毛泽东便和其他人一起坐在车后，有意识地鼓动大家讲话："大家说说看，是走路行军好呢，还是坐汽车行军好？"

坐在毛泽东对面的机要秘书徐业夫说："我看还是走路行军好，这坐汽车也太颠得慌了。"

"这是路不好走呢！"毛泽东说。

持枪坐在毛泽东身边的李银桥说："我说还是坐汽车行军好，虽然颠一些，但速度快得多了。"

"对么！"毛泽东赞同道，"我们的革命事业，是要赶速度呢！"接着毛泽东又说，"我们过去在陕北的大山里同敌人打转转，徒步行军打疲劳战，是要拖住胡宗南的主力部队。现在我们坐汽车，是要加快速度赶时间，争取早一日解放全中国！"

这时坐在汽车前面的张天义扭回头来说："蒋介石现在倒

是盼着我们走得慢些呢！"

毛泽东大笑起来："讲得对么！蒋介石盼我们慢下来，盼我们进不了北平，盼我们不要打过长江去，盼我们解放不了南京城，可他的春梦做不长了！"

这时李银桥压低了嗓音问毛泽东："为什么苏联人到了西柏坡，也劝我们不要打过长江去呢？"

毛泽东挥了一下手说："苏联人看问题的方法不对呢！他们不了解我们的实际情况，他们怕我们打过长江去，会引起美国的直接出兵干涉。他们怕这怕那，顾虑太多，我们是什么也不怕的！"说到这里，毛泽东又以很固执的口气自言自语道："老子就是在不怕这不怕那中闯过来的么！"

听毛泽东这样一讲，车上的人都开心地笑了。

车过徐水县，毛泽东探头向西看着车窗外对大家说："你们注意了，这里曾经是杨六郎镇守三关的地方！"

随着毛泽东的话语，车上的人一起将目光投向了西侧，但见连绵起伏的太行山脉横亘在广阔的平原西部，灿烂阳光的照射下，映衬着绚丽多彩的田园……

车过定兴县时，坐在汽车前面的张天义感到好些了，硬要再回到原来的座位上去。争执再三，毛泽东只得又坐回到汽车前面，随即转头向西看着车窗外又对人们说："你们再注意了，这里向西是易县，有一条易水河，是中国历史上荆轲刺秦王的出发地呢！"

车上的人又一起将目光投向了西侧的车窗外，这时毛泽东又说："'风萧萧兮易水寒，壮士一去兮不复还！'这是荆轲在告别燕国的太子丹时发出的悲壮之声啊！"

这时，阎长林转头对毛泽东说："主席，我听说冀中在抗日的时候出了狼牙山五壮士，就是在这里吧？"

"是呢！"毛泽东肯定地说，"燕赵大地自古多慷慨悲壮之士，狼牙山五壮士，是冀中军区抗日的一面旗帜，也是我们中华民族在外来敌人的威逼面前，宁死不屈的光辉典范！"

听了毛泽东的话，李银桥心想：毛泽东讲得多好啊！毛泽东不但看的书籍多，了解的知识多，而且知道的事情也多，掌握的东西更多。毛泽东真是一位了不起的英雄人物，是中国历史上任何人也无法与之比拟和相提并论的啊……

60. 涿州城里谈刘备　中共中央进北平

1949年3月24日下午，吉普车队开进了涿州县城，毛泽东一行人住在了第四野战军42军军部的大院里。

人们纷纷下车休息，活动活动手脚。这时，叶子龙来通知大家，现在离北平很近了，不再坐汽车前进，要改乘火车进北平。

年轻的人们在一起纷纷议论着、猜测着：火车到底是个什么样子？坐火车究竟是个啥滋味儿？那么大的火车会不会从两条细细的铁轨上翻下来？

毛泽东听到大家的议论，笑呵呵地对大家说："火车是一种现代化的交通工具，很安全，大家不要怕么！等你们见到了火车，坐上了火车，就会放心的。"

听毛泽东这样一讲，年轻人都放下心来，也更急于坐火车了。

在涿州，人们停下来吃了晚饭，李银桥通知厨师给毛泽东做了红烧肉和炒辣椒。

由于抗日战争和解放战争，由北平向南延伸的铁路被破坏得很厉害，当时到保定的火车线路还没有通车，沿线的铁路工人们正在加紧修复路段。好在北平通涿州的一段铁路已经修好了，可以顺畅地通火车了。

人们各自到安排的地方休息了。汽车司机们都开着汽车上了铁路线，说是要把汽车都开到火车的平板车厢上去。韩桂馨听了心中又想，那么多的汽车都开到火车上去，那一趟火车该有多大呀？

江青听到韩桂馨向李云露讲她的想法，撇了撇嘴说："小家子的，就是没有见过大世面！"

韩桂馨听了，也不理江青，只是心中暗想：你生下来也不是坐火车长大的，干嘛这样瞧不起人呀？时间长了，我再不懂的事情，只要认真学，也能学到不少知识呢！

在毛泽东的身边，李银桥和卫士组的几个人又听毛泽东向他们讲起了《三国演义》的故事。

毛泽东饶有兴趣地对大家说，《三国演义》中的刘备就是在涿州同关羽和张飞结拜成异姓三兄弟的，这里就是书中说的"桃园三结义"的地方。又说刘备的野心大，从一个织草席、卖草鞋出身的人，经过二十几年的风雨搏斗、军阀混战，才在诸葛亮的辅佐下临时占据了湖北的荆州，后来又夺取了四川，总算站稳了脚跟；但他志大才疏学识浅，好感情用事，在许多问题上用感情代替了政策，因为一心想报二弟关羽被东吴杀害之仇，置江山社稷于不顾，不听诸葛亮等谋臣的劝阻，贸然负气出兵，结果被东吴打得大败而归，自己无颜再回成都见诸葛亮和文武百官，死在了临近湖北的四川省东部奉节县城东的白帝城。

知识渊博的毛泽东侃侃而谈，他身边的工作人员们津津有味地听着。毛泽东最后又语重心长地说："历史上的教训应当注意呢！我们进了北平，决不做李自成，将来也决不可以学刘备。干革命决不可以感情用事，无论做什么工作，只要是为了党的事业和人民的事业，我们每个同志都可以牺牲自己的生命；但如果是为了个人的私利和亲戚朋友，为了自己的小家庭和老战友、老同学以及小团体的私利，我们每个人是万万不可以感情用事的。"

听了毛泽东的话，人们纷纷点头，牢牢记住了进城以后一不做李自成，二是将来不学刘备，三是对待革命工作决不感情用事……

这时李银桥说："主席，那刘备的儿子阿斗也太窝囊了，被司马昭俘虏了还'乐不思蜀'呢！"

"你还有些知识了么！"毛泽东笑了。

这时张天义说："刘备就是不死也没用，光他那个不争气的儿子，也得把他老子打下来的江山给断送掉！"

毛泽东摇摇头对大家说："书中讲了，话说天下大事，合久必分、分久必合，三国统一是大势所趋呢！再说刘备的儿子阿斗，都说他是扶不上墙的，但看问题不要太片面了，我看阿斗很有自知之明哩！"

李银桥不解地问："阿斗有什么'自知之明'啊？"

毛泽东认真解释说："阿斗的自知之明，就在于他身处帝位，明知自己的知识浅薄，事事俯首听命于诸葛亮，依从诸葛亮，才使得诸葛亮能够在四川大展才华，励精图治，六出祁山；如果阿斗不听诸葛亮的，像孙权的后代孙亮那样，自己当了皇帝就谁的话也听不进去，不是垮台得更快！"

毛泽东一席话，说得人们心服口服。

毛泽东又对大家讲："我们就要进城了，将来全国解放了，我们也要认真教育后代人，要认真汲取历史和前辈人的教训：做人要有自知之明，做事情要留有充分的余地，莫感情用事，才可以永远立于不败之地啊！"

李银桥心想：毛泽东的话讲得多好、多深刻啊！自己一定要紧紧跟随毛泽东，加强学习，认真工作，一步一个脚印儿地往前走。将来自己有了后代，也一定要教育他们做个老实人，做个有自知之明的人，做个有能力服务于人民的人……

毛泽东躺在随车带来的帆布躺椅上，闭目休息了。李银桥立刻吩咐卫士组的人轻手轻脚地散开，李银桥给毛泽东盖了件军大衣，自己也悄悄地退到了一旁，侍卫在离毛泽东不远的地方，等候中央机关办公处的人来下达出发通知。

1949年3月24日深夜，通知下来了。人们跟随毛泽东在涿县很快地上了火车。

在火车上，见到车厢里灯火通明，就像一间间的大房子。里面有椅子，还有床铺。韩桂馨带着李讷在指定的卧铺上安顿下来以后，就这里走走，那里转转，看了这又看那，觉得车厢里的一切都是新鲜的。从陕北出来才一年的时间，韩桂馨真的像毛泽东说的那样，不仅"看到了火车"，而且还"坐上了火车"，这可真像是做梦一样啊！

车厢外，火车头拉响了气笛。

整个车厢忽然间轰隆隆地动了，一下又一下，韩桂馨赶紧抱起了李讷，生怕火车开动时发生什么意外，而江青却稳坐在卧铺上说："放心吧，小韩阿姨！火车开动时都是这样的，你坐下来就没事了。"

韩桂馨抱着李讷在卧铺上坐下来，火车真的像江青说的那样，渐渐地开动了。

随着火车的整体启动，车厢里不知是谁说道："哎呀！敢情火车这么稳当呀，一点儿也不颠呢！"

韩桂馨听了心想：可不是吗？刚刚坐了一天多的汽车，也真把人们颠坏了。现在坐上这稳稳当当的火车，可真是舒服极了！

火车在黑夜中亮着雪亮的车前灯，缓缓地向北行进，铁路两旁的一切都隐逝在茫茫的夜幕中……

火车在行进中，这时的毛泽东和周恩来、刘少奇、朱德、任弼时谁也没有休息，而是在同一节车厢里研究工作，听取已经担任了北平市市长的叶剑英关于白天在北平的西苑机场举行阅兵式的安排的情况汇报。

由于路段故障，火车时走时停。

天渐渐地亮了。韩桂馨朦朦胧胧地醒来，睁开眼睛透过车窗向外望去,这时车厢里有人说:"北平快要到了!"

韩桂馨立刻招呼醒了李讷,抱着她望向车外,果然见到了北平古老的城墙,两个人立刻高兴地喊叫起来:

"到北平了!我们就要进城了!"

车厢里的人们也随着欢快地喊起来:

"到北平了!我们胜利了!我们就要进城了!"